高等师范院校音乐教育与创新发展研究

刘鑫 ◎ 著

中国商务出版社
·北京·

图书在版编目（CIP）数据

高等师范院校音乐教育与创新发展研究 / 刘鑫著
. -- 北京：中国商务出版社，2024.5
ISBN 978-7-5103-5161-7

Ⅰ.①高… Ⅱ.①刘… Ⅲ.①高等师范院校—音乐教育—教学研究—中国 Ⅳ.① G659.22

中国国家版本馆 CIP 数据核字（2024）第 093445 号

高等师范院校音乐教育与创新发展研究

刘鑫　著

出版发行：	中国商务出版社有限公司		
地　　址：	北京市东城区安定门外大街东后巷 28 号	邮　　编：	100710
网　　址：	http://www.cctpress.com		
联系电话：	010-64515150（发行部）	010-64212247（总编室）	
	010-64515210（事业部）	010-64248236（印制部）	
责任编辑：	李鹏龙		
排　　版：	北京嘉年华文图文制作有限责任公司		
印　　刷：	北京印匠彩色印刷有限公司		
开　　本：	710 毫米 ×1000 毫米　1/16		
印　　张：	13	字　　数：260 千字	
版　　次：	2024 年 5 月第 1 版	印　　次：2024 年 5 月第 1 次印刷	
书　　号：	ISBN 978-7-5103-5161-7		
定　　价：	79.00 元		

凡所购本版图书如有印装质量问题，请与本社印制部联系
版权所有　翻印必究（盗版侵权举报请与本社总编室联系）

前言
PREFACE

自20世纪90年代以来，随着市场经济体制的不断深化，供给与需求等市场原则不断渗透到社会的各个领域中，整个社会处于一个不断开放、不断变化的时代，高等师范教育已经成为当今一个热门的话题。同时，音乐教育作为素质教育的一个重要组成部分，也进入了其他各类专业人文素质教育的视野，成为公共选修课，而高等师范音乐教师教育也在时代的变迁中体现出教育的市场性原则。从经济学角度来理解，高等师范院校既存在招收学生的初始环节，又要通过就业洽谈会把自己的学生送到工作岗位。当今，许多高等师范院校为了迎合市场需要，往往偏重专业技能的培养，而忽视学生全面素质的提高，高等师范院校音乐教育也一样存在很多问题。音乐教育具有其他教育不可替代的作用，它可以陶冶人们的思想情操，提高人们的审美情趣，使人们树立崇高的审美理想，提高文化素养与审美能力，促进高职院校学生全面发展，是一个开发个人智慧的复杂系统工程。高等教育的教师应该充分认识到音乐对培养人、塑造人的重要意义。音乐教育是素质教育中不可或缺的一部分，它是社会对"德智体美劳"全面发展要求中"美育"的重要内容组成要素。为了更好地通过音乐教育工作来推进素质教育改革，就必须将更多的注意力放到音乐教师的培养上，启蒙者或者引导者的水平在很大程度上会决定学习者的水平和其在未来在此方面的成就。

本书主要研究师范类院校音乐教育与创新发展。本书首先从高等师范院校音乐教育概述入手，详细阐述了音乐教育学的性质和功能以及音乐教育基础和课程体系结构；其次对音乐教育内容与方式、教育理念的革新与实施、教学过程与教学环境的设置进行了详细的描述，可以使高等师范音乐教育者在音乐教育的实施过程中进行参考和借鉴；最后对高等师范院校音乐教育的创新与探索提出了一些建议，有助于高等师范院校研究者在音乐教育的创新发展中产生新的思路，以便更好地实施高等师范院校音乐教育的创新与改革。

  由于作者水平有限，写作时间较短，本书难免存在不足和疏漏，敬请各位专家、同行及时提出修改意见或建议，以便进一步修改订正本书，以臻完善。

目 录
CONTENTS

第一章 高等师范院校音乐教育概述 1
    第一节 音乐教育学的性质和功能 1
    第二节 高等师范院校音乐教育基础和课程体系结构 5

第二章 高等师范院校音乐教育内容与方式的革新 17
    第一节 多元文化对现实音乐教学的内容要求 17
    第二节 音乐教育核心课程构建 26
    第三节 现代音乐教育技术的革新 30

第三章 高等师范院校音乐教育理念革新与实施 35
    第一节 音乐教育理念革新 35
    第二节 音乐教学法之音乐欣赏教学法 40
    第三节 音乐教学法之声乐教学法 43

第四章 高等师范院校音乐教学过程与教学环境的设置 57
    第一节 音乐教学过程 57
    第二节 音乐教学环境的设置 69

第五章　高等师范院校音乐教育教学中的思维训练与培养 …… 76
第一节　音乐教育对学生思维的作用 …… 76
第二节　音乐教育对听觉思维的训练 …… 79
第三节　音乐教育对创新思维的培养 …… 83

第六章　高等师范院校音乐课堂引入多媒体技术的探索 …… 99
第一节　音乐课堂引入多媒体技术对教师的要求 …… 99
第二节　音乐课程与多媒体技术的整合 …… 106
第三节　多媒体技术的应用方式 …… 111
第四节　多媒体技术应用于音乐教学的延伸与扩展 …… 122

第七章　高等师范院校音乐教育教学的创新发展 …… 135
第一节　音乐教育课程的创新发展 …… 135
第二节　音乐教学的创新发展 …… 149
第三节　音乐教学评价的创新发展 …… 159

第八章　高等师范院校音乐课程教学提升与发展策略 …… 169
第一节　音乐教师素质的提升 …… 169
第二节　音乐教育综合能力培养 …… 179
第三节　音乐教育的实习 …… 186

参考文献 …… 198

第一章　高等师范院校音乐教育概述

第一节　音乐教育学的性质和功能

一、音乐教育学的学科性质及其特征

随着音乐教育事业的发展，音乐教育理论与教学方法日益受到重视。音乐教育实践需要有正确的理论指导，也需要有良好的方法去实施。因此，音乐教育理论与教学方法终于形成了特定的学科，这一学科即音乐教育学。

音乐教育学不仅运用教育学的一般原理来研究音乐教育的规律，更重要的是探索音乐教育对人全面发展所起的作用，明确音乐教育的目标与方向，把握音乐教育的发展形态与基本特点，从整体上阐明音乐教育的理论和方法。

概括来说，音乐教育学是研究有关音乐教育实践及其理论的科学，是研究音乐教育全部过程，揭示音乐教育性质与规律，从而全面指导音乐教育实施的学科。音乐教育学作为音乐学与教育学之间的边缘交叉学科，是一门新兴的学科，但它不是音乐学与教育学的简单相加。

（一）音乐教育学的学科性质

音乐教育学是音乐学和教育学相互渗透的结果。一方面，它涉及音乐的教育学问题；另一方面，音乐教育学是音乐学在教育领域的应用和落实，要解决教育中的音乐学问题需从以下三个层面对音乐教育学的学科性质进行界定。

1. **交叉性学科**

音乐教育学是音乐学和教育学交叉渗透的结果。作为二者的交叉渗透，音乐教育学要充分借助教育学的规律、原则、方法，将音乐作为教育的情境、媒介、手段，遵循一定的教育目标、要求，向受教者施加影响，激发和引导他们积极主动地接受这种影响，从而产生艺术的心理效应。

2. **人文学科**

音乐教育以人的培养和塑造为目的，一方面，通过音乐能力和艺术境界的提高，培养全维的普遍性人类情感，超越单一的个体性的生理情感、功利情感、道德情感、理智情感，实现心理机能的协调、有序活动，将个体的情感真正理性化，实现知、情、意的统一，为个体人生意义的实现提供精神的动力。另一方

面，这种人类性的情感建构，要落实到培养和锻炼生命活动中的认知——操作技能，使人的认识和创造能力得以提高，以掌握知识、积累经验，对物质文明和精神文明建设发挥重要作用。因此，音乐教育学是一门人文学科。

3. 中介性学科

音乐教育学以教育学和音乐学提供的基本理论为基础进行研究，它既具有理论的面貌，研究音乐活动在教育实践中的应用，使理论贯彻、落实于教育实践，又具有实践性特征，是应用在教育实践中的音乐学和教育学理论。自下而上看，音乐教育学是音乐教育实践经验的理论形态，音乐教育实践的发展使其内涵不断丰富和充实；自上而下看，它又是理论在教育实践中的应用，对音乐教育实践起着规范、指导作用。

（二）音乐学科的特征

1. 音乐是一门时间的艺术

由于音响材料层出不穷，音乐是一门转瞬即逝的时间艺术，要求欣赏者具有较好的音乐记忆能力，尤其是对旋律的记忆能力。绘画作品在时间中凝固不变，而音乐则在时间中变化起伏，在时间中整个作品按一定的构思出现各个部分，直到最后才提供整个形象。动态的时间艺术是音乐作品的独特本质，这一时间艺术以节奏形式体现出来，由人的节奏感觉去加以把握。对音乐作品不同节奏层次的把握能力，体现了欣赏者理解作品的不同阶段。从简单的节拍到交响乐起伏跌宕的整体变化。节奏概念包含了音乐的所有要素（如旋律起伏、和声张弛、调式转换、动机发展、曲式结构等）。作品的完整把握是很重要的，如完整聆听贝多芬第九交响曲，才能深刻地体会到贝多芬追求人类光明幸福、平等博爱的理想和胸怀。

2. 音乐是一门音响的艺术

音乐通过其旋律的起伏、节奏的疏密、和声的张弛、音色的变化，直接表达人的情感。音乐与其他艺术的不同之处在于音乐是以音响的形式来引起人们情感的共鸣，可以给音乐下这样的定义：音乐是通过人声的演唱或乐器的演奏，用特殊的表现手段（旋律、节奏、和声等）组织起来的音（主要是乐音，还有噪音等），表达人们的思想感情，是反映社会生活的艺术。

音乐以声音为物质材料，是人们从自然界中选择概括出来的，以乐音为主，自成体系的声音，它对人的情感作用，是其他艺术形式所无法比拟的。为什么音乐最擅长表现人的情感呢？奥秘全在于音乐作为音响的艺术，可直接利用张弛变化的音响形式与生命运动产生的同构效应（格式塔心理学派的主要观点认为审美经验是指由造成表现力的基础与表现对象在结构上类似所引起的异质同构现象，即称为同构效应）表达人瞬息万变的情感状态。

3. 音乐是一门表演的艺术

音乐实践包括创作、表演、欣赏三个要素，缺一不可。作曲家把乐思写成乐谱，只是对音乐形式的初步设计，纸面上的音乐符号还不是活生生的音响形象。只有表演者按照乐谱去进行表演，即演唱、演奏，才能对欣赏者产生影响。除了作品本身的质量，表演也在相当程度上体现和决定着音乐艺术的价值，这种价值直接与表演者的技巧、修养水平相关。

4. 音乐的美育特征

从根本上说，音乐教育的审美特征应作为建立音乐教学原则的基础，并贯穿在整个教学过程中。音乐作为独特艺术形式，也应该在教学过程中被高度重视。搞好音乐音响，创造优美的音乐环境，带给学生真正优美的音乐是上好音乐课的关键因素之一，也是提高自身音乐水平的必经之路。教师应培养学生的节奏感，发展学生的听觉记忆能力，通过各种方法使学生以律动的形式参与到音乐中，是保证音乐教学成功的关键因素。引导学生感受音乐，并在此基础上发展其演唱演奏技能，同时努力提高音乐教育工作者自身的演唱演奏水平，乃是音乐教学成功的关键因素。

毫无疑问，在任何音乐教育中，技能训练都是不可缺少的，因为这对于感受或再创造具体的音乐形象是一个关键因素，亦是体现美育形象性特征的重要方面，但进行技能以及各种音乐技巧训练绝不是任何音乐教育的目的，更不能代替生动的音乐形象本身。如果用音乐技能作为衡量音乐教育的唯一标准，进而在技能至上的思想指导下忽视审美主体（音乐教育的对象），压抑审美主体的主动性、参与性和创造性，实际上也就扼杀了音乐教育。

音乐教育是美育不可缺少的一个有机组成部分，因此，也体现了美育的性质特征。在音乐教育领域存在重技轻艺的倾向，由于把音乐教育等同于体育的技能教育，从而忽略了音乐教育作为审美教育的最重要的本质特征，即受教育者在审美过程中的主动性、参与性和创造性。另外，由于混淆了以审美素质教育为主要目的的国民音乐教育与以专门化技能训练为主要内容的专业音乐教育之间的界线，在普通学生尚未学会以自身的感受来接触优秀音乐并产生对音乐的热爱以及足够的学习热情之前，就投入枯燥艰辛的技能训练中，其结果当然是阻碍了音乐教育事业本身的发展。

虽然音乐作品本身极为丰富且十分复杂，但只要给欣赏者主动性，确立审美者的主体地位，审美者就能逐步参与到音乐中来，并发挥其自身的创造性。这当然不是一个简单的过程，音乐教育正因为如此才有自己的意义。

二、音乐教育的功能

音乐对人的发展起着深刻而全面的作用，它在全面发展的教育中，有着重要的地位和作用。音乐教育的最终目标是审美教育。

（一）促进智育的发展

智力是人认识客观规律、改造客观事物的能力。从智力的结构角度来看，智力包括感知、观察、记忆、想象、创造等形象思维和逻辑思维能力。音乐教育能促进智育的发展，不仅为音乐教育工作者所重视，还逐渐形成了社会的共识。正确的音乐教育对儿童智力的发展有着积极的促进作用。

智力的物质基础是人的大脑，科学研究表明：音乐活动不仅依赖大脑皮层的分析机制，还依赖那些主观感受与动机的次皮层结构，这些结构对人智力的发展起着至关重要的作用。

（二）加强德育的教育作用

音乐教育的德育功能是不言而喻的。任何思想品德教育如果没有情感基础，只能成为空洞的说教，而音乐教育则可以为德育奠定良好的情感基础。音乐在实现其思想教育的作用时，并不靠强制的方式，它依靠的是优美动听的音乐本身潜移默化产生的作用。优秀的音乐作品能使人形成良好的思想品质，国内外许多学者把音乐活动当成培养社会道德规范的早期教育行为来研究，并在教育中给予非常重要的地位。

（三）与体育相互促进

由于音乐与运动有着如此密切的关系，所以优美的音乐可以有益于人的身心健康发展就显而易见了。与体育的根本目的一样，音乐源自人内在的情感运动，而体育表现为人外在的身体运动，音乐发展人健康的情感能力，而体育锻炼人强健的体魄，它们从不同侧面促进人身心的健康发展。

音乐音响表达人类的情感，而情感也可以说是人的生命体运动的一种状态。大多数关于音乐进化的描述都把音乐与原始舞蹈密切联系起来。许多作曲家都强调音乐与身体或手势语言之间的密切关系，他们认为从某种程度上说，音乐本身最好还是被看成一种延伸了的手势，一种由身体所执行的运动或方向。优美的音乐可以促进人的身心健康发展，还可以医治人的疾病。在人类的音乐发展史中，音乐始终与人体的运动分不开。

（四）陶冶情操

任何艺术，都是表现人类情感的，而音乐作为最具情感的艺术，在培养人的高尚情操及审美趣味方面起着其他艺术所不可替代的作用。当我们接触一部音乐作品时，我们正感受着作曲家的灵魂，或许我们不知道引发作曲家产生这种情感的缘由，却可以直接触摸到他的情感。

音乐可以陶冶人的情操，保持和发展人们的想象力，并激发人们对生活的热爱及对美好未来的不懈追求。高尚的音乐会使人们在困难面前增添勇气，在痛苦当中变得坚强。

第二节　高等师范院校音乐教育基础和课程体系结构

一、高等师范院校音乐教育的定义

高等师范院校音乐教育就是培养音乐教师的教育，其对音乐教育专业学生进行专业辅导，以批量培养优秀音乐教师为目标。从职业的角度来看，高等师范院校音乐教育是专业音乐教育；从培养目标来看，高等师范院校音乐教育的最终目标是为普通音乐教育服务。所以，高等师范院校音乐教育专业的主要工作就是培养音乐教育类人才。

二、高等师范院校音乐教育的专业性

在音乐教育学中，高等师范院校音乐教育是重要的内容，它既是一门音乐学科，又是一门教育学科，但并不是将两门学科的所有信息简单地组合起来，而是截取其中的要义，实现两者共同的追求。

当前，我国高等师范院校音乐教育的发展非常迅速，开展过许多关于教学改革的研讨会，其中，高等师范院校音乐教育的目标定位问题一直是讨论中的关注点。音乐教师只有了解高等师范院校音乐教育的目标与专业性，才能对专业方向有一个明确把握，从而对高等师范院校音乐教育的改革与发展更加有利。

在音乐教学中，过多地强调对学科及内容的设置，过于关注专业的深度与难度，对于学生创造力的开发不够重视，就会导致学生在今后所从事的教育工作中不能顺利地完成教学任务。从"学术性"角度来看，教师只有专业技术达到一定的水准才能胜任音乐教学工作，在这个观点下，高等师范院校音乐教育就倾向于专业音乐教育，即片面强调教师的专业水平和教学水平，以及其他学科的专业知识还有基本技能的发展；从"师范性"角度来看，要成为一名合格的音乐教师就要突出其师资特点，这种观点更注重教育学、心理学等方面的内容，忽略了专业理论和知识技能。

高等师范院校音乐教育不仅是音乐学科或者教育学科，还是一个特殊的专业学科。在这个专业学科的结构里，音乐和教育两者之间需要相互平衡与互为手段，单独强调其中任何一点，都不能体现高等师范院校音乐教育的专业性；高等

师范院校音乐教育是一门交叉学科，在教学中出现"学术性"与"师范性"争论就是一种失衡。

所以，对于高等师范院校音乐专业教师来说，仅仅传授音乐知识技能是不够的，还要传授音乐教学技巧，让学生对教育理念与教学模式有自己的思考；对于音乐教育专业学生而言，除了需要音乐素养，教师素质也是必不可少的，要通过自己学得的知识与技能来完成未来的教学工作，这样才是对高等师范院校音乐教育专业性追求的体现。

高等师范院校音乐教育需要明确自己的任务与目标，不断强化基础教育服务意识，培养具有实力、复合型的音乐教师人才。这里面有三层含义：

第一，高等师范院校音乐教育不可采取单一教学模式，不可局限于狭窄的专业知识结构之中，而是要注重音乐与其他艺术、文化及生活的密切联系，让该学科的知识结构更加综合化、多元化。

第二，高等师范院校音乐教育不能过于理论化，高等师范院校音乐教育不能过分强调技能难度，而是要培养学生对音乐与教育理念的掌握，培养专业技能，并掌握针对基础音乐教育的教学方法。也可以这样说，高等师范院校音乐教育所重点关注的是在音乐和教育学科中学生能否获取专业文化素养，是否具有将这些文化素养转化为实施美育的教学能力，以此适应基础教育的需求。

第三，高等师范院校音乐教育模式要有自身的特色。在这个个性化发展的时代，人才培养机构要有其自己的特点。高等师范院校音乐教育若继续采取传统的教学模式，无法满足社会发展对新教育的要求，那么就会举步维艰，生存发展面临危机。因此，高等师范院校在结合自身条件、地区特色以及市场要求的基础上，要尝试进行特色化办学，发展自身特点，拓宽办学格局，使自己的办学之路更适合当今的生存环境。唯有如此，高等师范院校音乐教育才能跟上时代发展的步伐，适应当今基础音乐教育的改革，以取得更大的发展。

三、高等师范院校音乐教育的课程体系结构

（一）高等师范院校音乐教育课程与课程体系的界定

1. 课程概念的界定

从广义上来说，课程是指学生在学校获得的全部经验，其中包括有目的、有计划的学科设置，教学活动，教学进程，课外活动以及学习环境和氛围的影响。广义的课程除了学校的课程表所呈列的正式课程，还包括学生的课外活动及对学生产生影响的校园文化；不仅包含书本的知识内容，还应该对学生的课内外活动做出明确安排，不断地促进学生做到知识与经验相结合。从狭义上来说，课程是指学校为了实现培养目标而开设的学科及其目的、内容、范围、活动、进程等的

总和，它主要体现在教学计划、教学大纲和教科书中。

2．课程体系的构成

呈现在研究者面前的课程不是单一的元素，而是一个体系、一个整体的框架，进行课程改革是一项系统工程，其对象应该是这一体系中的各个元素。因此，音乐教师需要了解课程体系的构成。完整的课程内涵应该体现在以下几个方面：

第一，课程目标。这是课程研究需解决的首要问题，概括地说就是"课程要培养什么样的人"。

第二，课程标准（教学大纲）。这是教材编写、教学评估和考试命题的依据，是管理和评价课程的基础，它体现了学校对不同阶段的学生在知识与技能、过程与方法、情感态度与价值观等方面的基本要求，规定了各门课程的性质、目标、内容框架，并提出了教学建议和评价建议。

第三，课程结构，即各种课程类型在学校课程体系中的价值、地位、作用和相互关系。

第四，课程设置，是课程结构的具体化，即每一具体科目在课程体系中的安排。

第五，课程内容（教科书），即"课程教给学生什么"。

第六，教学过程，即"如何将课程内容传递给学生"。

第七，课程评价，即对教学过程的效果进行评估。

（二）高等师范院校音乐教育课程体系的调整

音乐教育课程体系改革是高等师范院校音乐教育改革的核心。当前，世界各国的教育改革都十分注重音乐教育课程体系改革，我国基础音乐教育课程体系改革的力度也很大。在这样一个大背景下，我国高等师范院校音乐教育课程体系改革迫在眉睫。

1．转变高等师范院校音乐教育课程的目标

（1）教育的发展。从教育的发展角度来看，高等师范院校音乐教育专业的培养目标是为基础音乐教育培养合格的音乐师资，要转变过去高等师范院校音乐教育沿袭专业音乐院校的教育方式，突出其师范性，强调教学功能。具体要求是：通过教学及音乐实践活动，培养学生热爱音乐教育事业的精神，丰富其情感体验，陶冶其情操，使其具备适应中小学和其他中等职业学校音乐教学所需要的能力和素养，奠定终身享受音乐、学习音乐和传授音乐的良好基础。高等师范院校课程改革要为这一目标服务，针对过去存在的重技能技巧、轻音乐文化，重单项专项、轻综合素质，重专业音乐创作流派、轻多元文化的倾向，应当提倡培养全面发展型、综合型、创新型人才。

全面发展型是指德育、智育、体育、美育、劳育全面发展。

综合型就是具备多方面的综合能力。在音乐艺术本体内部，包括理论知识以及声乐、器乐等多种技能和各教学领域之间的综合；在音乐与相关文化之间，包括音乐与历史、文学、民俗、社会、自然的综合；在音乐艺术作品方面，既要弘扬民族音乐（含传统民族音乐和反映近现代社会生活的民族音乐作品），又要尊重和理解多元文化，注重古代与近现代、中国与世界各国、民间音乐与专业音乐创作等多层面的综合。

创新型就是具备音乐创造以及通过音乐教学来启发和培养创造精神的能力。有关音乐创作的课程固然是音乐创造能力培养的重要途径，然而也不能忽视音乐欣赏和声乐器乐实践活动对音乐创造能力培养的重要作用。作为音乐教师，还应注重对于现代创新教育理论、创造性音乐教育理论、先进教学法的学习和掌握，以探索通过音乐教育来促进创造能力发展的途径。

（2）学生的全面发展。从人的全面发展角度出发，高等师范院校音乐课程改革要改变以往音乐课程过于注重知识传授的倾向，强调形成积极主动的学习态度，使学生在获得音乐知识与音乐技能的同时学会学习和形成正确的价值观。教师要从单纯注重传授知识转变为引导学生学会学习、学会合作、学会生存、学会做人，打破传统的基于精英主义思想的过于狭窄的课程目标定位，转而关注学生的全面发展。

2. 优化高等师范院校音乐教育课程结构

（1）课程结构与课程类型。课程结构调整就其实质而言，就是重新认识和确立各种课程类型以及具体科目在学校课程体系中的价值、地位、作用和相互关系。

课程类型主要有：学科课程与经验课程；分科课程与综合课程；必修课程和选修课程；国家课程、地方课程与校本课程。

上述各类课程所具有的特定价值以及各种课程类型所具有的价值互补性，意味着它们在学校课程结构中都占据着不可或缺的地位，即学校的课程结构应当是由各种课程类型共同构成的一个有机的统一体。

（2）调整高等师范院校音乐教育课程结构目标。高等师范院校音乐教育课程结构要改变科目过多、缺乏整合和过于强调学科本位的现状，要重视不同课程领域（特别是综合实践活动、体育、艺术等）对学生发展的独特价值，淡化学科界限，强调学科间和学科内的联系与结合。新的音乐教育课程结构应体现均衡性、综合性和选择性。

课程结构的均衡性是指在教育课程体系中，通过合理的课程设置和课时安排，使各种课程类型、科目和课程内容能够保持恰当、合理的比重。

课程结构的综合性是针对过分强调学科本位、科目过多和缺乏整合的现状而提出的。它体现在三个方面：

第一，加强学科的综合性，重视学科知识、社会生活和学生经验的整合，加强学科之间的相互渗透，从而改变现行课程过分强调学科本位的现象；

第二，设置综合课程，如综合性的公共文化课、综合性的艺术知识课等，这也是为了适应我国基础教育改革的综合性趋势；

第三，加强学科内课程的综合，在讲授中注重音乐学科各课程知识的综合性。

课程结构的选择性是针对地域、学校和学生的差异而提出的，音乐教育课程结构要适应地方社会发展的需要，适应各个学校有特色的办学方向，适应每个学生的个性发展。这要求学校适当减少必修课程的比重，增加选修课程的比重；适当减少国家课程在高等师范院校课程体系中的比重，加强地方课程和校本课程的开发与实施，各地方院校要加强自身课程建设，突出各校音乐教育的特色。这既顺应了我国基础教育三级课程管理体制的改革，符合高等师范院校音乐教育为地方基础音乐教育服务的要求，也有利于发展地方音乐和民族音乐事业。

3. 修改高等师范院校音乐教育课程内容

随着高等师范院校音乐教育课程标准的明确和课程设置的调整，音乐教育课程内容也需要作相应的改革，主要体现为课程内容选择的转变和课程内容组织的改革。

（1）高等师范院校音乐课程内容的选择问题

多元文化教育观念下音乐教育课程内容取向。音乐学多元文化价值观在中国音乐教育界并不普及，许多人仍固守西方音乐体系的一元论价值观，对西方以外的各国音乐，如自己周边国家的音乐所知甚少。音乐教育的现代化首先是人的观念的现代化，现代人应对世界音乐持有多元文化价值观。基于此而进行的高等师范院校音乐教育课程内容改革必须突破欧洲文化中心论，尊重世界各民族的音乐文化，使课程内容更为丰富。

追求民族音乐的回归与重塑。民族音乐是一个民族的音乐母语，一个国家、一个民族的音乐教育，如果脱离了本土音乐文化，根本谈不上继承、弘扬和发展，更谈不上走向世界立于世界音乐文化之林。我国的民族音乐至今仍未建立完整的体系，许多青少年对自己音乐的"母语"一无所知，传统音乐在自身文化内部如得不到系统的传承，民族音乐未来的发展势必会面临断代的危机。弘扬民族音乐文化，增强民族传统文化的主体意识，使民族音乐事业后继有人，这对高等师范院校音乐教育来说是责无旁贷的

电视音乐与非音乐学科内容的关联与整合。例如，《与教育改革同步》就是一套富有创意的"教材"，用于网络环境，学生在计算机上参与的互动式学习或游戏，贯彻了整个教材的主导思路，也就是关联、整合课程的思路。例如，教材首先用图文展示中国的二胡，详细地介绍了胡琴的外来历史以及在中国的发展，其次展示二胡各个部位的构造和尺寸，提示学生利用各种废弃的物品，亲手制成一把二胡。教材在计算机上可以演奏一个五声音阶，还可以让学生通过链接看到影像及其声波形态，使学生在历史的、文化的、民族的、音乐的、劳作的、声学的、技术的大环境中从事创造性学习。

音乐课程内容中现代化技术的应用。人类已步入一个高速发展的信息时代，随着资讯科技的进步，现代化技术手段已逐步渗入音乐创作、制作、音乐表演和教学中，音乐活动也体现出了"多媒体化、信息化、网络化"的发展趋势。因此，音乐课程应该增加电脑音乐作曲、制作技术以及理论方面的内容，体现出高科技信息网络时代的特点，并可以考虑将其纳入音乐学的专业基础课中，作为音乐学专业的必修课。这些改革已出现在一些比较重视现代教育技术且艺术思想比较超前的音乐院校和高等师范院校中，这是现代音乐学专业课程设置的一种发展趋势。高等师范院校在特有的人文学科环境下，从硬件和软件等方面来考虑，都比一般专业音乐院校更容易做到将现代信息、网络教育技术与传统音乐技术理论相结合。高等师范院校艺术系科的音乐学专业在课程设置上应该充分利用和体现出这种优势和特点，只有这样，才能培养出适应学术研究、教学任务以及各种社会需求（如音乐评论、音乐医疗、音乐工艺、音响工程、音乐考古和普及性活动的策划组织等）的现代型音乐师资队伍。

（2）高等师范院校音乐教育课程内容组织的改革

音乐教育课程的内容与标准确定下来后，课程内容的组织便成了关键。如何使各方面的内容有效地联系起来，如何把各教学单元置于相互支持的关系网内，如何使课程内容不失去内在的逻辑性，如何具体地实现音乐学科与其他学科的横向联系，是应重点解决的问题。

学科逻辑与学生心理逻辑并重。这实质体现了音乐学科本体的审美发展规律与学生个体的经验需求的统一。现行的音乐课程大多是以学科本身的系统性和内在联系来组织课程内容的，倾向于体现音乐学科本体的发展规律而往往忽视了学生个体的心理感受。它的优点是具有顺序性、明晰性，缺点是忽视了学生的主体性，视学生为接受知识的容器，不断地对学生进行训练，导致其学习兴趣的丧失。尽管教师可能在教学过程中采用了一些灵活的方式来激发学生的兴趣，但这些外在于心灵的方式并不能使学生的被动性学习从根本上得以改善。

音乐教师要根据学生的生活经验和心理发展的特点来选择和组织课程内容，充分考虑学生的兴趣、需要、情感、经验背景等因素，课程内容是课程的客体，学生是课程的对象和主体，学生的成长是教学的目的，课程内容必须为学生所理解和接受才能成为学生的课程。同时，那种认为"以学生为中心"便是让学生自由发展而教师放弃对他们指导的想法，是一些人对此理论的误解。强调考虑学生的兴趣、需要、情感，绝不是意味着抛弃学科的内容和结构逻辑，两者不是非此即彼、相互对立，而是相互联系、相互作用、辩证统一的关系，只有两者并重，才能创造音乐课程主客体相融的境域，达到审美与体验相统一。

单科的纵向组织与多科的横向组织相结合。现行音乐课程的内容组织通常按某门学科知识和技能的纵向结构安排，忽视了学科内和学科间（特别是艺术学科间）的联系整合，学科内容过于分化。综合式音乐教育立足于学生的整体人格发展，既考虑每门学科自身的独立性、系统性，又强调建立多学科之间的横向联系，将原有的分科课程整合为包容性更强的综合课程。现阶段，音乐课程内容提倡的综合是以学生为主体，以本学科的教学为重心，致力于艺术领域内各学科和其他多学科的相互渗透、交叉和融合，既要体现出音乐艺术的审美独特性，又要提升学科间的审美共性，依据艺术审美的"通感"原理和格式塔心理学关于情感的"异质同构"理论[1]，这种学科综合是完全可能的。

直线式课程内容与螺旋式课程内容相结合。一般来说，直线式的课程比较适合逻辑思维的要求，逻辑思维是按直线轨迹来思考问题，螺旋式的课程比较适合直觉思维的要求，直觉思维要在理解细节之前先掌握实质，它考虑到整个形式，以隐喻方式预演，它能做出创造性的跳跃。例如，面对"鱼为什么生活在水里"这样一个问题，逻辑思维回答"因为鱼用鳃呼吸"，直觉思维则回答"因为陆地上有猫"。现行的音乐课程通常是按照学科的内在逻辑，把课程内容组织成直线方式，即学生在学习一种新的知识技能时，一般是基于已学过的知识技能，纵向、循序渐进地学习。学习的内容有较强的顺序性，一般不再重复。但是，它忽视了音乐教育不仅是传授音乐知识，更重要的是培养审美能力。课程内容的组织应该是直线式和螺旋式相结合，在不同的发展阶段，相同的学习内容可以重复出现，但学习内容的广度、深度可能有所不同。

对高等师范院校音乐教育课程内容选择和组织方面的改革，最终还要具体体现在课程教材的编制和建设上，改革的必要性也正是因为目前的高等师范院校音乐教材的建设相对落后。从课程内容改革的步骤来看，首先，应解决直线式课程的内容选择，以及学科逻辑与心理逻辑的统一问题，即如何使直线式课程的内容突出多元化、现代化及民族特色，论证音乐课程的学科逻辑是什么、音乐课程的心理逻辑是怎样的，并如何实现统一。其次，考虑解决直线式课程与螺旋式课程的内容选择和统一问题。因为螺旋式音乐课程的实质是让学生自主探索、自主解决音乐操作和创作等问题，这种音乐课程在发达国家也尚未成形，它受教师水平、学校物质条件等因素限制，在我国实施还存在一定困难。最后，将学科逻辑与心理逻辑的统一、直线式与螺旋式的统一体现在音乐学科内和学科间的综合课程内容中，实现高等师范院校音乐课程内容的根本性转变。

4. 调整高等师范院校音乐教育课程设置

高等师范院校音乐教育课程设置的调整是对课程结构优化的具体实施，在考虑高等师范院校音乐教育专业的课程设置时，应当以高等师范院校音乐教育专业在整个音乐教育中的定位为出发点，即高等师范院校音乐教育主要为基础音乐教育培养合格的师资人才。基础音乐教育需要学生具有较高的音乐专业知识技能、文化素养、艺术实践能力、活动组织能力和语言表达能力，因此，有必要就高等

---

[1] 曹理，何工. 音乐学习与音乐教学心理[M]. 上海：上海音乐出版社，2000.

师范院校音乐教育课程设置加以研究，形成一套科学的、具有师范性特点的课程设置体系。

（1）我国高等师范院校音乐教育专业的课程设置体系。我国高等师范院校音乐教育专业的课程设置可以归纳为以下几个组成部分。

第一，公共文化课程。这是一般大学本科生，尤其是音乐教育专业本科生所必须具备的基本素质教育课程。这类课程包括政治课（如科学社会主义、中国共产党党史、道德修养等）、文化课（如大学语文、中国文化、外国文化等）、教育课程（如教育学、心理学、音乐学科教育学、教学论、教材教法等）、外语、体育、计算机理论与实践等。

第二，音乐专业必修课程。根据中小学音乐课程标准所设立的四个教学领域，高等师范院校音乐教育专业应当有与之相适应的、能培养这四个领域教学能力的专业必修课程。

音乐感受与鉴赏课程，包括基本乐科（含乐理、视唱练耳）、中外音乐史与音乐鉴赏、中外民族民间音乐、音乐分析学等。

音乐表现课程，包括钢琴、声乐、中外管弦乐器演奏、舞蹈、艺术实践等。

音乐创造课程，包括歌曲作法、多声部写作（含和声、复调、曲式、配器）等。音乐与相关文化课程，包括人文社会科学与音乐学概论，音乐与自然、社会、文化等。

中外民族民间音乐课程，包括人文社会科学与音乐学概论，以及中国乐器演奏。

第三，音乐专业选修课程。专业选修课是发展学生个性和突出学校特点、地方特色的课程。

音乐专业技能选修课，如各种中外乐器课程。

文化素养选修课，如美术鉴赏、舞蹈鉴赏、戏剧戏曲鉴赏、书法、音乐社会、音乐地理学等选修课，还包括其他专业，如中文、历史、教育的某些选修课程。

此外，还有具有学校及地方特色的选修课程。

（2）对我国高等师范院校音乐教育专业的课程设置进行调整。适量增设公共文化课程和综合类课程，以提高学生的文化素养。应该将以往一些有关文化素养的选修课增设到公共文化课中，提高其课程地位，如开设影视鉴赏、戏剧戏曲鉴赏、美术作品鉴赏以及三笔（毛笔、钢笔、粉笔）、文学作品鉴赏等课程，使艺术学科交叉融合，逐步建立起以多元文化价值观为基础的音乐课程体系。

将部分专业课程进行有机整合，并适当加大"视唱练耳"与"乐理和声"等专业基础课程的教学量。例如，同"视唱练耳"一样将"乐理"与"和声"合并为"乐理和声"课程；将"民族音乐概论"与"中国民族音乐欣赏"合并为"中国民族音乐"课程；将"中小学音乐教学法"与"教育实习"合并为"基础音教育理论与实践"课程；将"艺术概论"与"音乐美学"合并为"音乐艺术论"；将"中国音乐史""外国音乐史"与"音乐欣赏"分别合并为"中音史与欣赏"和"外音史与欣赏"等。这样整合并不意味着课程内容的缩减，而是将课程内容进行融会贯通，从而有益于知识的连贯和综合，利于削减繁重的课时量和教育开支，也利于避免学习财富和资源的浪费。

增设与基础教育相关的实用性课程，例如，开设"计算机应用及课件制作""文艺节目组织与排练"等实用性课程，这不仅可以提高学生的教学能力，而且也使他们了解了正在推行的新一轮课程改革的精神实质，使其掌握新技术、新观念和新教法。

增设民族音乐、民间音乐和美学课程。在目前的高等师范院校音乐专业课程设置中，缺少中外民族民间音乐、音乐美学、人文社会科学与音乐学概论，音乐与自然、社会、文化，以及中国乐器演奏等方面的内容，我们应针对这些薄弱环节补充相应的课程。

增设师范性教育课程。为使高等师范院校学生尽早熟悉中学音乐教学，在"中小学教材教法"课程中还应增加"中小学音乐教材讲授"这方面的内容（直接按中学音乐课本上的内容进行授课）。这样做的目的是使高等师范院校音乐教育毕业生在今后的教学工作中能更好地驾驭中小学音乐统编教材，真正体现出高等师范院校音乐教育的"师范性"。

加强有特色的地方课程和校本课程的开发。根据各学校的学术实力和教师专长，可以开设学校的特色课程。例如，某些学校有对音乐文献学、音乐考古学、民族音乐学、中国古代乐谱学、乐律学、宫调理论等学有专长的教师，就可开设相关的课程，以增进学生对该学科的理解。还可根据各地具体情况，开设地方特色课程，如新疆的十二木卡姆，西安的鼓乐、秦腔，山西的梆子音乐，四川的川剧，山东的齐鲁音乐，内蒙古的长调、马头琴音乐，西南各少数民族音乐，广东的粤剧、潮州音乐，北京的京剧、京韵大鼓、单弦，苏州的昆剧、弹词，浙江的越剧，福建泉州的南音以及各地的地方音乐史等，能增进学生对民间音乐和地方音乐历史的了解。

5. 改革高等师范院校音乐教育的教学过程

音乐教育教学过程的改革是指构建新型的音乐教学关系，它是音乐课程改革的有机组成部分，包括教学观念、教学方式、教学手段等方面的改革。

（1）转变高等师范院校音乐课程教学方式。高等师范院校音乐教育专业的教学过程，除了公共文化课和专业基础理论课，大部分专业课一直都是模仿音乐艺术院校，以个别课的形式教授。这种教学方式适用于音乐艺术院校培养专业音乐人才，但对于高等师范院校培养基础音乐教育师资却不适合。实践证明，这种培养方式忽视了师范性，影响了师范学生的全面发展，干扰了学生从教的思想。所以，高等师范院校音乐教学过程必须改革以往的教学方式。教学方式的改革重点就是把"个别课"的教学方式转变为"小组课"方式，教学方法则不再以教师讲述为主，而是师生互相表演（教师示范和学生训练）、讲述、评论，教师以启发为主，学生在教师的引导下各抒己见、评述优劣，变"填鸭式"教学为相互启发式教学，启发学生的思维能力和想象力，调动学生的积极性，鼓励学生独立思考，发挥其创造性，改变原来那种"教师讲，学生硬搬仿照"的呆板形式，使学生由被动接受变为主动思考，这样学生不但学习了技能技巧、科学方法及作品的表现处理，同时也学习了专业课教学法和辅导训练基本方法。因此，在学生掌握了专业课中声乐的歌唱方法和钢琴、器乐的演奏方法之后，声乐小组课可以结合重唱、组唱、小合唱训练，培养学生组织排练声乐节目和组织课外辅导活动的能力；钢琴小组课（包括电子琴、手风琴）可以结合四手联弹、重奏、齐奏训练，培养学生组织排练钢琴演奏节目和辅导训练的能力，还可以结合声乐课增设自弹自唱练习；器乐小组课也是一样，通过器乐的重奏、齐奏训练，组织学生进行小乐队排练，为学生今后走上工作岗位打好基础。

（2）改进高等师范院校音乐教育课程教学手段。教学过程是借助一定的手段、工具展开的，以个人电脑、网络技术和多媒体技术为主要内容的现代信息技术革命，为教学手段的改进提供了物质基础，而且这些技术、工具正在渗透到音乐创作、音乐教学、音乐表现等领域。掌握并运用现代教学手段是师范学生将来走向基础音乐教育所应必备的素质之一，音乐教学过程必须注重运用现代教学技术来进行，即使是在传统的声乐、器乐教学领域内，应用现代教学手段也可以增加学生的现实体验感和综合获取感，这样能够大大提高教学效果。

（3）转变高等师范院校音乐教育课程教学观念。传统的高等师范院校音乐教育课程教学是一种以学科为本位的"目中无人"的教学，它突出表现为：重认知轻情感、重教书轻育人。现代课程观倡导"以人为本"的教育思想，在淡化知识、技能的同时，更加关注学生的个性、生活态度，因此，在高等师范院校音乐教育课程教学中，教师要通过各种音乐教学和实践活动，使学生的音乐经验不断得到丰富和升华，获得感受美、创造美、鉴赏美的能力和健康的审美情趣。此外，教师还要在音乐教学过程中引导学生不断发现和发展自己，认识生命的意义，珍视生命，热爱生活，丰富精神追求，促进个性的完善与身心的和谐发展。

个性化即音乐教学过程要关注每个学生的差异性，最大限度地调动他们的主体意识，为他们创造参与体验、主动探索、积极实践的有利条件。传统的音乐教学常常给学生统一的规范、统一的模本，限制他们的个人体验、个人表达和创作方式，造成学生缺乏个性和创造性，这不符合音乐教育的初衷，对个性化音乐学习的倡导有利于发展学生独特的审美感知，提高其音乐素养，从而使学生将这种"个性化"教学观自然而然地运用到将来的教学过程中，促进基础音乐教育的素质化改革。

传统的音乐课程注重结果取向、目标取向和知识取向，通过音乐课程的工具价值获得知识结果，而忽视了过程本身丰富的内在价值；过分强调课程的间接性、简捷性和引导性，忽视课程的亲历性、自主性和方法性；过分强调知识经验的普遍接受和共同感觉，忽视个体经验、感受的差异性，从而遗弃了很大一部分的课程价值。

高等师范院校音乐教学应更加注重过程的价值，让学生在教学过程中获得审美体验，使其获取的知识价值和审美体验价值相统一。在教学过程中，学生理解了"音乐是什么"，教师还要引导学生作"音乐应当是什么"的价值思考。关注音乐教学过程的审美体验，不仅符合音乐教育自身的规律，而且也符合新一轮基础音乐教育课程改革突出课程过程和体验的要求，更符合高等师范院校音乐教育为基础音乐教育培养合格师资的服务宗旨。

6. 重塑高等师范院校音乐教育课程评价

课程评价对课程的实施起着重要的导向和质量监控作用，其各个方面都直接影响着课程培养目标的实现。长期以来，我国高等师范院校音乐教育认为：课程评价即考核，此观点影响了一系列的操作顺序及判断方式，使课程评价的功能与体系偏离了音乐教育的本质，从而也使音乐教学的内容与方法得不到真正的改革。当前音乐教育已成为素质教育的重要课程，教师应重塑原有的音乐课程评价体系，从新的视角去认识其价值，实现评价理念、评价方法、评价手段以及评价实施过程的转变。

（1）重塑高等师范院校音乐教育课程评价理念。理念的重塑源于对科学本质的认识，而学术界对课程评价本质的认识并非一致。从本质上来说，评价是一种价值判断活动，是对客体满足主体需要程度的判断。课程评价是教育评价的重要组成部分，它是在系统调查与描述的基础上对学校课程满足社会与个体需要的程度做出判断的活动，是对学校课程现有的（已经取得的）或潜在的（还未取得，但有可能取得的）价值做出判断，以期不断完善课程，实现教育价值的增值。

基于这样的认识，可以认为高等师范院校音乐课程评价应该是发展性评价，根本目的在于促进人的全面发展，淡化甄别与选拔的功能。课程评价理念由评价音乐专业性知识向评价音乐基础性文化转化；由评价单纯的知识技能向评价音乐能力转化；由评价音乐的单一能力向评价音乐的综合能力转化；由只评价学生目前的成就向评价学生的发展过程转化；由只审视评价结果向重视评价全过程转化，结果性评价与过程性评价相结合；由单一的评价模式向多种模式相结合转化；由学生作为评价的客体向学生成为评价的主体转化；由学生被动接受考核向学生主动参与评价过程转化。

（2）转变高等师范院校音乐教育课程评价方法和手段。课程评价指标应更加多元化，从过分关注学业成就逐步转向对综合素质的考查。在关注学生学业成就的同时，也要关注个体发展的其他方面，如积极的学习态度、创新精神、分析与解决问题的能力、对教师职业的认识、对基础教育的关注以及正确的人生观、价值观等，从考查学生学到了什么，到对学生是否学会学习、学会生存、学会合作、学会做人等进行考查和综合评价。

评价方法多样化。强调质性评价，将量化评价方法与质性评价方法相结合，追求评价方法与考试方法的科学性和可操作性，如学习日记、情景测验、行为观察、开放型考试等。

（3）改革高等师范院校音乐教育课程评价过程。在传统的音乐教学中，评价基本由教师来进行，教师的评价直接影响学生学习音乐的情绪，而增设自我评价、小组评价能有效地调动学生学习音乐的积极性。因此，应增强评价主体之间的互动，使被评价者成为评价主体中的一员，建立学生、教师、管理者等共同参与的评价制度，以多渠道反馈信息促进被评价者和学生的发展。

课程评价实施的审美化。音乐教学评价的实施有别于其他学科，更应该注重情感性、激励性和审美性。第一，多用描述性语言评价。针对学生的点滴成功进行评价，如"我觉得你真行""你的问题提得很深刻""你的感觉很真切"等，这样的评价有利于学生自信心的培养和身心的发展。第二，丰富评价内容。让每个参与评价的学生都能发挥他们的主体作用、展示他们的能力，让学生坚信自己"会成功的"，这些评价涉及听、唱、动、奏、说、演等各方面，以此来挖掘学生学习音乐的潜能。第三，减少负面评价。教师对学生的信任、鼓励与支持、有效的反馈和适时适度的帮助，都会有效地改善学生所处的精神环境，提高学生对音乐活动的兴趣，从而使学生学会积极地评价他人，主动而有效地掌握与他人合作的技巧。

这些审美化的评价会潜移默化地影响音乐教育专业的学生，促使他们形成科学的音乐课程评价理念和习惯，为他们走向基础教育岗位奠定基础。

第二章　高等师范院校音乐教育内容与方式的革新

第一节　多元文化对现实音乐教学的内容要求

一、多元文化音乐教育概述

当今，多元文化主义已成为国际音乐教育发展的主流，国际音乐教育学会在促进全球音乐教育信仰宣言中提出：全世界音乐的丰富性和多样性是促进国际理解、合作与学习的机会，是值得庆幸的事业。任何音乐教育体系都应接受由多种文化形成的音乐世界的事实，并把这一观念作为音乐教育的新的起点。

二、艺术教育的推进

（一）艺术教育概述

随着历史的演进和社会的发展，众多教育思想丰富了艺术教育，促使艺术教育从哲学、伦理学、社会政治学中独立出来。普通高等师范院校开设艺术课程教学，各类专业性艺术院校纷纷成立，使艺术教育更加规范化、科学化，呈现出专业性、学科性特点。现代艺术教育已经成为一门专门的、独立的学科，包括了普通艺术教育和专业艺术教育，与艺术创作、艺术评论、艺术传播紧密结合，承担着艺术人才培养、服务社会经济文化发展、传承人类文明的重要使命。

给"艺术教育"下定义是对艺术教育现象理性认识的开始。在教育学界，关于艺术教育的思想多种多样。一般来说，人们从两个不同的角度给"艺术教育"下定义，一个是广义的概念，另一个是狭义的概念。广义的艺术教育，是指人们在日常生活中，因接触艺术作品、参与艺术创作或艺术欣赏等而产生了艺术兴趣、获得了艺术知识和艺术能力、提高了艺术修养的活动。狭义的艺术教育主要是指学校艺术教育，即教育者根据一定的社会要求，有目的、有计划、有组织地对受教育者施加艺术影响，把他们培养成社会所需的艺术人才的活动。[①]

---

① 魏传义．艺术教育学［M］．重庆：重庆出版社．1990．

无论是广义的还是狭义的、专业的还是非专业的，艺术教育都包括了艺术知识（包括艺术常识、艺术理论和艺术史知识等）的传授和艺术创造（或制作、表演）能力培养、艺术欣赏（或鉴别、评价）能力培养三个方面的内容，并且在教育对象、教育方法上具有相同的一般规律，只是在教育的侧重点和程度、深度、难度上有所不同。这些艺术教育的定义从不同方面揭示了艺术教育活动的某些属性，对理解艺术教育活动有重要的价值。

其实艺术教育可以简单地理解为艺术和教育的结合，它具有一个完整的教育系统，拥有独特的教育功能，履行基础教育和高等教育中关于艺术人才培养或为人的发展提供艺术知识的使命。其中人们接受艺术教育培养的高级教育阶段，我们称之为高等艺术教育。它同样有非专业性和专业性教育的区别。

（二）艺术教育模式

1. 明确人才培养定位，构建艺术创新人才培养的课程目标体系

艺术创新人才要以培养创新精神、创造能力、创业意识为基本目标，以创新知识传授、创新能力培养、创新人格塑造为基本要求，培养学生学会做人、学会生存、学会创造的能力。艺术创新人才的知识结构是一个具有一定层次、各科知识相互融合、具有自我更新能力的开放性动态知识结构。根据艺术创新人才培养目标和人才知识结构的要求，架构课程体系应从系统研究课程体系改革出发，突出开放性、综合性、创造性，建构"平台＋模块"的组合架构，整体优化课程体系。

这需要从艺术创新人才知识结构的需求出发，以课程体系建设为导向，以精品课程建设为龙头，促进课程体系的根本性改革；必须改变现有的教育模式和课程体系设置，实现从继承性教育到创造性教育的转变；课程体系设置应改变学科课程的主导地位，逐步以结构主义课程论为主导，以知识结构为中心，把学习的重点放在使学生获得知识的方法上，把学生发展和学科结构、学生实践和社会实践有机结合起来，并通过跨学科平台促进学生的全面发展。

我国传统的课程体系一直沿用公共基础课、学科基础课和专业课"三段论"式课程设计思想和方法。在这种模式下，公共基础课着重为学生发展提供坚实基础，学科基础课着重建立宽厚的学科知识基础，专业课着重培养学生扎实的学科专业知识。有学者比喻这种课程模式下的人才培养犹如建造大楼，先打好地基，再建大楼结构，最后是内部装修。然而，三段论的主体框架在实施的过程中，仍然会有不同的模式和实施方式。

（1）强化公共课素质课程的设置。在夯实基础、推进公共基础课改革的同时，有必要强化公共课素质课程的设置，并对通识教育课程重新认识，做出符合新时代高等教育的调整及改革，进而在此基础上打造平台，实施学科平台课程计划，突出各专业方向的必要性和优越性。

（2）培养艺术人才创新创业意识和适应社会需求的意识。完善实践教学体系，强化学生创新实践能力的培养，才能在社会竞争中凸显自身教育优势，在学习和实践过程中检验教育质量，然后再反过来推进课程改革。所以，"整体优化，集成系统"，打造课程目标体系迫在眉睫。

（3）构建实践相统一的课程体系。基础实践教学重点培养学生的基本技能和基础实践能力，专业实践教学重点培养学生专业基本技能和综合性、设计性艺术实践能力，创新实践教学重点培养学生初步艺术研究能力、综合应用能力和创新能力，社会实践教学重点培养学生了解社会、认识社会，获得相应的社会实践能力。这种课程体系务必联系紧密，还要注重实践，循序渐进，从而形成层次化、模块化的实践教学体系，以更好地突出美术、舞蹈、音乐、设计等各个专业方向的特色，发挥各专业的艺术优势，利用本民族、本地区的资源，发挥专业特性，培养出具有民族特色和地域特色的艺术创新人才，创造出非凡的、具有创新价值的艺术作品。

2. 构建"平台+模块"的课程结构

艺术创新型人才培养需要建设立体化全方位教育平台，这也是课程模块设置的目标。然而，我国长期以来受学科思想的影响，课程设置以学科课程论为主导。课程体系以学科为中心，教学内容按照学科的逻辑系统和学生的认知心理活动来组织。随着我国素质教育的深入推进以及学科不断综合与交叉发展，势必带来教育平台的拓宽和调整。

（1）构建创新型人才培养平台。跨学科交叉的培养平台。近年来，跨学科教育取得了一定的进展，但是推进速度缓慢，学科壁垒依然障壁重重。因此，高等艺术教育必须从创新人才知识结构出发，推动不同领域学科间的交流互动，探索跨学科联合培养项目、联合开设等机制，建设跨学科研究中心、跨学科实践中心、跨学科社团等一批跨学科组织，开拓无障碍的跨学科教育。

对课程体系的建设，要重新组织架构，整合校内外资源构建平台，开展跨专业、跨地域、跨学校的整合教育；优化人力资源配置，吸引跨学科、跨学校、跨系统的专家、教师开展合作教育；创造主要教育流程，探索实践性教育、研究性教育和创造性教育。

第一课堂与第二课堂教育体系有机衔接的培养平台。第一课堂作为主要教育课程，有必要和第二课堂紧密结合，并且充分利用第二课堂的辅助和推进作用。音乐、舞蹈、美术、设计、人文等课程本身就有共通之处，第二课堂的设置无疑会促进各科目的联合，并且在第二课堂中有所体现，甚至有所汇合。从某种程度上来说，第二课堂是第一课堂的延伸，第二课堂有必要主动衔接第一课堂的教育内容，拓宽第二课堂教学广度，提升第一课堂的教学质量。

学校、家庭、社会整合教育的培养平台。学校教育要依托课堂，加强课内实践。积极探索研究性实践教学模块，创新传统实践教学模块，突出学生在学习中的主体地位，倡导启发式、探究式、讨论式及参与式教学，构建由基础实践、专业实践、综合实践三大教学模块组成的立体化实践教学体系。

整合学校、家庭、社会教育的培养平台，探索学生实践模块和家庭、社会之间的联动培养，大学校际合作培养，大学和企业之间的联合培养等机制，把三个方面的教育整合起来形成一体，三者相互促进、相互补充，在一定程度上完善创新型人才培养平台。

（2）构建创新型课程模块体系。增设创新教育核心课程模块。创新教育核心课程是由专业能力训练与提升课程、综合性实践课程、素质拓展与能力培养的通识课程和专业知识性课程组成的立体式课程体系。院校主要从课程体系模块设计、课程体系动态调整机制设计两方面进行探索，突出创新教育核心课程的价值和作用，以适应新时代艺术市场的需求，更好地让学生接触社会、认识世界、积累创作素材，并创造条件搭建平台，开设以美学、艺术史、艺术批评等为主的素养类课程，促进学生素质拓展和进行交叉学科课程学习。

创新教育课程模块包括创造学系列基础知识、专业学科领域创新知识、相关交叉学科创新知识等系列课程，主要学习创造原理和创造技法，学习专业创新知识、理论和方法，注重将知识创新和技术创新融入课程，培养和发展学生的创造思维、创新精神和创业意识。

艺术类高等院校首先要优化校内实践基地。根据教学需要，建设先进、科学的实践教学中心，最大限度地满足专业实践教学的需要。其次要探索校外实习基地建设的长效机制。与工厂、企业、演出团体、媒体、风景区等单位紧密联系，形成布局合理的校外实习基地网点。因地制宜，因材施教，充分利用社会资源为学生提供良好的实践条件，走学校安排与学生自主实践相结合之路。

但是，在实施过程中，教师要始终以素质拓展与能力培养为主导，开展基础创新实践教学。培养方案应明确课程的理论教学、实践教学的学时与学分、教学大纲的课程目标，对艺术类学生的实训、能力培养也应提出明确要求。

例如，"两课"课程，实施"课堂教学+实践"的模式，将课时的三分之一用于社会实践，组织学生到教学实践基地学习，培养创新意识，提高创新能力。在基地教师的引导下，提高学生发现问题、思考问题、解决问题的能力，培养学生形成良好的艺术道德情操与团队精神。

构建创造型课程模块。创造型课程模块主要包括实践教育课程模块。要将现有的实践教育活动确定为系列课程模块，设置最低学分要求。基本内容覆盖基础知识应用、专业技能运用、科学研究探索、社会实践活动等各个方面；在现有学习、设计等实践环节基础上，开设产学研合作教育模块，与社会各界联动培养，设置现场教学、艺术创作、专题研究、演出活动、画展、毕业论文研究等内容，学习企业创新文化，汇报演出经验，增强学生的社会职业适应能力；开设艺术研究服务学习等课程模块，开展艺术服务下乡活动。学生利用所学知识和技能，积极参与学术课程及与学科艺术研究项目相关的实践或社区服务，在真实的学习环境中获取自身发展的机会；开展课外艺术活动，举办校园艺术节，鼓励学生积极参与艺术实践、学术交流，增强自身应用创新能力。

社会实践教育模块是以社会实践和志愿者服务活动为主要内容的服务性学习活动，学校举办校园文化节和各类社团活动，可使学生行、知、感、悟相统一，提高创新型人才的自我教育、自我管理、自我生存能力。

构建艺术研究型课程模块。建立以研究为本的课程模块，将艺术科研活动上升为系列课程模块，并设置最低学分要求，制订学生科研训练计划，设置更多的课程以引导学生探索问题，提供更多的资源鼓励学生从事艺术研究，培养学生的艺术研究能力、思辨能力和创造能力，如开设学术研究课程，重视科研方法训练，开设科研原理、科研方法课程等。针对专项研究内容，开展基于研究的合作学习讨论活动，激发学生的研究兴趣，培养团队合作能力，让学生在合作环境中探索问题，合理对待不同的学术观点，最终形成研究成果。

切实开展艺术研究活动，组织跨学科的综合性学术活动、各类学科竞赛活动，提高学生的综合科研能力；让学生经历探究过程，由学生自己制订艺术研究计划，开展艺术实践活动，参加科研项目研究，在教师指导下完成一个完整的艺术科研项目。

（3）构建立体交叉课程模块体系。利用多维活动形式，深入基础教学，拓展课外实践，构建立体交叉模块。通过学生社团、校园文化艺术节、全国各级各类专业比赛，着力提高学生的专业能力与素质；另外，承接大型社会工程项目以及直接服务地方经济、文化产业、文化事业发展的艺术实践项目，为学生艺术创作与实践能力的培养提供更广阔的舞台，大大提高学生的合作能力与艺术实践能力。

构建综合性课程模块体系。综合性模块的建设以建设校内外实习基地为主，目的是搭建良好的实践平台。良好的实践教学平台是保障实践教学高效开展的关键。没有平台的支撑，再好的创造性模块的内容方法设计也只能流于形式。

综合性课程模块，课程设计要体现学科和课程相互渗透融合，实现课程结构综合化。综合化知识结构是艺术学知识完整性和系统性基础上的综合化，要打破以学科为中心的课程结构，实现教学内容实质上的综合，为学生提供多学科的知识和思维方法，培养学生综合运用多学科知识解决实际问题的能力，形成多学科整合的视野和价值观念。一是设置跨学科复合课程模块。以整体组合的课程替代严格的学科界限课程，建立联合导师制度，由一组学科背景不同的教师联合开设一门复合课程，为学生带来不同角度的视野和综合知识结构。二是设置跨学科选修课程模块。按学科群设置不同课群模块，开设大量的跨学科选修课，实行无学院边界、无学科边界的选课制，学生可以在任何二级学院选课，本科生可以选研究生课程，还可以参与双主修专业项目、联合学位培养项目等。三是设置"顶点"课程模块。在毕业班设置覆盖面广、综合性强、能全面描述学科专业前沿的"顶点"课程，塑造"顶峰体验"，使所有的艺术知识和技能融会贯通，为适应社会职业生活奠定扎实基础。

大力开发素质实践课程模块体系。艺术课程是构成专业的最基本单元，开发素质实践课程与如何实施课程直接影响艺术人才的培养质量。构建课程体系，要处理好艺术课程与学科发展、培养目标、学生实践发展的关系，坚持"厚基础、重实践、强能力"，关注学生综合素养和能力的形成与提高，以及创新精神的培养与自身潜能的发展，优化课程结构，推进建立实践课程体系。

设置素质实践课程是为了突出"做中学"，培养学生发现问题、提出问题的能力、综合运用知识技能解决艺术困惑的能力、进行艺术创新与创作的能力、适应社会的能力。学校应将创业能力实训、社会调查与实践、专业主题实践、艺术考察、教育实习、毕业设计（展演）、毕业实习等课程纳入专业必选课的范畴，融入各学年教学环节中，有效开展综合实践教学。

在课程结构上，以课程模块的形式建构实践课程群。例如，设置专业素质能力培养与提升课程、综合性实践课程、素质拓展通识课程、专业知识创作课程等，将学科课程、实践性课程、科研创作课程紧密结合，保证创新能力、实践能力、素质结构与课程设置高度融合，使学生在知识、素质、技能、创新实践等层面都得到系统的培养，以促进学生艺术理论素养、艺术创作水平、艺术创作能力与技艺、综合实践能力的提升。

另外，在实践课程体系上同样要处理好第一课堂与第二课堂的关系，开设数量足、水平高的课程，以满足学生的兴趣、特长及职业发展需要。在课程质量上，既要重视单门课程的质量，也要关注课程之间的关联性，提高课程的整体质量。学校有必要分层次抓好课程建设工作，并以此带动课程整体质量的提高。

3．合理设计课程模块比例

（1）构建宽口径学科基础课程体系。开设反映专业基本面貌的专业基础课，强化专业主干课程、核心课程和专业特色课程，适度降低必修课程的比重。充分发挥教改项目的带动作用及优秀教师的示范作用，全面推进教学内容与课程体系改革。

（2）加大选修课模块的比例，建立开放性课程。为增强课程体系模块的创新性与开放性，必须提高专业任选课的学分比例，增加专业任选课的开课数量，避免整齐划一的课程方案，让学生能够在一定程度上按照自己的兴趣和需要选择学习。

扩大公共任选课模块的学科知识领域，鼓励学生跨专业选修课程，要求音乐舞蹈专业学生至少选修一门美术类课程，美术设计类学生至少选修一门音乐类或者舞蹈类课程，促进学科专业交叉渗透，完善学生的智能结构。

（3）合理安排将实体经济项目导入实践性教学的课程模块。在课程教学中，合理安排实践课程与实体项目相结合的课程模块，即以当地经济建设中的实际项目作为教学的主要内容，在压力和实际利益当中给在校学生建立一个与社会接轨的平台，从而使教师和学生都能够得到全方位的锻炼。

这种课程模块除了能够明晰教师和学生的经济责任，还能提高学生的专业能力与素质。比如，针对特定的景观建筑设计项目，可以让艺术设计专业的学生从项目的定位开始介入，通过资料收集、市场调查、项目分析、方案设计、模型设计、施工图设计及施工管理、项目总结等工作，体验和感受整个项目的实际运作情况和实施过程，使学生对设计与施工、材料、结构及工艺有更为直观的认识，并且参与其中，由于市场、材料、地域、心理、技术、创意之间相互牵扯，所以可以解决高等艺术设计专业学生重创意轻技术的问题，使学生懂得新概念创意思维与现代技术之间的内在联系，也懂得寻找现代技术和本地个案实际情况的契合点，使创意思维在有限的条件下得以无限延伸，而不是桎梏于原有设计模式，成为没有创意的"复印机"和重复工作的"设计机器"。

高等艺术教育实践阶段是培养素质型、应用型人才的重要阶段。在实践性强的艺术类专业教学课程中，应合理安排，将实体经济项目导入实践性教学课程模块。在这个阶段的学习中，引导者从教师变成了经销商、客户、材料商、行业管理者、企业的设计师、施工管理人员等，使"学"与"用"的距离最小化。这种全面融入社会的实践教学过程对即将毕业的学生来说是非常重要的体验环节。除了能够使学生了解市场信息、提高专业技能，还能培养学生的能力，包括与人沟通的能力、展现自我的能力、创新创造能力等，为他们毕业后更好地融入社会，迅速就业和创业提供了帮助。

总之，高等艺术教育的创新型人才培养既不是一个简单的教学与创新的过程，也不是简单的学与教的综合，而是根据当今的时代特性、艺术走向、环境设置以及受教育者的总体特征，培养更能适应社会、适应国情、引领时代艺术趋势的高端艺术人才的教育过程。另外，创新型人才的培养也会为高等艺术教育提供宝贵的经验和实践成果，进一步把高等艺术教育的创新人才培养推到另一个层次。这既是高等艺术教育工作者在今后工作中的重要课题，也是我国高等师范音乐教育健康发展、艺术世界繁荣昌盛的重要因素。

（三）艺术教师的三维定位

1. 不是专业工作者，而是教育工作者

专业艺术工作者与艺术教师无论在自身素质还是在所从事的职业上，都存在着许多相通之处。比如，都需要具有较强的创造性，都必须钟爱艺术，都必须懂得甚至应该精通艺术等，但二者的区别也是明显的。像创造性素质问题，专业艺术工作者的创造性，主要体现在对艺术本身的创造与再创造上；而艺术教师的创造性，则不仅体现在对教学内容即艺术作品的再创造上，还体现在教学方法的创

造性上。衡量艺术教师是否称职，不是看他的艺术专业水平如何（当然，如果一名教师不具备一定的艺术专业水平，他也不可能成为一名艺术教师），而是要看他是否具备作为一名教师所应具备的基本素质，即看他的教育教学水平怎么样，看他是否能够有效地将所掌握和理解的艺术通过教学手段让学生掌握和理解。

作为一个称职的艺术教师，必须热爱艺术（不是因为要靠艺术赚钱，而是他懂得自己不热爱的东西是不可能让学生去热爱的），更热爱艺术教育事业（因为他深知学生的身心发展不能没有艺术，人类的艺术文化必须得到传承）。总之，艺术教师素质的高低与否，首先取决于其教育水平的高低，其次才取决于其艺术水平的高低。

2. 不是冷面裁判员，而是热情欣赏者

艺术能给人以愉悦体验和美的享受，艺术课程之所以备受学生的喜爱，也是基于这一点。艺术课本身是不可能自发地引起学生情感共鸣的，需要艺术教师能在自己与学生之间、学生与艺术对象之间架起情感之桥。为此，教师在教学活动中与学生交往时要摆正自己的位置。

有人说，艺术教师的基本职能是作为一种资源而不是信息的传输者，因为学生只有在没有教师作为仲裁的情况下才能真正地学习。这种说法是对的，艺术教师不宜以仲裁人或裁判员的身份出现在学生面前，否则，他不但不能为学生架设情感之桥，反而会在师生之间、学生与艺术对象之间开掘一条情感鸿沟。作为教师，他就不能是学生艺术活动的直接参与者，而只能是袖手旁观者；教师很难成为学生艺术表现的热情欣赏者，而只能是权威评判人。教师若以旁观者姿态出现，就等于在暗示学生，他们之间必须保持距离；教师若以权威者姿态出现，就等于在告诉学生他给出的解释就是"唯一正确的答案"。

艺术本是一种创造性产物，人们欣赏艺术也被称为是一种再度创作活动。艺术的创造与欣赏本无对与错，对艺术的理解如果有唯一正确的答案，就等于剥夺了艺术主体发挥其创造性和想象力的权利。因此，教师若以艺术权威自居，将不可避免地会把他自己的特殊表达形式强加于学生，而不是极力地为学生争取按照其自有的标准来评判艺术的合法权利。任何一种艺术表达形式或风格，都必须作为艺术主体需要的必然产物来加以理解和给予尊重，艺术教师必须记住这一点。

在艺术教学活动中，教师与学生面对的是同一件由师生共享的艺术品，双方不是一种艺术家与观众的关系。如果教师以艺术权威自居，甚至把艺术据为己有，其教学过程就必然表现为一种严格的模仿与服从，而严格、刻板的模仿在艺术教育中因妨碍学生的自发性与创造性发展而遭到唾弃。因此，称职的艺术教师从不把自己确立为唯一正确的标准，不故弄玄虚或急于向学生施展自己的艺术才华，不急于要求学生仿效自己，并试图使自己成为学生顶礼膜拜的对象，而是提出一些并不一定有唯一或正确答案的问题供学生思考，并鼓励学生亲自探索与切身体验。当觉得有必要指出学生的不足时，能让学生感到教师是在用一个更为有效的方法，而不是在责备一个无伤大雅的错误。

称职的艺术教师有时是艺术活动的引导者，有时是艺术活动的参与者，而最本质的身份应该是学生艺术活动的欣赏者。在艺术教学活动中，学生最需要的是教师"与生同乐"的可亲可敬的参与行为，是教师的欣赏态度。因此，教师以欣赏者的形象出现在学生面前，包括两方面意思：其一，在教学活动中，教师能与学生一起欣赏艺术，并产生情感上的共鸣；其二，教师对学生的参与和表现，自始至终能持一种欣赏而不是挑剔的态度。能真正做到这两点的教师，即便他的艺术专业水平不尽如人意，在学生心目中，他也绝对是一个高水平的教师。正如有人所说的，好教师不一定是会讲课的教师，而是在适当的时候给学生鼓励，刺激学生思考，引导学生向正确的方向发展的教师。

3．不是单项专攻型，而是全能博学型

作为一名艺术教师，如果只是对某一艺术形式中的某一方面精通，而在其他方面表现平平，如果只是对某一艺术形式掌握得较为娴熟，而对其他艺术只略知一二，甚至一窍不通，那么，他就不可能成为一名称职的艺术教师。真正称职的艺术教师，除了能熟练掌握所教科目的技能技巧与基本理论，还应该对所有其他艺术门类的知识有基本的了解和掌握，同时还应具备一定的素养。

三、重视多元文化的音乐课程建设

音乐作为文化的重要因素与表现形式，具有重要的意义。

多元文化教育是当代社会发展对教育提出的新要求。尤其是在发达国家和地区，由于移民与人才流动形成了多民族多文化并存的社会格局，在和谐的社会发展中人们需要对各种不同文化理解和欣赏，才能够相互尊重，和平共处。多元文化教育的一项重要目标就是帮助学生发展跨文化的能力、态度和理解力。音乐作为文化的一种主要形式，在人们的社会生活中普遍存在，长期以来在不同文化的交流和国家政治、经济等事务交往中起到了重要作用。尤其在全球化浪潮之下，来自不同文化背景的多种形式的音乐并存，形成社会音乐文化的多元化现实。尽管音乐因为其音乐音响艺术的共性曾被视作文化交流中的一种"无国界的语言"，但音乐作为人类的一种普遍行为显然与产生这种音乐的人的观念、文化密切相关，不同的观念与文化语境带来对音乐的不同理解与表现，由此带来音乐的跨文化理解障碍。以教育手段引导人们认识与理解各种音乐，显得重要而且迫切，由此产生了多元文化的音乐教育观念与实践，它成为当前国际音乐教育的一种主流趋势，其观念为：音乐是一种文化现象，通过音乐我们可以感受到一种文化，进而去了解一种文化；反之，通过文化，我们才可能真正地去体验一种音乐，整体地去认识一种音乐。

多元文化的音乐教育观念建立在人类学"文化价值相对主义"的基础之上，即承认世界各种音乐文化的平等价值，这是人们的认识不断深入后逐步形成的。恩克蒂亚指出，音乐教育新模式的首要任务是"体系化地实施文化的非殖民化和强调文化身份的位置"，不仅传递自身的音乐文化知识，而且也传递世界各种音乐的知识。

要实现多元文化音乐教育的理想，即通过音乐来认识和理解文化，任何音乐教育体系基本应包括该社会的音乐、西方艺术音乐以及其他大量范例，内容上从古到今，结构上可分离可整合。此外，音乐大众传媒支配着学生的日常音乐生活，这种音乐以及其他非学校机构形式传递的音乐不应该受到排斥，而应该看作音乐教育中的潜在资源。只有这样，才能让学生感觉到音乐与自己生活的切实联系，使其更愿意走进音乐，使音乐教育得到最好的收效。

多元文化的音乐教育观念拓展了以前的音乐审美教育思想，使音乐教育具有审美提升与文化传导的多重功能。所谓"审美提升"，即通过对音乐艺术的丰富的情感体验全面提升人的审美素养、完善人格；而"文化传导"不仅仅在于传承音乐文化精华，更在于传播与认识各种不同民族音乐本身的文化价值，其目标在于，通过让人们认识与欣赏不同文化的音乐，达到对该音乐文化的理解和尊重，这恰恰是实现多元文化教育的根本目标，音乐成为实施多元文化教育的一种主要内容和媒介。

第二节 音乐教育核心课程构建

一、核心课程构建

从总体看，普通高等师范院校音乐学（教师教育）专业的课程类别应当包括四大类，即通识教育课程、学科专业课程、教育理论课程和教育实践课程。因为从总体培养目标出发，教育部和各高校对通识教育课程（公共课）都有统一规定，所以各音乐院（系）主要关注的是学科专业课程、教育理论课程和教育实践课程。音乐学（教师教育）专业的学科专业课程和教育理论课程大致有五个类别：音乐审美类课程、音乐表现类课程、音乐创造类课程、音乐与相关文化类课程、音乐教育类课程，其结构关系应当是以音乐审美为统领，以音乐表现为载体，以音乐创造、音乐文化为两翼，以音乐教育为基础，形成各有侧重、互相关联、互相促进的课程体系。在以上各类课程中，应当分别设置必修课与选修课。必修课直接作用于将来教育教学所必须学习的课程。专业选修课应当提倡音乐专业技能的全面性，文化素养、基本知识的广泛性，学术钻研的专门性，并根据各学校的学术实力和教师专长开设学校特色课程，根据各地具体情况开设地方特色课程。

作为音乐教育学者，对待音乐和教育的方式是一个极其重要的问题，不仅是因为音乐和教育构成了教育学者的研究对象、研究领域和研究基础，更重要的是因为对音乐和教育的理解定义了教育研究的行为领域。学者对音乐教育意义的理解与其潜在用途密不可分。这些认识对于从事音乐教育实践工作的人来说很重要，因为在一个具有语用内涵的领域中，音乐教育实践本身总是而且必然是以"研究"为基础的。以事实为基础的音乐教育实践过程应以教育者的研发工作为指导。因此，研究工作应该应用到所有音乐教育工作者的工作内容中，并在他们的职业生涯中不断被优化和提高。

二、音乐教育实验报告、调查报告的撰写

音乐教育实验报告和调查报告主要是指作者通过当前音乐教育的实验和调查，针对音乐教育领域的某一问题所撰写的书面报告，其主要是对实际情况进行反映、提出问题和对策。

音乐教育实验报告和调查报告的主要功能：一是向有关部门报告现状，为这些部门制定政策、措施等提供参考；二是向公众反映音乐教育现状，因为它们可在报刊上发表，能使某一问题引起全社会的广泛关注。

音乐教育实验报告和调查报告按性质可分为音乐教育实验、综合调查报告、专题实验和调查报告。

要写好音乐教育实验报告和调查报告需选择合适的主题。选题应着眼于音乐教育领域亟待解决的具有普遍意义的实际问题。这些题目大部分是作者自己在音乐教育实践中发现的，只有少数是管理部门设置的。丰富的音乐教育实践为撰写实验性音乐教育报告或调查性音乐教育报告提供了有利条件。例如，可以撰写关于器乐教学实验、教学创作实验、多声唱法教学实验、艺术教学综合实验、学生音乐兴趣调查、学生音乐学习态度研究等的报告。这些主题调查报告也可以作为音乐教育短文和音乐教育各种对话的写作素材。音乐教育者要善于把握形势，着眼大局，从小处着手，选择能引起师生乃至全社会关注的音乐教育问题，还要做好事前准备调查，根据目的、对象和方法，确定实验程序和调查轮廓。调查方法可分为五种：问卷调查、座谈会、个别访谈、现场调查和实地考察。在撰写音乐教育调查报告时，常用的三种调查方法是问卷调查、座谈会和个别访谈。它们各有优势，应灵活运用。调查报告的关键在于对问题的调查，所以我们要下大力气去调查，应从客观性质入手，既要充分了解第一手信息，又要了解间接给出的信息；不仅要了解当地信息，还要了解一般信息；不仅要收集正面意见，还要收集反对意见；不仅要研究事物的现状，还要研究事物的历史状态。我们要尽可能广

泛地掌握所需材料，注意材料和材料资源的准确性、可靠性和原创性。最后，在掌握大量素材的前提下，对其进行分类、分析和研究，从辩证的角度形成自己的思想，并以适当的形式充分表达。

三、音乐教育专业学生的学科素养与核心课程

专业核心课程是音乐教育专业学生核心素养培育的主要载体。新时代音乐教育专业学生的未来角色是基础教育音乐教师，其核心素养包括"学科素养、跨学科素养、师德素养、内省素养"四个维度。以下从高等师范院校人才培养的角度出发，围绕"学科素养"中的"专业能力""教学能力"，以音乐教育专业学生必须掌握的"弹、唱、跳、编、教"5种核心能力为标准，构建专业核心课程群。

（一）弹

学科素养：1~2种中西常用常见器乐曲的弹奏能力；中小学音乐教材曲目的钢琴即兴伴奏能力；歌曲的自弹自唱能力；钢琴曲的演奏与视奏能力等。弹的核心能力是钢琴弹奏能力。

核心课程群：钢琴演奏（初、中级键盘技巧，伴奏，即兴伴奏，视奏，合奏，自弹自唱等）；器乐演奏（铜管乐、木管乐、弦乐、打击乐）；合奏（民族器乐合奏、室内乐、交响乐团）等。

（二）唱

学科素养：声乐作品的演唱与舞台表演能力；不同风格声乐作品（含戏曲）的范唱能力；多声部声乐作品的演唱能力等。

核心课程群：声乐（声乐基础、小学声乐方法、中学声乐方法、高级声乐技法、合唱、表演唱）；声乐剧目排演（音乐剧选段、歌剧选段、戏剧选段）；歌唱表演与实践（台词、表演基础）；歌唱正音（汉语、少数民族语言、英语、意大利语）等。

（三）跳

学科素养：小型舞蹈作品的独舞能力；小型舞蹈或文娱团体作品的领排能力等。

核心课程群：舞蹈基础（形体训练、芭蕾基训、中国古典舞基训）；舞蹈技巧（民族民间舞、现代舞、芭蕾舞）；舞蹈表演与实践（剧目排练、舞蹈创编）等。

（四）编

学科素养：教学方案、讲义的编写能力；小型舞蹈或文娱活动的编创能力；小型歌曲写作与多声部编写能力；小型器乐合奏曲的编写能力等。

核心课程群：学校音乐教育教学导论、素质教育舞蹈、剧目创编与排练、音乐作曲理论（基本乐理、视唱练耳、和声、曲式分析和复调）。

（五）教

学科素养：中小学音乐课程的教学能力；小型乐团的指导与指挥能力；小型舞蹈或文娱活动的组织能力；班级管理能力等。

核心课程群：音乐教育基础理论（教师职业道德与法规、音乐教育基本原理、音乐教育中的特殊儿童教育学、音乐环境中的行为控制学、音乐心理学）；中外音乐史论（中国音乐史与史学基础、西方音乐史与史学基础、中国民族民间音乐、世界民族音乐）；音乐分析（作曲分析基础、民间音乐作品分析基础）；指挥排练（合唱指挥排练、乐队组合与排练、指挥原理）；音乐教学法（声乐教学法、合唱教学法、器乐教学法、中小学音乐教材教法）等。

上述根据"弹、唱、跳、编、教"核心能力提出的课程群体系，是理论设计层面的架构，在音乐教育专业人才培养的具体实践中，需要高等师范院校根据人才培养实际需要进行合理的调配。比如，各课程的学分、学时、学期的具体设定等，同时也要根据高等师范院校现有师资结构进行同化、优化和个性化实践。

四、高等师范院校音乐教育学核心课程体系构建研究

当下高等师范院校音乐教育学核心课程体系的构建研究应当从以下几方面出发。

第一，高等师范院校音乐教育学核心课程体系的构建应以需求为导向，充分考虑音乐教育学人才培养的目标、需求与计划，并根据现实性的目标、需求和计划来设置多层次化的核心课程体系，保证音乐教育学核心课程的教学内容更好地与音乐教育教学的实训与实践进行转化联结，提升高等师范院校音乐教育学核心课程体系构建的科学性和实用性。一方面，高等师范院校音乐教育学核心课程体系的搭建应当符合现实目标与需求，如此，高等师范院校音乐教育学的学科建设与专业人才培养才能真正落到实处，夯实学生的专业知识，锻炼学生的专业思维和专业能力，保证高等师范院校音乐教育学核心课程体系搭建的总体质量；另一方面，高等师范院校音乐教育学核心课程体系的搭建应当根据学生的公共需求和个性化需求创建多层次化的核心课程体系，让学生有较大的可选择空间，提高高等师范院校音乐教育核心课程体系的灵活性，激发学生的兴趣，提高高等师范院

校音乐教育核心课程体系的有效性。

第二，高等师范院校音乐教育学核心课程体系的构建应兼顾音乐教育学的理论教学内容和实践教学内容，以系统的观点平衡高等师范院校音乐教育学知识与技能的训练教学，帮助学生形成系统合理的知识结构，优化高等师范院校音乐教育学核心课程体系的人才培养效果。也就是说，高等师范院校音乐教育学核心课程体系的创新需要站在全局性的人才培养视角，建立系统化的音乐教育学核心课程体系，让高等师范院校音乐教育学学科的建设与发展能够在科学的系统中持续长效发展。不仅如此，高等师范院校音乐教育学核心课程的构建需要考虑学生知识与能力的全面培养，将理论学习模块、实践学习模块、实训考核模块等进行系统性的设计，进而保证高等师范院校音乐教育学核心课程统一性的同时，增强高等师范院校音乐教育学核心课程的多元化特征，全方位推进高等师范院校音乐教育学学科的创新发展和音乐教育学核心课程的专业构建。

第三，高等师范院校音乐教育学核心课程体系的构建应积极引进创新性的核心课程建设理念与策略，加快高等师范院校音乐教育学核心课程体系构建的自我变革与优化，让高等师范院校音乐教育学核心课程体系构建得以在反思与优化中获得突破性的发展与创新。高等师范院校音乐教育学核心课程体系的构建是一个长期性的发展优化过程，高等师范院校及课程设计者应当根据高等师范院校音乐教育学学科建设与课程创新发展的实际情况，实事求是、与时俱进地促进高等师范院校音乐教育学核心课程体系的优化发展。核心课程体系构建的理论高度往往决定了高等师范院校音乐教育学核心课程构建的质量和水平，因此在高等师范院校音乐教育学核心课程体系的构建过程中，多元化的核心课程建设理念、经验和科学策略应当被广泛重视，并及时根据实际情况进行有效的吸收和借鉴，进而在创新理论全面整合改进后，让高等师范院校音乐教育学核心课程体系的构建更加科学、高效且稳健。

第三节　现代音乐教育技术的革新

一、现代音乐教育教学方法和培养方式的革新

物质的现代化提供的仅是一个物质的基础，关键仍在于人的作为，因此切不可见物不见人。

音乐教学设备是音乐教学的必备用具，是实施音乐教学的必要手段，是保证音乐教学取得良好效果的重要条件。为了促进音乐教育事业的发展和音乐教学质

量的提高,学校和音乐教师应该有计划地改善和充实音乐教学器材设施,逐步完善音乐教育设备的配置。

(一)专用音乐教室

专用音乐教室,是进行音乐教学和开展音乐活动的主要场所。学校设置专用音乐教室,有利于音乐教师妥善保管好音乐教学的专用设备与用具;有利于音乐教师根据学生声音特点划分声部编排座次;有利于音乐教师开展课内外各项音乐活动;有利于音乐教师美化教学环境,创造良好的音乐学习、活动氛围。

音乐教室的布置应注意整洁舒适、色彩鲜明。教室应挂有音乐家头像、音乐家名言、乐器配图,使学生有一个良好的音乐学习环境。教室中的课桌椅最好采用移动式或折叠式的,以便课内外音乐活动的展开。

(二)幻灯机、投影仪

幻灯机、投影仪主要作用于人们的视觉感官。幻灯机、投影仪的最大特点是可以为音乐教学提供色彩鲜明的视觉形象,使音乐教学过程变得更为生动、直观而富有情趣,能有效激发学生的思维,加速学生对知识的消化。

1. 幻灯机

幻灯机是一种能提供静止画面的光学放大器。它将静止的画面放大投射到荧幕上,由于放映时间不受限制,有利于学生仔细观察和欣赏。幻灯机的种类较多,在音乐教学中常采用直射式幻灯机。白天使用幻灯机时,应注意关闭教室的窗帘,使室内保持黑暗,以保证图像画面清晰。

2. 投影仪

投影仪是一种镜头在上方的专用光学放大器,用来投影透明片。投影仪的优点在于:

首先,教师可以面对学生操作,一边投影讲解,一边观察学生,及时获得教学信息的反馈;

其次,投影仪多用强光源,室内不必遮光就可以看到清晰、醒目的图像;再次,投影仪除了用来演示幻灯片、投影教具外,还可以把玻璃片或透明胶片放在投影仪上,用彩色水笔书写或画图,代替黑板板书,改善教学条件。

使用投影仪时应准备白色的帆布以作荧幕布。当然,光滑、整洁的白墙壁也可以代替荧幕布。

二、翻转课堂教育技术的运用

所谓翻转课堂,是相对于当前课堂上教师讲解、学生听讲,课后学生完成作业的教学形式而言的。它是指利用信息技术的便利，教师将对知识点的讲解录制成短小简洁的教学微视频，配以其他学习资料和进阶作业，通过学习管理平台发送给学生，学生在教师的指导下先进行自学，完成进阶作业；基于学习平台上的信息，教师在详细把握学生学习情况的基础上，课堂内有针对性地重点讲解，和学生一起解决疑难，完成作业。在该教学模式下，基本知识和技能的学习移到了课前，课堂上省出了更多的时间让学生展示交流、动手操作、质疑讨论、完成作业等，这是发展学生高级思维能力、动手实践能力等综合素质的重要路径。

慕课，即大规模公开在线课程。学生的慕课学习是翻转课堂的前提和基础，翻转后的课堂是慕课学习的巩固、深化和拓展，两者是有机的整体，各自都有自身的优势。

因此，学生课前的慕课学习，如微视频学习、进阶作业、在线互动，是翻转课堂的重要组成部分，是翻转课堂中课前教学的形式与内容；课堂中的教学，即翻转后的课堂，是学生慕课学习之后必不可少的环节，是学生慕课学习的深化、强化和拓展。翻转课堂教学包括两部分的教学，即课前的教学与课堂中的教学。课前的教学，在信息技术时代主要采用慕课学习形式；课堂中的教学，即翻转后的课堂教学。两者的定位和功能是不同的，课前慕课学习的主要任务是完成知识的识记和理解，即安德森认知目标分类体系中底端的两个层次；翻转后的课堂教学主要任务是发展学生的高级思维能力，如知识的应用、分析、评价与创造等，解决学生自学不能解决的问题，在师生、生生面对面交流的环境中进行能力的提升、过程与方法的训练、价值观的培养等。

翻转课堂教学模式将教师讲授的新知录制成教学视频，让学生课前自学，课堂上师生或生生更好地探究、讨论、动手实践。因此，国内外的学者都把"慕课+翻转课堂"的教学形式看作是效率与个性的统一，既能满足学生受教育的需要，又能改善学生学习的个性化问题，是学生主动学习和被动学习有机结合的学习形式。

三、电脑音乐技术在音乐教育中的应用分析

（一）电脑音乐技术在音乐教学中的优势分析

相较于传统教学方式来说，电脑音乐技术在音乐教学中的应用具有多个方面的显著优势。第一，电脑音乐技术本身是一个非常先进的教育技术，有效降低了音乐教学对人力的需求，同时也使整个教育教学活动可以从多个方面展开，给后续的音乐教育提供了比较广阔的发挥空间。第二，利用电脑音乐技术，音乐教师能够借助互联网开展各类教学内容，使整个音乐教学体系储存更多的音乐教育内容，同时也能够通过互联网丰富教学资源，有助于音乐教育的有效开展。第三，

电脑音乐教育技术可以通过互联网提前设置音乐教育的整个环节，并实时灵活地调整教育活动开展的具体流程。这种情况使音乐教育教学的现代化与智能化可以在未来的发展中得以实现。

（二）电脑音乐技术在音乐教学中的具体应用

1. 在视唱练耳教学中的应用

事实上，在当前我国的音乐教学体系中，传统教学方法阻碍了视唱练耳教学的进行。在结合了电脑音乐技术以后，视唱练耳教学课程迎来了新的改变，突破了传统的钢琴伴奏教学模式。在具体教学过程中，音乐教师可以使用电脑中的各个音乐制作软件对课程内容进行相应的加工，同时还可以使用各个音乐制作软件生成相关的伴奏音乐。这样一来，视唱练耳的具体教学过程就能够得到较好的支撑。对于音乐教师来说，可以根据学生在视唱练耳过程中的具体表现实现灵活地控制教学，提高学生在乐队合奏、和声、节奏等各个方面的音乐素养。

2. 在和声学教学中的应用

在传统音乐教学中，整个和声学的教学通常都依赖于黑板和琴键来完成。学习程度不高的学生在音乐基础方面往往都表现一般，很难充分理解课程教学知识。在融入了电脑音乐技术以后，教师就可以在音乐软件中提前制作课程教学中需要使用的乐谱。比如，教师可以考虑使用SONAR软件来展示乐谱内容，也可以通过窗口实时修改乐谱中的节奏时值、力度变化等内容，让学生充分掌握乐谱变化中蕴含的内容。除此之外，教师在这个过程中还可以针对那些重点内容重复播放，减少语言的抽象描述内容，最终较好地提高教学成效。

3. 在声乐课教学中的应用

在传统声乐教学体系中，整个教学过程最显著的不足就是缺乏直观性，学生在学习过程中对自己的声音没有直观的认识，无法通过对比来明确自己的不足，难以提高自身的声乐水平。在引入了电脑音乐技术以后，教师就可以通过音乐软件分析不同学生在声乐演唱过程中产生的音乐波形文件。通过对比这些文件可以直观展示各个音乐作品的连续性，并进行针对性的分析与探讨，还可以让学生清楚地感知自身在声乐演唱方面的不足与问题。

4. 在配器课教学中的应用

配器课的开展能够让学生学会作曲，是提高学生综合音乐素养的重要途径。在配器课教学中，需要进行各类管弦乐音乐作品教学，同时对乐队合奏等内容也要涉及。但是，目前大部分学校由于自身条件有限，在开展配器课音乐教学的时候，都停留在书面写作等理论教学层面，学生在教学中，很难想象具体的配器演奏流程，很难实现较好的教学成效。在应用了电脑音乐技术以后，学生可以非常便捷地将不同乐器效果组合起来，也促使学生将自身学习的理论知识跟实际操作联系在一起。这样一来，学生就可以在配器课上掌握各个乐器搭配的方法，显著提高作曲能力。

　　综合来看，当前电脑音乐技术在音乐教学中的应用具有显著的优势，同时也有比较广阔的应用空间。电脑音乐技术的运用产生了音乐教育跟现代电脑科技相结合的新型教育模式，能够显著提高音乐教学的最终成效。各个音乐教师在平时应该积极了解各类电脑音乐技术，在音乐教育过程中进行实践。在音乐教学中，教师应该结合教学内容和学校的基本条件，促进数字化音乐教学的全面开展，使各类电脑音乐技术在后续的教育教学过程中发挥较好的作用与价值。

第三章　高等师范院校音乐教育理念革新与实施

第一节　音乐教育理念革新

一、"母语"化音乐教育

"母语"化音乐教育是由本民族各个地区不同音乐风格内容组成的，有着本民族文化精神、心理、行为、艺术、思维方式、审美理想及价值等深厚的文化哲学基础。从世界各种文化母语语言的教学来看，任何完整的体系性的语言教学，必须包括听、说、读、写、译。本民族音乐不仅仅是音乐教学中的"装饰"，它应该是在多元文化教育思潮下，独立于西方音乐教育体系的一种形式。因此，"母语"化音乐教育不同于"民族化教学"的本质在于，"母语"化教学必须是体系性的，是独立完整的，而不是西方音乐体系的附属或补充。

在当代世界的教育改革潮流中，民族文化作为培养学生素质的重要组成部分，越来越受到各国教育领域的高度重视。重视本民族音乐文化传承已成为近年来国际音乐教育发展的重要趋势。但是，在工业文明观念的指导下，中国高校音乐教育一直受到西方音乐的影响，民族音乐文化观念一直未能在音乐教育的指导思想和实际的音乐教材中得到基础性和系统性的体现。因此，建立民族音乐文化观念，加强高校音乐教育的民族音乐文化基础，是高校音乐教育一个非常迫切的任务。

二、高等师范院校音乐素质教育的持续推进

素质教育的目的，就是全面提高国民素质，造就跨世纪的、高素质的社会主义建设人才。这种人才应该具有良好的综合素质，即良好的思想素质、文化素质、心理素质、身体素质。

（一）思想素质

思想素质是人的整体素质结构中最重要的部分，它是人对于社会生活、政

治生活所持的相对稳定的认识和态度，主要包括世界观、人生观、道德观和价值观等。根据我国的社会制度和国情，它分为政治思想和道德品质两个方面。具体表现为：掌握了系统的科学社会主义理论知识，坚持四项基本原则，拥护党的路线、方针、政策和改革开放的一系列举措；热爱祖国，热爱人民，继承革命的优良传统；有正确的价值观、人生观和奉献精神；遵纪守法，孝敬父母，尊敬师长，团结同志，关心集体。

（二）文化素质

文化素质不仅仅指一个人在各个学科所具有的知识水平，还包括文化素养、学习能力、学习习惯等方面的内容。一个具有良好文化素质的人，应该在人文科学、社会科学和自然科学等方面具有一定的知识和能力，有一定的艺术修养，知识广博；除了在本专业有较高的造诣，还能通晓其他学科的基础知识；能较快地掌握和运用现代科技的最新成果，不断地更新和掌握新的知识，思维活跃，能独立地分析问题、解决问题，具有创新精神；掌握一至三门外国语言；能熟练地运用计算机进行工作和学习。

（三）心理素质

心理素质包括思想素质、文化素质、身体素质等方面。比如，思想素质中的道德认知、道德意志、道德情感等，就属于心理素质的范畴。文化素质中与认知相关的有关素质也可以划入心理素质范畴。可以这样说，心理素质在作为一个独立概念的同时，又可以包容在其他素质之中。它对于人的整体素质发展具有较大的影响。它体现了一个人的精神面貌、处世态度、处世方法和性格特征。对一个人的生活、学习，甚至事业起着重要的作用。一个具有良好心理素质的人，首先要对"真、善、美"有一个正确的认识，并在自己的工作和生活中，不断地追求它、捍卫它；其次有坚强的意志，这种意志包括实现理想的坚持性、持续性，克服困难和挫折的斗争精神，工作中的竞争意识和创新意识，对自己的行为、生活习惯、兴趣爱好等的调节；最后对人和事物充满感情，爱憎分明，并把自己的工作、生活、学习与社会联系在一起，善于与人打交道，能处理好人际关系。

（四）身体素质

良好的身体素质是人进行工作、学习的基本前提。一个身体素质很差的人，哪怕他在其他方面的素质很好，也无法显示其才华。衡量一个人是否具有良好的身体素质，可以从三个方面考虑：

（1）从外表来看，有健壮的骨骼，发达的肌肉，良好的视力、听力和耐久力，运动机能好。

（2）从内部分析，有较好的神经系统和内分泌系统，具有良好的消化能力、吸收能力、贮存能力、免疫能力和耐寒能力。

（3）大脑思维敏捷，反应快，有耐久性。

21世纪是以知识和信息为主要竞争手段的时代，因此教育的目标是培养开放型、创造型、复合型人才，特别是高素质人才，而"应试教育"是很难完成这一任务的。只有通过"素质教育"，才能全面提高我国的国民素质，培养适合现代化要求的，有理想、有道德、有文化、有纪律的四有新人。

三、基于音乐人类学理论与方法的音乐教育新思维

"音乐人类学是一门注重应用的学科，它以田野考察实践为基石、以客观描述实践为基础，并在此实践基础上开展案头解释性工作。"[①]其核心内容"将音乐放在文化中"研究，以及关注"人类的一切音乐"，认为音乐诞生于文化研究。与此同时，音乐人类学更多关注音乐与人的关系问题，强调音乐不仅仅关注"本体"，还要逐渐把目光投向与人的关系问题。在如今的音乐教育领域，许多国际音乐教育研讨的主题及各种相关会议、论文中，音乐人类学的研究成果、价值观念已被广泛引用和应用。在国际上有关为什么音乐教育研究要结合音乐人类学的理论与方法的问题上，除更关注音乐教育的实施对象"人"以外，也给出了其他的解释——培养双重音乐能力。在音乐的学习中，不仅要学习本土的音乐文化，还应该至少学习一种其他音乐文化内容。永远只站在自己的角度对"音乐"概念进行理解，就会走向自我"中心主义"。自工业大生产时代来临，欧洲在科技领域获得了突飞猛进的成就，并产生了一定的"优越感"，认为自己是世界的中心。但是，随着其他国家的不断发展和崛起，欧洲许多国家认识到在未来的发展中，"双重"能力不可或缺。当今全球呈现多元化发展趋势，曾经的"欧洲中心主义"逐渐被"地方性知识"所解构，世界逐渐变得丰富多元。在音乐教育探索中，音乐人类学的确能够在观念上起到相应的作用，具体的实践理论与方法为许多音乐教育实际问题提供了新的研究思路。

中国自20世纪80年代以来，民族音乐学、音乐人类学在国内的研究进展可谓突飞猛进，涌现出一批具有影响力的音乐人类学学者，他们的研究成果具有深厚的学术价值。管建华教授作为早一批关注民族音乐学、音乐人类学的学者，他更倾向于将自己所有的研究领域相融合。实际上正因为他广泛的研究范围、关注音乐前沿，才有了对中国音乐教育问题的独特看法，正如他在个人著作《中国音乐教育与国际音乐教育》一书的总序中提到的成长经历一样，正是那次特殊

---

① 伍国栋. 民族音乐学概论（增订本）[M]. 北京：人民音乐出版社，2012.

经历，让他感受到自己的渺小。对此他联想到"就像今天自己从那狭小的音乐学、音乐本位的音乐学冲出来所遭际的音乐与人文学科的视野那种一望无际的宽广和水乳交融、天水一色的感觉。"①在他的《音乐人类学导引》这部著作中同样也写到，"无论是中国音乐教育还是世界音乐教育（如欧美音乐教育和国际音乐教育），已经趋向于将音乐教育中的'音乐'作为'文化'来界定，并认为这是更为完整的人的教育"。②原因为："一是符合当今世界文化发展之所向，二是重新看待'世界'音乐体系问题。"③的确，音乐离不开特定的文化语境和文化身份，更是深深扎根于自己的文化背景和文化环境中，和人产生关系，即使是让欧洲人引以为傲的"艺术音乐"也离不开作曲家所经历的文化背景，以及演奏者和听众的文化身份。因此，音乐人类学的理论与方法可以为音乐教育的研究开拓新的思路，更好地反思音乐在教育过程中所扮演的角色，使音乐教育更好地"育人"。

管建华教授之所以被学界公认为新时代的"弄潮儿"，是因为他积极从不同角度探索学术前沿的相关问题。随着时代的发展，"多元"成为音乐教育的学者公认的研究视野，国家力图通过教育改革使各个民族和社会阶级群体的学生有机会享受平等的教育，并以此来保持和发展各民族文化，反映民族的多样性和平等性。长期以来，中国音乐教育大多关注"中—西"二元的音乐文化，对世界音乐的关注有所欠缺。在"欧洲中心"的影响下，中国音乐教育曾一度进行着各种探索，面对自历史进程中保留下来的音乐传统与欧洲现代音乐教育体系的融合，对未来何去何从问题的思考相对被动。自21世纪以来，中国音乐教育界曾掀起以中国传统音乐为主要内容的变革浪潮，值得注意的是，这一变革一定要防止掉入"自我为中心"的陷阱。如今在全球多元化发展的时代，"不同文化背景的人类将更能彼此间宽容并相互理解。"④在交流中使地方性传统得到相互理解与尊重。"可以这样理解，在一定程度上，是全球视野激活了我们对传统的态度。"⑤文化是发展的，是动态的。对待世界音乐也应以动态、多样的态度研究世界上的一切音乐，从而改变以往单一的教学方式，使中国音乐教育紧跟时代发展的浪潮。这则是"世界音乐"理念的核心思想，通过对世界音乐的学习，丰富音乐教育的视角，从而培养多元、动态的研究音乐教育的能力，推动中国音乐教育多元化发展。

四、"互联网+"时代音乐教育理念

在"互联网+"时代背景下，互联网信息化技术逐步与各行业领域的生产

---

① 管建华. 中国音乐教育与国际音乐教育［M］. 南京：南京师范大学出版社，2013.
② 管建华. 音乐人类学导引［M］. 西安：陕西师范大学出版社，2006.
③ 管建华. 音乐人类学导引［M］. 西安：陕西师范大学出版社，2006.
④ 范可. 在野的全球化：流动、信任与认同［M］. 北京：知识产权出版社，2015.
⑤ 杨曦帆. 音乐民族志在中国的奠基与多元发展［J］. 中国音乐，2019.

与管理工作进行了融合，一度成为现代社会发展的重要元素。在这种情况下，各行业对于人才的要求也发生了改变，其不仅看中人才的专业技术，同时还重视人才的综合素养。当前，高等师范院校音乐教育工作的传统理念显示出了滞后性问题，无法满足当代音乐人才的培养需求。因此，高等师范院校音乐教师需要结合当前阶段社会对于音乐人才的实际需求情况、教育工作环境的整体变化情况以及音乐专业教育工作现状等因素，对自身教育理念展开全面性的审视，及时对传统的音乐教育理念进行调整，重视学生在音乐教育中的主体性地位，通过对互联网信息化技术的应用，调动学生学习的积极性，并通过教师教育理念的转变而带动教学模式的全面创新，通过发挥信息化技术的辅助教学功能，帮助学生攻克更多音乐学习的难关，更加有效地培养学生的音乐专业综合素养，进一步强化学生的艺术审美能力与创作能力等，从而使学生能够在音乐学习中不断突破自我、持续成长，并在音乐领域获得可喜成就。

"互联网＋"实际上就是指互联网技术与某领域内容的结合，其不仅代表着各领域的创新发展，同时也表示该领域整体结构的重塑。互联网技术具有创新性、开放性等特点，将其应用于高等师范院校音乐教学理念创新中，不但能够全面冲破长期以来传统教条主义教学理念的束缚，促进教学模式的创新发展，满足学生的学习与未来发展需求，同时也能够推进我国音乐教育事业的长效、健康发展。总的来讲，"互联网＋"时代高等师范院校音乐教育理念转型的意义主要体现在以下几方面。

（一）以教育理念的转型带动教学方式的创新

互联网信息化技术在高等师范院校教育工作中的逐步渗透使音乐教育工作环境以及社会对音乐专业人才的要求均发生了明显变化，这就需要教师能够审时度势，结合音乐教育现状与相关行业的发展趋势等对自身的教育工作理念进行积极转型，并以教育理念为导向，充分利用互联网信息化技术的辅助教学优势，对高等师范院校音乐教学方式进行全面创新，提高音乐教学效率，打造具有现代化特色的高等师范院校音乐教学工作模式，开启"互联网＋"时代高等师范院校音乐教学新篇章。

（二）以教育理念与教学方式的创新激发学生学习兴趣

在教育理念转型的带动作用下，高等师范院校音乐教学工作中纳入了多种互联网信息化教学平台，实现了线上与线下的联合教学。借助这些信息化平台，教师可以将线下教学中的精髓内容以及难点内容录制成线上教学素材，并上传到班级的线上教学平台中，使学生能够利用自身空余时间进行观摩与学习，提高学习效率。同时，通过信息化技术的应用可以将原本枯燥的理论知识及表演技巧通过图片、动画演示、真人演示等直观地展现出来，不仅降低了学习难度，还可以有效激发学生自主学习与研究的兴趣，使学生由原本的被动学习转变为主动学习，这对于培养学生的音乐专业综合素养有着至关重要的意义。

（三）促进音乐教学资源的整合

随着互联网信息化辅助教学技术的应用，超星学习通以及慕课等多元化线上学习平台均可实现教学资源的快速整合与共享，相比于传统的线下课堂教学为学生呈现的音乐教学内容更具丰富性，学生可以根据自身的学习兴趣偏好或者专业薄弱环节进行学习内容的自主选择，实现了高等师范院校音乐专业的个性化教育目标。同时，教师还可以通过各大网站为学生收集更多具有教学价值的优秀音乐作品及各种教学素材，并通过班级微信群或者其他线上学习平台分享给学生，使学生能够接触到不同民族、不同年代、不同文化背景以及不同艺术流派的音乐学习素材，帮助学生开阔艺术视野，同时促进学生学习能力的提升。除此之外，学生自身也可以通过互联网途径在各大论坛与其他音乐专业学生及音乐爱好者进行学习、展开音乐文化的讨论等，借此实现音乐艺术思维的碰撞，不断激发学生的音乐艺术潜能。

第二节　音乐教学法之音乐欣赏教学法

一、音乐音响的辨别能力

有的工人师傅一听机器发出的声响，就能辨别机器运转是否正常，或是毛病在哪里，这是由于他们通过长期的劳动实践，熟悉机器的结构，了解机器的性能及其运作规律，而有的人就不一定具有这种辨别能力。

音乐是"声音的艺术"，是"音响的艺术"，其依靠音乐音响来传递内容。这种音响绝不仅仅是单纯"物理性"的，而是通过作曲家的艺术构思，运用各种作曲技巧，经过艺术创作构成音乐作品，再通过歌唱家、演奏家的表演，使欣赏者接收到的是一种极具艺术性的、丰富多彩的、变化万千的、美妙的音乐音响。

所谓对音乐音响的辨别力，就是辨别构成音乐音响的音高、音值、音强、音色、进行速度等音乐基本要素的能力；熟悉、掌握音乐音响的"和声""调式调性""曲式结构"等音乐表现手段及其表现意义的能力。

对音乐音响的辨别能力如何，常常影响着欣赏者的欣赏能力和欣赏对象的范围。如有人只能辨别单声部旋律，那就会影响他对各种"合唱"，管弦乐队演奏的大、小乐曲等多声部音乐作品的欣赏。他只能听单声部的个人演唱或齐唱，而听演唱时也只能听到它的旋律，对于烘托独唱的背景、气氛，丰富歌唱表现力的伴奏（作为演唱整体的有机组成部分），都不可能整体地感受。

同样的道理，有人对各种不同乐器的音色、性能、表现力缺乏敏锐的辨别能力，自然就会影响对乐器种类的识别和对器乐曲的欣赏。

什么叫作乐感呢？从字面上作简单的解释，就是我们"对音乐的感觉"（或对音乐的感知），这个概念已经深入人心并完全得到音乐界的认可。而且我们不难发现，音乐技术、技巧、技能及理论知识虽然重要，但音乐人普遍认为乐感似乎更重要。因为有了它，学习音乐及进行各种音乐活动，会有事半功倍之效，并能展现更强大更震撼的音乐艺术魅力。

"乐感"具体讲是指人们对音乐艺术感知上的灵敏度、准确度、接受能力、模仿能力、理解能力、辨别能力、生活联想能力、艺术想象能力，具体反映在表达能力、组织能力、发展延伸能力、创造能力等各个方面。

各种形式的音乐音响结构，基本上是多声部的，而在多声部音响结构中，有多声部人声的合唱（二声部、三声部、四声部……），有多种乐器演奏（十几种乐器和打击乐，还可能有键盘乐器）。若欣赏者在音乐音响辨别能力方面有所欠缺，那对许多中外古今的名著名篇就无法涉猎。

由此可见，音乐音响辨别能力的高低直接影响着欣赏者对"欣赏对象"的接受和容纳程度。因此，对有所追求的音乐欣赏者来讲，对音乐音响的辨别能力，特别是对多声部音响仔细分析和正确感知（辨别）能力的培养、锻炼，是十分重要且不可忽视的。

要培养、锻炼自己对音乐音响的辨别能力，学习了解一点有关的音乐知识是必要的，但更重要的还是要提高自己听觉的敏锐性、听觉的灵敏性和听觉的分析能力。欣赏音乐作品，不仅要听到它的主旋律，还要能听出其他声部的进行，能辨别不同乐器的不同音色，能听辨各声部此起彼伏的交错进行等。那么，除了学一点有关知识，请人讲解辅导，唯一有效的办法就是"欣赏实践"。因为对音乐的感受是主观的，是个体行为，是别人无法代劳或替代的，正如"梨子的滋味"讲是讲不清的，必须自己亲自尝一尝。因此，只有下功夫多听、反复听，用心去比较、分析各种不同音乐音响的异同点，比较、分析得愈认真愈细致愈好。久而久之，欣赏者的听觉会得到锻炼，对不同音乐音响的熟悉程度也会越来越高，对音乐音响的辨别能力就会越来越敏锐，自然就会逐步提高对"欣赏对象"的正确感知能力，扩大"欣赏对象"的范围。

二、音乐音响的接受能力

音乐是"听觉的艺术"，要依靠耳朵来欣赏。音乐是各种不同的音乐音响的展示。欣赏者在欣赏音乐时，应有一个良好的、安静的环境，避免其他声响对音乐音响的干扰；要求欣赏者对欣赏对象要具有"指向性"和"集中性"，以便更好地聆听、感知音乐。

欣赏音乐时的"注意"，应该是"有意注意"（不能作为"无意注意"的"背景音乐"来对待）。当听到音响结构较为复杂一些的作品时，可能欣赏者会"不知所云"，甚至会产生某些畏难情绪，有听不下去的情况，此时欣赏者需要有一定的意志力，并将"注意力"有意识地集中（专心）并保持（指向性）在对音乐作品的聆听上，要坚持听下去，抓住并分析音乐音响的规律和特点，可适当地反复听几遍，来培养、发展欣赏者的"有意注意力"，逐渐形成良好的欣赏习惯。对于一首好的作品，或者自己喜欢的作品，多次听，经常听，用心地听，是逐步提高自己对欣赏对象的感知能力的有效途径。

音乐又是一种"时间艺术"。音乐音响是随时间的进行而运动的，有"转瞬即逝"的特点。因此，在欣赏音乐的过程中，欣赏者对欣赏对象必须具有一定的记忆能力。

所谓记忆，先是"识记"，即识别不同音乐音响的不同点，包括速度的不同、音色的不同、情绪的不同、声部的多寡、演唱演奏的规模大小等，并将它们不断地输入大脑这个"信息库"，在大脑中留下痕迹，遂在大脑这个"信息库"里，分类"保持"储（留）存，需要时再"忆"，即从大脑中提取储存的有关信息。若欣赏者对运动着的音乐音响不能"记"，那就无法"忆"，也就是听了后面的忘了前面的，始终不能在动态的音乐运动中得到整体的印象和感受。这是一般欣赏者经常会遇见的问题，也是欣赏音乐时需要解决的关键问题。唯一的办法还是多听、反复听，在欣赏音乐的实践中锻炼、培养自己的识记能力。如果欣赏者在音乐欣赏的实践中输入和储存的音乐作品的主题和精彩的旋律片段愈多，那么你掌握的"信息"就愈多，你就是一个"音乐信息量"的富有者，在欣赏音乐时，就可以随时"提取"有用的"信息"，由此及彼地通过联想、想象，更便捷、更好地领悟和享受各音乐作品。

三、将音乐与其他内容联系，进行综合分析

将歌唱、器乐等音乐学习与欣赏联系起来，综合地进行欣赏指导，这是最为有效的一种音乐欣赏指导方法。

（一）熟悉音乐主题后，再聆听

用乐曲的主题进行节奏动作反应，先使学生熟悉乐曲的主题，在熟悉了音乐的主题之后再聆听音乐。

（二）熟悉音乐主题后，掌握节奏

使用乐曲主题进行节奏练习，或者唱乐曲主题，或者用乐器演奏乐曲的主题。熟悉乐曲的主题，进而掌握旋律的反复和发展等。

（三）歌曲是音乐形象与歌词形象的统一

歌曲是歌词文学形象与音乐形象的统一，因此是发展形象思维的一个有利途径。在唱歌教学中，教师既要重视音乐形象思维的活动，也要重视语言文字形象思维的活动。要把这两种形象思维活动有机地结合起来，任何偏颇的做法都是不可取的。

第三节　音乐教学法之声乐教学法

一、声乐教学中教师的范唱

（一）建构主义理论下的范唱

教师范唱法是声乐教学中常用的一种教学方法，其目的是让学生更明确地从视觉、听觉上体验并分辨声音的对与错。

此外，教师还可以利用听赏演出、比赛、会演、歌唱家的演唱光盘，以及优秀教师的各种教学排练、辅导活动等形式来进行示范。声乐教师要引导学生用"专业学习"的审美眼光去听赏，既要从多角度去审视整场演出或音乐会的思想性与艺术性的基本格调，还要分析判断每个曲目演唱的优劣水平，更要在观赏中学习不同曲目的艺术处理与表现方法。

需要注意的是：教师要有计划地安排学生在观赏中应注意的内容，并要求学生在观赏中做好笔记，记录学习心得，要求他们在观赏后撰写评论或学习收获，有条件的还可以将相关演出进行录像，由教师进行学习讲评。这种方法不仅让学生进行了专业的技能、技巧学习，同时也可以提高学生的理论分析能力。

随着教育理论的不断更新，建构主义也为世界各国教育教学改革提供了理论上的依据。建构主义理论反映了社会发展对教育提出的基本要求，教师的角色不再是输出者、传递者，而是引领者，在学生层面，则注重培养学生学会学习、学会做事、学会共同生活、学会生存的能力。

教师扮演的主要角色是设题者而非解题者，教师的职责主要是设计学习情境，让学生在学习过程中通过联系、比较、分析，发现新知识，构建新观点，并从中获得持续发展和应用知识的能力。更为关键的是教师须重新思考自己一直以来视为理所当然的教学方式，调整自己和学生的互动方式，为学生提供机会，让他们彼此之间集体交流意见，让学生根据别人的理解表达自己的看法。学生所发现的、建构的，完全是他们从同伴及文学文本中取得的。要帮助学生建构新知，教师的教学应该体现下述五个原则：

第一，寻求并且重视学生的意见；

第二，课堂活动能挑战学生固有观念；

第三，提供解决问题的机会；

第四，根据学生的意见提出问题，引导学生深入探究；

第五，通过教学过程评价、考核学生的学习效果。

这五个原则的背后，其实反映了教师对学生学习的不同认识。所以，在运用这种教学方法时，需要注意的是，不能单纯地范唱，而是边范唱，边讲解，采用先讲明道理后范唱的方法。大部分著名的声乐教育家，他们上课时讲得多，唱得少，学生进步却很快。教师听出学生发声方法不对时，应该先指出其错误所在，是何原因，用什么方法解决，然后再示范，应该在学生明白和掌握其解决方法之后再进行"模唱"。

（二）声乐教学范唱应重点解决的问题

1. 纠正学生的歌唱姿势

歌唱姿势正确与否，直接关系到人在唱歌过程中的各个器官是否可以正常地工作并协调配合；影响到歌唱训练的正常进行以及歌唱艺术的直接表现。一个正确的歌唱姿势，是具备良好歌唱发声的重要前提，也是人们学习歌唱的第一步。

在声乐教学过程中，要培养与训练学生建立起一种正确、良好的歌唱姿势，具体可以分为下列几点要求：

首先，需要纠正的是学生在歌唱过程中端肩、夹肩、塌胸、驼背、翘下巴、噘嘴、歪嘴、瞪眼、皱眉、歪头等多种不良的歌唱习惯。

其次，在整体状态方面需要建立起包括身体直、重心稳、上胸开、双肩松、精神饱满的歌唱姿势。

再次，从整个身体肌肉运动的放松和用力方面需要建立起歌唱的状态，包括上松下紧、前松后紧、外松内紧等。

最后，从演唱的仪表方面需要保持一种自然朴素、美观大方、积极亢奋的形象。

2. 培养学生的听觉

在声乐课堂训练过程中，针对耳朵的训练向来都是声音训练的第一步，耳朵也是歌唱的重要引导者,"只有耳朵灵敏度提高了,发声水平才能提高"。所以,拥有一双灵敏度较高的耳朵,是歌唱训练发展过程的基础。

培养学生拥有一双"音乐耳朵",需要做到下列几点要求:

第一,需要培养学生对于音高、音准、节奏、节拍、音质、音色、调式、调性、音程、和弦等一系列音乐要素的判断,建立起准确的听觉辨别能力。

第二,需要培养学生在发声训练中,对高低、快慢、强弱、长短、大小、前后、虚实、松紧等多种声音特征的辨别能力。

第三,培养学生掌握呼吸深浅、肌肉松紧、喉器高低、起音好坏、母音是否纯正、气声之间的搭配平衡与否等一系列的发声要点,使其能够准确地依靠听觉进行辨别。

第四,需要培养学生在歌唱发声过程中,对"喉音""鼻音""舌根音""白声""颤抖声""虚声""漏气声"等一系列错的发声具有比较准确的辨别能力。

第五,需要培养学生在歌唱表演过程中,对情感、基调、意境、形象、风格、韵味等一系列歌唱特征的把握,具有一定的鉴赏与辨别能力。

第六,应该培养学生在歌唱发声过程中在主观听觉和客观听觉上保持一致性与统一性。

3. 培养学生的歌唱心理素质

在声乐教学和演唱过程中,心理因素是极为重要的,学生具备良好的歌唱心理素质也是歌唱者在声乐学习以及演唱时不可缺少的重要素质条件,是歌唱成败的重要因素与关键所在。

因此,在声乐教学过程中,需要重点培养与训练学生具备良好的歌唱心理素质,主要做到下列几点:

第一,培养学生对声乐学习与歌唱的爱好和兴趣,使学生不管是在声乐课堂中,还是在表演舞台上,都具有一种积极而亢奋的心理状态,克服紧张和恐惧。

第二,良好的歌唱心理素质,是基于扎实的歌唱技艺产生的,只有经过相对严格的专业技术训练之后,才能不断提高演唱技巧与艺术修养。

第三,培养学生具备良好的歌唱自信心。

第四,培养并训练学生具备良好的歌唱心理素质,这需要从学生的意志、个性、气质等多个方面进行培养,使学生能够成为意志坚强、性格活泼、自信的人。

第五,要培养与训练学生的自我控制以及感情约束能力。

第六,要按照学生的歌唱能力与嗓音的特征,选择适合学生的曲目。

第七,充分做好演唱的所有准备工作,如认真对待演出之前的排练、走台、彩排等,尽量减少演出过程中出现的生疏和不适应感。

第八，加强学生的艺术表演实践能力训练，经常参加各种各样类型的演出活动，锻炼学生的勇气与信心。

4. 培养学生的艺术处理和表现能力

音乐是一种表现感情的艺术活动。用优美而洪亮的歌声，富有感情与音乐表现力地歌唱，是声乐艺术的最终目的。所以，培养学生对歌曲的艺术处理和表现能力，就成为声乐教学十分重要的内容。

在声乐教学过程中，培养学生对歌曲的艺术处理和表现能力主要体现在下列几个方面：

第一，认真了解并熟悉歌曲创作的背景、作者、体裁、风格。

第二，正确分析与理解歌曲歌词的内容，深入挖掘歌词的意思，准确表达出歌曲所体现出来的思想内涵和感情。

第三，仔细分析与研究歌曲的旋律、节奏、调式、调性及钢琴伴奏的相关特征，从乐谱所标记的符号中寻求作者对音乐作品的具体要求与意图，准确表达出歌曲的风格和特征。

第四，充分运用演唱的相关技巧与艺术表现手法，对歌曲进行艺术处理、形象塑造，准确把握歌曲演唱的风格与基调。

第五，需要在尊重原创的前提下，在充分理解作者的创作意图和风格基础上，富有想象地运用演唱技巧与丰富的感情，对歌曲作艺术再创造。

总之，只有真正了解并熟悉歌曲作品，同时再深入分析与理解歌曲作品，才可能在演唱过程中准确地表达出歌曲的感情，塑造出歌曲的形象，把握其风格。

5. 掌握与运用正确的呼吸方法

呼吸是所有声乐发声的原动力，正确的呼吸方法也是歌唱艺术的重要基础，是艺术表现的重要手段。

在声乐教学过程中，要让学生能够掌握并运用正确的呼吸方法来歌唱，需要有下列几方面的要求：

第一，掌握好吸气的具体方法：采用口鼻同时吸气，气应该吸得深，吸得松，均匀平稳。要将吸气融入音乐中，按照歌曲的实际需要吸得适度，防止吸气过多、过紧、过少、过浅。

第二，掌握好呼气的具体方法：呼气是在演唱过程中完成的，气应该呼得匀、呼得稳、呼得柔和且连贯。要有控制地运用气息进行歌唱。

第三，掌握好换气的具体方法：要按照词曲的分句与需要，有选择地寻找换气口。

第四，掌握好呼吸、口鼻两股气流的对抗与平衡，使横膈膜可以起到支持歌唱的作用。

第五，掌握好气息控制和气息流动：在歌唱过程中应该始终保持吸气状态，用吸的感觉呼，用吸的感觉唱。

第六，掌握好吸气深、速度快、容量大、符合生理机制规律、以感情带动、自然的深呼吸。

总之，呼吸是进行歌唱的重要基础，歌唱的呼吸则是获得美好声音的重要阶梯。

6. 掌握打开喉咙的方法

在声乐教学过程中，要让学生能够掌握正确打开喉咙的方法，需要做到下列几点：

第一，通过深呼吸打开喉咙，将深吸气和打开喉咙当作一个动作进行，在同一时间内完成。需要注意的是，不能脱离深呼吸而强调打开喉咙。

第二，正确打开喉咙的主要标志就是将喉结放下，并在发声过程中保持喉结放下相对稳定并充满弹性。

第三，正确打开喉咙需要能够感到颈部朝四周有弹性地扩张，好像能感受到喉腔左右两侧是两堵弹性墙在用力朝外扩张。

第四，想要打开喉咙就一定要克服不良的发声习惯。

第五，要打开喉咙还应该注意到，上下牙关的张开、口腔后部的打开、舌面的向前平伸等都对喉咙打开十分有利。

第六，喉咙打开除了要深呼吸，还可采用半打呵欠、闻花吸气等方法。

7. 掌握高位置的发声方法

声音的位置主要是指共鸣的焦点，正确的声音位置能够引导声音去获得十分丰富的头腔共鸣与极为优美的音色，并且也具有极强的穿透力。

在声乐教学过程中，要让学生能够很好地掌握高位置的发声方法，需要具有下列几点要求：

第一，要具有正确的呼吸方法以及比较良好的气息支持。在歌唱的发声过程中，深呼吸和高位置属于相互依存、制约的两个重要方面，只有有了正确的气息支持之后，才有可能获得一种比较正确的声音位置。

第二，要具有一种正确打开喉咙的状态。打开喉咙主要是为了能够获得最佳的声音位置。

第三，要有正确的起音，柔和平滑的起音是获得高位置声音的最有效的方法和手段。

第四，要具有一种正确的声音走向，将声音引往"面罩"，集中于鼻腔顶端的眉心与前额至头顶之处，摆脱喉头肌肉因紧张而对发声的干扰。

第五，用闭口或者开口的哼鸣进行练习，寻找头腔共鸣的重要集中点，以此来获得最好的声音位置感。

第六，用母音进行练习，寻找能够通往头腔共鸣的主要通道，将声音引往头腔之处，以此来获得一种最好的声音位置。

二、声乐教学中教师与学生关系的处理

（一）教师的责任

教师除了在歌唱技巧及歌曲情感表现上对学生进行有效的指导，还必须对学生的专业目标及心理情绪保持关注，最重要的是使学生能够独立掌握声乐技巧，并能自我激励和积极向上。更具体地说，高效率的教师往往指导学生制定切实可行的目标和期望，适当地提出建设性意见，关心学生在生活上遇到的问题，在课堂上专注学生的需求，设法营造一个健康、整洁和令人舒心的授课环境。师德高尚的教师有四"不为"——不对其他学生或同事进行负面评论；不专门只收条件好的学生而拒收普通的学生；不在心理上虐待学生；不滥用学生为自己谋私利。

（二）学生的责任

学生必须尊重教师、尊重知识，除此之外，还要善于接受教师的教学指导，勤奋练唱，完成教师布置的作业并达到预期目标。然而，仅仅响应教师的指导并不够，学生在学习过程中还应该表现出主动性，如阐述个人目标，提供有关的背景资料，表明自己的问题，向教师提问题，如果需要帮助就大胆求援等。声乐课也是"展示和说明"课，上课时学生有机会展示他们在前一个星期所学到的知识（通常我们说"回课"）。这个道理同样也适用于大课，背景调查、练习、预习等能使学生准备更多有意义的课堂讨论计划。当然，学生在处理与教师和同学的关系时也应坚守道德准则，不对别人指手画脚、评头论足，或怂恿别的学生换声乐教师。如何终止教师和学生之间的关系是一个极其敏感的问题，必须妥善地处理。当师生关系因种种原因变得紧张起来时，双方就应该进行反思并重新评估。通常，当学生觉得在声乐上无法取得进展时便想到换教师，前提是学生跟这位教师至少已经学了一年。为了保持互相尊重，教师和学生应尽可能地用正面方式终止师生关系。理想情况下，终止关系要以坦白和诚实的态度，开诚布公地通过交谈来寻求合理的解决办法。例如，当学生想换教师时，应当先跟目前的声乐教师讨论这个问题，在考虑所有因素后，学生再去与自己所感兴趣的教师联系。

（三）教师与学生的互动

教师与学生的互动是指教师在教学过程中需要与学生进行交流沟通。教师通过与学生交流沟通，可以了解学生的学习进度，促进学生主动学习新知识、巩固旧知识。例如，教师讲到声音"靠前、靠后"的问题时，教师可以先问问学生："什么是靠前""什么是靠后""哪里是声音的通道""哪里是发声的支点""它们之间有什么相互作用"等。无论学生的回答是对还是错，这种问答方式都将加深

学生对此问题的印象，而印象深了就会记得牢。

当学生唱错时，让学生将正确的歌唱方式巩固几遍，预先告知他唱完后必须将感受告诉教师。一般经过这样的问答学习后，学生都能回答出自己唱对、唱错的原因了。这是因为，学生为了将发声中对或错的感受及原因较为准确地告诉教师，就必须边思考边分析地歌唱，而这正是培养歌手和声乐教育者所应达到的教学目的。

三、声乐教学中的母音转换训练

（一）母音转换训练对呼吸控制的影响

1. 呼吸—歌唱

将双手放在腹部，保持正确的姿势，然后放松，以一种夸张的喘气的方式来完成接下来的练习（呼吸——向外运动；歌唱——向内运动）。以适当的音高、适中的慢拍子进行这项练习，先加入装饰音练习，然后去掉装饰音练习。

2. 气息连接控制

张开双手，置于中下腹部，选用需要足够气息支撑的练声曲及乐句练习演唱。感受吸气时向外的动作以及演唱时向内向上的动作。如果需要，可以用手来帮忙衔接或"连接"呼吸。如果在演唱过程中，随着呼气能感觉到一种拉扯或者吸吮的感觉，那就非常好地表明了气流是自由流动的。一开始，感觉到需要更多的气息非常正常。随着发声技巧日渐熟练，这种感觉会逐渐改变。在任何情况下，都要避免在呼气时向下或向外推的力。

（二）母音转换训练对歌唱活力的提升

1. 音准

唱歌跑调的人往往被认为是音准感觉差。音准能力指能够唱出曲调的能力，凭借良好的、能够调整音乐的耳朵产生准确音高。当声音经过适当的协调后，便会产生准确的音高。歌唱者调节共鸣器官基本频率的能力在很大程度上影响着他们的音准，这有助于解释耳朵虽然好，但歌唱技巧差的歌唱者容易跑调的现象。

尽管人们认为唱歌跑调是由于错误的听觉而造成的，但实际上，唱得偏低或偏高是由于发声过程的各种要素（呼吸、发声、声音位置、共鸣和吐字发音等）出现故障所致，这通常难以作详细的诊断。例如，音高偏低通常是由于缺乏能量（气流）或声带缺乏适当的调整而造成的，但也可能是因为过度用力，舌根紧张而使歌唱声音过重或过暗所致；音准偏高可能是由于声带没有收缩足够，致使过多的气流穿过声带所致，这是一种压力过强的发声方式，以这样的方式歌唱，声音听上去刺耳，没有穿透力。

音准出现问题是由以下几个因素所致，其中的任何一个因素都可能会影响歌唱功能的统一性。

间接因素：环境条件（室温、音响效果、通风等）、演唱姿势和对演唱作品的把握度。

疲劳：缺乏休息、缺少娱乐、营养不良，滥用或错误地使用声音，以及缺乏声乐技巧等。

身体变化：由于荷尔蒙分泌不平衡而造成身体或者声音的发展和变化，特别是在青春期和衰老期。

声带：由于过多地演唱不适合自己音域的作品而造成肌肉负担过重，缺乏呼吸连接力或气息的支撑，发音器官（下颌、舌头、软腭等）过于紧张。

2. 颤音

颤音被定义为可以听见的、有规律地震动或波动的单音，其波动间距不超过半音或全音的四分之三。这样的音高变化通常被耳朵感知为具有某种特征的音质，而不是音高误差。

颤音作为自然的表达力量具有重要作用：如果运动停止，宇宙将不复存在，运动是自然的特征，它反映了能源的消耗方式。通过这些方式，人类的内心与宇宙产生接触。音乐的心跳给予振动频率（音高）以表现力，振动频率与泛音有关，是乐句不可缺少的音乐元素。如果没有某种形式的脉冲运动，则难以有效地产生声音的音调，这种运动就是颤音。

颤音有两个特征：第一，运动速度——每秒钟颤音的波动次数；第二，波动范围——颤音振动时上升和下降的波动量。通常情况下，歌唱所需的声带颤动频率为每秒钟4.5～6.5赫兹。当歌唱者在力度上做渐强演唱时，颤音频率会随着声音强度的增加而上升，当音高上升以及歌唱者的兴奋程度增加时，颤音频率也会增大。此外，颤音模式的审美往往随时代的变化而变化。

从解剖学意义上来说，颤音是稳定的、介于4～7赫兹之间的生理性颤动，是喉肌神经激活和喉肌运动放松的结果。当神经输送推动力使喉肌产生交替倾向时，颤音便产生了，它造成了肌肉之间运动的交替：一个放松（主动肌），另一个收缩（对抗肌）。这种神经能量使呼吸肌的活动与横膈膜、共鸣腔和喉软骨的活动结合起来。作为这些活动共同作用的结果，颤音与音高、音色、气流、神经能量或情感强度等因素密切相关。

每秒钟超过7.5赫兹和每秒钟低于5.5赫兹的脉冲都属于非正常的颤音模式。任何频率快于每秒7.5赫兹的脉冲都会产生令人紧张的颤音，这通常是由过度控制声带肌肉而造成的。

每秒钟低于5.5赫兹的脉冲振动频率也属于非正常的颤音，它被称为"摇摆音"或"抖动音"，通常是由于声音负担过重，或者是为了制造一种虚假的颤音而使腹部肌肉产生瞬间的波动所引起的。

非正常的颤音和摇摆音的出现表明发声过程中出现了障碍。不规则的颤音模式至少由以下三个因素共同造成，当然也可能由其中某一个因素引起：第一，心理状态，如情绪激动或抑郁；第二，身体健康状况，包括声带疲劳、全身性疲劳、神经系统紊乱和声带损伤等；第三，技术问题以及肌肉活动的亢进或衰退。

关于颤抖的舌头及下颌与颤音模式之间的联系，是一个值得关注的教学问题。米勒认为，舌头的颤抖既与振动会厌有关，又与整个喉系统有关。歌唱时摇晃下颌是危险的信号。尽管人们都承认摇晃下颌会分散观众的注意力，但我们还是能观察到有些专业歌唱者，尤其是女性歌唱者，在实际演唱时会出现这种情况。目前还没有足够的资料能解释舌头和下颌颤抖的确切原因。但是，声乐教师一旦发现学生在歌唱时下颌出现了异常行为，就必须立即采取措施，努力帮助他们减少或消除发声器官肌肉潜在的紧张感。

缺乏颤音的声音通常被称为气声过重的、枯燥无味的、笔直的、发散的或喊叫般的声音。关于这种声音的解释是：喉内肌的紧张导致了声音的僵硬，喉内肌放松和灵活是发出正常颤音的必要条件。每唱一个音，歌唱者往往在刚开始时不唱颤音，而在音唱出来后才开始加入颤音。古典美声歌曲和流行歌曲的演唱者，特别是演唱德国艺术歌曲和瓦格纳歌剧的歌唱者以及喜欢用低沉的声音演唱流行音乐的歌手，都喜欢这种演唱方法。虽然采用这种方法有助于音乐情感的表达，但过度使用则变得没有效果了。

有些演唱风格实际上是在鼓励使用直声或最低限度的颤音，如16世纪以前的歌唱和现代曲目的演唱方式——诵唱及各种形式的流行音乐（如爵士乐）的演唱。多数声乐教师认为，独唱和合唱应该有限制地使用直声，只能在特定的时候为达到某种特殊声乐效果而使用。尽管如此，许多合唱指挥依然相信直声歌唱能够帮助得到整体理想的合唱声音。过度使用直声会妨碍年轻歌唱者声音的发展，因此声乐教师与合唱指挥会产生冲突。令人欣慰的是，如今合唱指挥已认识到高效率的、饱满的、健康的声音，它一旦与颤音结合起来便会产生更好的合唱效果，声音听上去会更真实、更平衡，也更充满力度。

学生应避免为满足个人喜好而随意使用颤音模式。根据有效发声的原则，歌唱者只能在适当条件下的良好歌唱状态才能使用自然的颤音模式。

3. 灵活性

歌唱中的灵活性取决于歌唱者能否敏捷快速地处理和表现音乐，包括音程之间的大跳、花腔音阶和乐句，以及力度的变化等。灵活的歌唱声音需要一直保持弹性和柔软的肌肉感觉，以防止潜在的肌肉紧张。

声音灵活的特点之一是颤音唱法。颤音通常是指两个音（通常是大二度或小二度）之间的快速交替。我们可以把这种颤音方式看作是一个夸张的颤音。颤音的演唱是一种无意识的行为，只是在开始和结束时，我们才有意识地对其进行控制。学生应该学习颤音这种演唱技巧，以培养自己声乐演唱机能的灵活性。

快速灵活而又准确地演唱花腔乐句需要发声机能彻底放松。在用较慢的速度唱音阶时，应能感到腹部肌肉的工作。相反，用较快的速度唱音阶时，应能感到足够的、持续稳定的使声音自由游动的气息。这时，喉头几乎是无意识地颤动着，有点类似于咯咯发笑的感觉。为了能够准确地演唱好花腔乐句，学生在稳定地进行呼吸时就要考虑元音和音高。

为了使声音获得灵活性，可以多唱音阶练习曲以及一些著名作曲家声乐作品里的花腔乐段。

4．持续音

持续音指的是声音的持续性，它依赖于呼吸、共鸣、发声和发音的协调。持续音需要连贯性，这种连贯性应在乐句走向的线性方面没有被反复敲打的拍子所减弱。虽然节拍的运用在流行音乐尤其是摇滚乐中非常普遍，但年轻的歌唱者对于节拍的使用依然感到困惑。学生往往把节拍和节奏混为一谈，节奏是能使乐谱产生活力的音乐元素。声乐教师对初学者进行教学时一定要了解这种比较常见的"困惑"。帮助学生唱好持续音是声乐教学的一个重要任务。

唱好持续音的关键是在声音放松的情况下找到能量被充分使用的微妙平衡。当歌唱者演唱上行的音高并进入高潮乐段时，往往会唱得有些过高。当高潮过后、音高下降时，歌唱者又可能因过于放松而导致乐句结束时声音过低。因此，歌唱者的目标是演唱时要关注结束时的音符，思想上和体力上都不要有犹豫。

（三）母音转换训练对歌唱发声技巧的提升

1．充满活力的灵活感

对声音力度的控制是使歌唱富有艺术感和情感表现力的先决条件。要想成为一名技术精湛的歌唱家，就必须能够持续、连贯、有效地运用各种风格进行演唱。

歌唱技巧关系到歌唱者演唱力度的变化，这是声乐教学过程中的另一道鸿沟。有一些歌唱者，教师要求他们"在柔软的基础上歌唱"，并希望他们能把这种方法用于涉及不同肌肉控制的演唱中；另外一些歌唱者，教师要求他们演唱时能在不同程度的音量和音域范围内保持肌肉的动态平衡。显然，后者是我们所需的，因为这样能产生饱满而充满活力的声音。这种声音也是最理想状态的声音，它可以在不破坏歌曲本质的情况下任意在力度上加以变化……不论是强唱还是弱唱，音色都能保持不变，除非是为了某种特别的表现需要而临时改变。

获得充满活力而又灵活的声音的最佳途径是演唱适当的声乐作品。同时，多唱一些不同力度和不同风格的练声曲，包括持续音、琶音和花腔段落的练习。

对于由弱渐强再渐弱的力度控制，主要取决于是否有能力保持吸气和呼气肌肉运动的平衡。吸气时，除了保持正确的"吸气姿态"，还应注意正前方的面罩感，协调发声声带，放松发音器官，并随着空气压力的增大而增大演唱音量。做到以上要求的诀窍是，用清晰的声音开始唱，把强度降到最低点，避免挤压声音，当声音增大到一定的强度时，让其自己去扩展。渐弱演唱需要思想更加集中，吸气和呼气肌肉更加协调。当掌握了以上技巧后，你会发现，思想会根据表现需要去控制演唱力度。

2. 音域的拓展

虽然受过良好训练的歌唱者往往能够唱三个八度，但他们不一定能唱好每一个音。一般来说，歌唱者都会选择适合他们演唱音域的作品，通常是一个半八度的音域，有时为了演唱一些高难度作品，也可能扩展到两个八度，如花腔女高音咏叹调或当代声乐作品。事实上，听众往往是根据音质来评价歌唱者演唱的好坏，而不在乎他们的音域如何。然而，歌唱者在谨慎安全的前提下，如果能唱一些超出自己正常音域的作品，那当然非常好。

在气息的支持下，声音本身会随着放松的感觉及放开的音量而自行扩展音域。在实践中，高机能（头声）的使用有助于向上扩展高音，而低机能（胸声）的使用有助于向下扩展低音。

四、声乐教学中的歌曲选择

（一）不正确选曲的危害

人体总处于不断变化的过程中，每个年龄阶段的嗓音变化也是巨大的。不正确的练习和教学方法都会给演唱者的学习带来极大的伤害，尤其是选择自己力所不能及的歌曲进行学习和训练，给演唱者的嗓音带来的伤害是巨大的。

（二）歌唱选曲的意义

在声乐教学中，教师要根据特定的教学目的和学生的实际情况制定相应的教学计划和阶段性的教学目标。教师应该对总的教学计划做到心中有数，并将其落实到每学年、每学期，甚至每节课的教学中。具体的某一阶段或者是某节课的声乐教学是离不开声乐选曲内容的，特别是对声乐练习曲及歌曲的选择。

1. 有助于实现声乐课堂教学目的

正确的选曲，可以帮助不同专业方向的学生更好地理解本专业和本方向的特点。通过在教学过程中选择各歌唱派系、风格的歌曲进行分析讲解，有助于学生建立一个系统的歌唱理论派系划分的基础，这对学生的歌唱理论分析十分有益，无论是以音乐教育为方向还是以音乐理论为目的，声乐教学的目标都能够得到较好的实现。

2. 有助于不同类别教学目的的实现

声乐课程授课的教学目的包括声乐理论教学目的、声乐技能教学目的、语言正音教学目的和声乐作品赏析教学目的等。总之，声乐教学的选曲应重视教学的需要、教学的目的，使学生通过所选择的歌曲形成歌唱经验、体验的感性积累和理性理解认知，了解不同歌曲对各演唱声部、嗓音类型、演唱风格、嗓音音色特点、嗓音品质属性、声乐演唱技术、嗓音歌唱音域等的不同要求和规律，以达成声乐教学的目的。

3. 有助于发挥演唱者的声音特色

如果能够事先选择一首与演唱者的嗓音和演唱特点十分相合，或十分有助于将演唱者的特点表现出来的歌曲，能使歌曲的演唱获得极大的成功。因此，在歌曲演唱中指导者应该先对演唱者的特色进行分析，使演唱者对自我发展和学习方向有清晰的认识，明确自己的习惯、优势、天赋、特点等，进而在实践中有意识地培养自己在这一方面的特长。选择适合自己演唱的歌曲不断练习，专精一处，不断地揣摩，逐渐形成自己的理解和自己的演唱风格。

五、独唱与合唱的关系及教学开展

（一）合唱和独唱声乐训练的共同性与特殊性

长期以来，声乐研究与教学的重心在个体声乐，随着音乐发展，研究成果显著，积累出成体系的理论。这些成果和理论具有很强的科学性，它是一切声乐的共同财富和训练基础。合唱，无论是表现哪种风格的唱法都必须建立在科学基础之上，选择、吸收、发展最具价值、最有效的理论与方法。

合唱在声乐艺术中又具有极强的特殊性，它集中体现在群体性和多声部两个环节。这是个体声乐教学之外的全新课题，因此是合唱声乐训练的中心课题。个体声乐教学的个人针对性极强，就是发现、强化、提高、发挥个人的特点，强化个人的风格。特别是19世纪以后，民族音乐崛起，歌剧角色的多样，使声乐类型划分更加细化，因此声乐的个性化更广、更强。这种个性化大趋势和它的成果与群体合唱理念产生相背性。

合唱声乐的群体性是基础，其中心目标是让众人发出一致的声音，使多人变一人。焦点便集中在如何使多声群体的演唱达到统一。

（二）根据团队成员特点，定位团队声音类型

团队组成成员由于年龄、音乐基础水准、声乐学习程度与经历、艺术追求等条件不同，会形成很大的差异。指挥首先要进行考察、判断，这是进行系统声乐训练的前提，它将决定以后的进程是否顺利、正确，一旦判断错误将会谬之千里。

这种判断就是看这个团队的主要成员是属于哪个类型，是修饰直声、抒情美

声、戏剧美声三类中的哪一类。这在青少年团队中是比较清楚的，由于相近的年龄和生理发育成熟度，互相间基本是统一的，只是存在对个体成员的选择问题。这个年龄段都是用真直声演唱，而且也应该尽量发挥其清纯的声音特色，而教师要做的就是用科学的方法进行修饰、加工、美化，扩大其表现能力和美感。

（三）用生理科学指导发声

合唱的声乐教学不可能进行个体指导，那么，用什么引导群体一起朝着一个目标前进？声乐存在的抽象性如何破解，如何使众人快速明了地找到方向？这两个问题的答案是每个指挥和合唱团员所期望得到的。

发声是人体的生理活动，是发声器官运动的结果。不同的发声状态就会发出不同的声音，发声状态的合理性是产生美好声音的根本条件。由此得出的结论是：必须对人体发声器官结构进行完整的学习，并理解和基本掌握演唱状态与声音的关系。这是合唱统一认识、进行有效训练的科学途径。

声乐演唱技能虽千变万化，但都围绕三方面转：运用三个器官可以系统解决三部分技术难点，三者之间协调、合理的配合可发出多样的美妙声音。因此，要根据不同的音乐音响要求，调动不同的器官，运用不同的演唱状态发出相应的声音。同时，指挥也必须知道哪种声音是哪些器官在起作用，如何调动器官来完成。

呼吸器官——息——声音的动力；

喉室器官——声带——声音的震源；

腔体器官——共鸣——声音的功放。

气息是声音的能源动力，没有充沛的气息支持不可能唱出好声音，所以说"唱功首先是气功"。气息冲击声带，声带闭合，振动发声，气息到达声带之前是气流，经过声带成为音波。音波向上通向咽腔、口腔、鼻腔引发共振扩大音响，调和音色。歌唱时所发出的每个声音都是经过一系列生理活动来完成的。

对声音的把握之所以产生迷茫，是因为我们总是在声音中寻找声音，在抽象里寻找抽象，又在结果里寻找另一个结果，忽略了发声是物理现象，是实证科学。声乐艺术是建立在人体生理科学基础之上的，因此必须加强对发声器官和生理状态的深入研究，有明确概念，加强合唱群体声乐训练，只有这样才能少走弯路，有效地取得统一的认识与行动。一定要上发声生理学课，以具象直观的方式认识理解声音，让声音和生理状态互相印证，这是掌握合唱训练的优选方式。

提高对声音的判断力是掌握声音的基础能力，唯有准确分辨声音音质，并且迅速反映出它的演唱状态和器官运用的合理性，才能迅速发现问题，明白问题出在何处，懂得如何去纠正；才能真正掌握人声音响，进而支配、调度、施行人声构筑。这是一个真正的合唱指挥必须掌握的知识与技能。

更进一步，如能使整个团队成员普遍具有高度的声音分辨力，则标志着这个团队已成为具有高度声乐修养和表现能力的一流团队，也意味着这样的团队可以自觉地走向更高的艺术领域，这正是训练团队的目的。

第四章　高等师范院校音乐教学过程与教学环境的设置

第一节　音乐教学过程

一、音乐教学过程概述

（一）音乐教学过程的内涵

音乐教学过程指一种学生在教师指导下的特殊认识过程。其主要表现为学生在教师指导下，有目的、有计划地进行人类社会长期积累起来的音乐文化的学习，并将音乐的情感与价值、知识与技能、智力与能力，以及提高人的整体素质统一起来。同时，这一过程不单纯是一个认识过程，也是一个在认识基础上学会学习和形成正确价值观的过程。

在音乐教学工作中，教师根据国家社会主义建设事业对人才的要求，按国家制定的教育方针与音乐学科课程标准（或教学大纲），有目的、有计划地通过音乐的各项教学活动进行音乐文化知识和技能技巧的学习，开拓学生的音乐视野，培养他们对音乐的兴趣和爱好，提高学生音乐素养和审美能力。但是在教学时，音乐文化的学习不能脱离学生的直接经验，只有通过音乐实践活动，才能让学生更好地掌握知识。因此，在音乐教学过程中，练习、实践是大量的，要在实践中加深对音乐的体验，从而进行音乐的再创造活动。同时，通过实践形成一定的技能、技巧，音乐的能力也由此而得到发展。例如，学生的歌唱能力，是通过歌唱实践在歌唱时逐步形成正确的歌唱姿势、歌唱呼吸，正确的咬字吐字及发声共鸣，将音乐文化与经验通过练习和实践转化为自己对歌唱的理解和创新。通过各种风格、题材、体裁歌曲的演唱，不但能掌握歌唱中的技能技巧，也陶冶了情操，提高了审美能力，发展了个性。因此，学生音乐文化知识的掌握，有利于促进技能、技巧的形成和音乐能力的发展，而对音乐基本技能的掌握又会巩固、加深对音乐的理解。同时，学生在实践与创新的过程中，潜移默化地受到审美教育，从而逐步升华形成良好的品格。这些都是密切联系、相辅相成的。

(二)音乐教学过程的特性

1. 音乐教学过程的复杂性

教师的"教"与学生的"学"之间的矛盾。由于音乐教学过程是由诸多基本要素构成的,因而就产生了教师的"教"与学生的"学"之间的矛盾。教师的教学方式、方法不同,传授知识的多少、讲解过程的快慢都与教学的"主体"发生某种作用,摩擦碰撞,显露出教师传授知识的容量与学生掌握知识的容量的矛盾。

教材与学生之间的矛盾。由于教材出版周期的限制性,与时代新的信息知识存在滞后。由于教材有版面容量的规定性,与学生的现实需求存在差别,暴露出把教学内容变为学习内容的矛盾。

教学与教学条件之间的矛盾。由于音乐教学的特殊性,教师对音乐器材有依赖性,现阶段有条件的地方要研究如何运用现代化教学媒体解决传统音乐教学存在的矛盾。

2. 音乐教学过程的多元性

音乐教学过程是音乐教育的一个重要环节,是完成音乐教育、教养、养成的重要途径。音乐的教育过程着重培养学生对音乐的理解和进行音乐审美教育,使学生具有和谐的个性、健康的人格和高尚的情操;音乐的教养过程着重培养学生对音乐的感悟;音乐的养成过程则着重培养学生学习音乐的自觉习惯和主动意识。

不同的教学目的、不同的教学对象、不同的教学内容、不同的教学条件、不同的教师等许多不同因素有机结合,构成了音乐教学过程的千差万别、多种多样。从教学任务角度说,一个音乐教学过程虽然总要完成培养音乐兴趣爱好、传授音乐知识技能、发展各种能力等多方面的任务,但在不同的时期、不同的条件下,又要对音乐教学任务的某些方面有所侧重,这也构成了音乐教学过程的多元性。

3. 音乐教学过程的可变性

音乐教学过程会因为构成要素之间的变化而变化,它是相互作用、相互制约的一个动态的活动组织,它会受来自教学目标、教学内容、教学对象、教学场景、教学情境等诸多因素的影响而产生变化,教师要善于驾驭、把握这种变化的过程,因势利导,排除非教学因素的干扰,优化音乐教学过程。

4. 音乐教学过程的教育性

教师的主导作用与学生学习的积极主动性是统一的,因此音乐教学过程是学生与教师共同构成的活动,具有双边性。教与学这两个方面在教育过程中是相互联系、相互影响、相互作用的,只有教与学两个方面共同促进,才能构成一个完满的教学过程。

在音乐教学中，学生的认识对象主要是指有关的系统知识与经过精心选择的音乐作品，这些知识与音乐作品是根据教学需要从人类音乐文化宝库中挑选和提炼出来的最基本、最有代表性的部分，对学生认识音乐世界具有普遍的指导意义。

音乐教学过程是学生认识和理解音乐知识与音乐作品、掌握音乐演唱、演奏技能的过程，同时也是学生接受美育并通过音乐审美教育，发展学生和谐的个性、健全的人格、高尚的情操，促进学生各方面能力提高的过程。实现教育目的，促进学生身心全面发展，是音乐教育活动的出发点和归宿。

（三）音乐教学过程的功能

1．培养情感、态度、价值观的功能

这是长期以来，音乐教学被忽视的一个功能，也是音乐教学过程所应具有的必要功能之一。因为在教学过程中，学生的情感、态度以及价值观的培养和发展是首要的、必需的。教学永远具有教育性。这就是说，在教学过程中，学生在获得相应的知识、技能和能力的同时，必然要形成相应的对社会、对人生的立场、观点和态度，这些都会对学生的价值、情感以及品德的形成和发展产生影响。

2．培养探究精神与获得经验的功能

在教学过程中，学生学习遵循将间接经验和直接经验辩证统一的规律。所谓间接经验，是指人类在文明发展进程中所积累的一切经验，主要体现为自然科学、社会科学和文学艺术等文化遗产。直接经验，是指在认识、探究世界过程中通过亲自发现问题和探究，而亲身获得的个人经验。间接经验与直接经验的关系体现为：直接经验的获得内在地融合了间接经验，间接经验是以直接经验为基础并服务于直接经验，间接经验通过转化为直接经验而对学生的求知、探究起作用，同时使学生的直接经验得到拓展，进而提高学生求知、探究的能力。

在音乐教学过程中，学生所获得的间接经验也应是基于直接经验的体验、模仿、感受和探究。学生在学习中获得发现和创造的快乐，并不断整合直接经验，生成间接经验。如果单纯认为学生的认识是以间接经验（书本知识）和教师讲解的方式为主，则会忽略学生直接经验的教育价值，以间接经验代替了直接经验。因此，音乐课程标准明确要求音乐学习一定要通过提供开放式和趣味性的音乐学习情景，激发学生对音乐的好奇心和探究愿望，引导学生进行以即兴式自由发挥为主要特点的探究和创造活动。

3．掌握知识、培养技能的功能

音乐教学过程也应该是掌握音乐基础知识和培养学生基本音乐技能的过程。音乐基础知识的学习是形成音乐技能的基础，而一定的音乐技能基础也会保障学生音乐知识学习的顺利进行。当然，这种知识与技能的学习不是一个固定不变的教学程序，也不能将知识和技能作为"绝对真理"强加给学生。

以此为基点，音乐课程标准明确了音乐知识与音乐技能的学习内容，包括学习和了解音乐基本表现要素和音乐常见结构及音乐题材形式等基础知识，培养学生自信、自然、有表情地歌唱，学习演唱、演奏的基本技能，并在音乐听觉感知基础上识读乐谱，在音乐表现活动中运用乐谱等。

二、音乐教学过程要素及阶段

（一）音乐教学过程要素及相互关系

音乐教学过程是一个包含多层次、多因素的复杂系统。音乐教学过程的诸要素呈现出一种多向性特征。

1. 音乐教学过程的主体性要素及相互关系

教师是教授活动的主体，学生是学习活动的主体，两者都是教学活动的主体性要素。

音乐教师是音乐教学活动的组织实施者，是学生学习过程中的合作参与者和引导管理者。教师以其特有的教学思想、教学观念、教学态度、教学能力、知识结构、个性品质参与教学的整个过程。音乐教学目标的实现，要靠教师去完成。教师在音乐课堂教学中是教学活动的组织者、教育者，负责完成整个教学工作、教学计划。音乐教师的教学是有目的、有计划地传授教学内容，进度受国家教育方针、教学大纲、学生实际水平和教材等多方面因素的影响。音乐教师作为讲授知识的一方，对处于成长过程中的学生有着重要的指导作用。一名教师教什么、怎么教，直接影响到学生的知识技能水平和思想品质及个性养成，因此教师在教学过程中具有主导作用。

学生是教师工作的对象，是教学质量和效果的体现者，是教学过程中的受教育者，是学习的主体，是教学过程的实施对象。学生以其自身的思想品德、知识基础、心理品质、能力参与教学过程，实现认知发展水平的提升。在教学过程中，教师必须调动学生的自觉性、主动性和积极性，否则教学就会成为无源之水、无本之木。

教师和学生这对相对独立又联系密切的教学要素，在教学过程中也保持着既相互对立又相互依存的关系。教师在整个教学活动中发挥主导性作用，学生也要发挥其主观能动性，表现出充分的学习积极性和创造性。教师与学生将互教互学，彼此形成一个"学习共同体"。

2. 音乐教学过程的条件性要素及相互关系

音乐教学过程的条件性要素是指在一定条件下有形和无形的特定的教学时空环境，主要包括物质条件和精神条件两个要素所构成的教学环境。教学的物质条件作为一种有形环境，包括校园内外的环境美化、教室设备、图书资料以及气候温度等,是教学过程中的客观依据和物质保证。无形的环境,包括社会风气、校风、班风,还有教学气氛、师生和同学间的人际关系等。

教学条件的两个要素是教学活动展开的条件,它制约着教学过程。教学的物质条件对教学的意义是显而易见的,也是不可缺少的;教学过程的精神条件,对教与学活动的展开有着非常重要的作用。良好的人际关系、校风、班风,和谐而热烈的学习气氛都会为教与学不断地提供积极向上的动力。

3. 音乐教学活动的过程性要素及相互关系

从教学过程来看,音乐教学的过程性要素包含五个方面。

(1) 教学目标。教学目标既是教学过程的起点,也是教学过程的终点。从宏观上说,音乐教学过程是为了促进学生全面和谐发展,培养具有良好素质的社会公民,这是开展教学活动的着眼点;从中观上说,音乐教学过程是规定为达到宏观目标而应完成的教学任务;从微观上说,音乐教学过程是要完成音乐学科中一个学习单元的具体目标,这是教师开展教学活动的着手之处。在教学活动中上述不同层次、不同性质的教学目的任务构成了一个完整的教学目标体系。总之,教学目标的实现过程就是学生学习、发展的过程,也是师生共同努力达到预期发展水平的过程。

(2) 教学内容。教学的内容因素体现为音乐教育的课程计划、课程标准(教学大纲)、系列化教材等。教学内容是由一定的思想、知识、能力等内容所组成的体系,是教师为实现一定教学目标,在教学活动中使用的,供学生选择和处理的,负载着知识信息的一切手段和材料。它既包括图书教材,又包括视听教材、电子教材以及现实教材;既是教师进行教学的基本材料,又是学生认识世界的媒体。教材可分为有形的(物质的)和无形的(精神的)。不同版本的教材具有不同的编写体例、切入视角、呈现方式、内容选择及图像系统。多样化教材为不同地域、不同文化特点的学生提供了广阔的空间。在现代音乐教学中,课程设置的求实性、课程内容的时代性、课程形态的多样性都为现代教学活动不断增添新的活力,同时也增强了教学内容研究的复杂性。

(3) 教学方法手段。教学方法手段是教师为顺利达到教学目标而采用的教学方式、方法以及教学技术、教学组织形式和艺术等。在教学的实施过程中,教学方法手段主要受学生特点、教学内容、教师自身水平、教学环境等因素制约。教学方法手段的运用对于教学目标的实现具有关键性的作用。教学的实践和发展过程,是教学方法与教学手段不断创新、丰富和多样化的动力源泉。随着社会形态、生产与科技、教学理论与教学实践活动的不断变革,教学方法与教学手段也不断经历着变革。因此,音乐教师要丰富自己的音乐教育理论知识,提高音乐专业水平,深入研究、借鉴国内外先进的音乐教学方法,学会应用先进的音乐教学设备和教学手段,这样才能适应快速发展的社会需要。

(4) 教学活动的组织形式。教学活动的组织形式直接影响教师教学过程的展开与实施。由于音乐学科的特殊性,有班级教学、小组教学、个别教学等不同的教学组织模式，教学的具体目标与任务、教学方法的选择与运用，都有着明显的差异。在现代教学实施中，各种教学形式都具有各自不同的功能，教师要有针对性地合理配合运用。

（5）教学反馈（评价）。教学反馈（评价）是师生双方围绕教学活动进行信息传递的交互活动。教学反馈指教师有意识地捕捉来自学生方面的反馈，除了对测验与考试等的教学评价，教师对学生学习表现的观察也是捕捉反馈信息的重要渠道。

（二）音乐教学过程的基本阶段

在音乐教学过程中，根据掌握音乐知识、培养能力、提高素养的教学要求，音乐教学过程大致可分为以下几个基本阶段。

1. 感知阶段

音乐教学从感知开始，既符合认识论的规律，也体现了音乐教学的特征。人类认识是由感性认识能动地向理性认识逐步转化的过程。在音乐教学中，认识的主体是学生，他们对音乐缺乏足够的认识；认识的客体是教材，是人类实践经验的概括和总结——音乐作品及音乐知识。音乐教学是在教师引导下，通过音乐作品的音响，让学生获得对音乐审美的认知过程。因此，在音乐教学过程中，必须让学生从感知入手，形成对音乐表象的认识，为下一阶段的理解打下基础。在音乐教学内容中，无论是唱歌、欣赏、奏乐，还是基本训练，都必须从感知开始。例如，当前教学的主要内容——歌唱教学，开始必须是学生聆听歌曲的范唱，激发学生的学唱欲望，获得对歌曲的完整音乐印象，然后进入歌曲的学唱或识谱感知。音乐欣赏从人们的欣赏心理分析，一般都由感知欣赏开始，然后进入情感欣赏、理性欣赏。作为时间艺术的音乐，由感知开始是音乐教学的特征。没有感知阶段，无法使音乐教学深化，无法调动学生学习的主动性与积极性。感知是音乐技能技巧形成的基础，是发展音乐能力的前提。因此，音乐教学过程要十分重视感知阶段，教师必须遵循这一规律，采取各种有效的途径和方法，引导学生感知音乐。

教师通过示范，借助直观教具、生动的语言、实践练习等，引导学生在感知阶段获得感性认识。示范内容有歌唱、奏乐、视唱等，在形式上，有条件的最好是教师亲自示范，限于某种条件（音乐教师不可能是音乐全才）可以用录音带、录像带等教具示范，使学生对教学内容的客体有初步的感知，以诱发学生学习的主动性。直观教具包括投影幻灯片、录像带、教学卡片等，可从视觉上帮助学生感知教学内容。同时还包括参观、访问、听音乐会等直观性教学活动。教师生动的语言描述、设问、分析等，也可以启发引导学生的思维，使学生感知。当然，学生直接参与练习，进行歌唱、奏乐、识谱、练耳等，也是由感知开始，然后逐步掌握技能技巧，并形成音乐审美能力。

2. 理解阶段

感知只能获得表象认知，教师必须引导学生在感性认知的基础上不断提高，进入对音乐本质的理解，这就是感性认识能动地向理性认识转化。感知与理解两个阶段没有明显的界线，感知的内容不断充实丰富，并且逐渐反映出本质特征，就转化为理解。例如，在唱歌教学中，范唱属于感知阶段，接下来的识谱对唱歌教学来说还属感知其音调而已，当学生能积极主动地、熟练地把旋律流畅地唱出来，并能按歌曲的内涵表现其情感，这对旋律的学习来说，已经进入本质理解阶段，也可以说已逐步转化为能动的理性认识了。然而，学生对整首歌曲的理解还未完善，只有当将其歌词也唱熟练，并能自如地表达歌曲的情感，音乐形象才算完整。这时，唱歌教学才算完成。由感知转化为理解的过程，为巩固和运用做了准备。想要理解必须通过实践，经过独立思考，转化为自己的理解。从感知到理解，依赖听觉、记忆等心理活动，要通过练习与实践，在实践中验证所学的知识是否被消化。在音乐教学中，练习实践是区别于其他学科的所在。理解在音乐教学过程的基本阶段起着承上启下的作用，是发展创造性思维和独立学习能力的中心环节。因此，它是教学过程各个阶段中最基本、最重要的阶段。在教学过程中，教师要充分发挥学生的思维能力，引导他们进行比较、分析、综合，做到融会贯通地理解音乐教学内容，使学生逐步掌握规律性的知识。

3. 巩固阶段

人类的认识必须经过反复实践才能巩固，这是认识过程的规律。在教学过程中，学生从感知到理解，初步掌握了所学到的音乐文化知识和技能。但是，由于历时短暂，他们掌握的知识和技能是很不牢固的，教师必须及时引导学生进行深刻的领会，反复体验与记忆，进行必要的深化工作，以巩固学生所获得的音乐知识和技能。

初步的巩固，是再现刚刚感知的内容，其目的是防止遗忘已获得的知识。巩固工作贯穿于音乐教学过程的始终，是在新的知识与技能感知形成后立即进行的。随着教学的逐步进展，对音乐的理解由感性向理性转化，巩固也随之深化。

巩固还应包含一定的交流与反馈。无论是感性认识还是理性认识阶段，合理的检验工作是必不可少的。系统的检验是教学过程继续前进的基本条件之一。

巩固工作是教学过程中相对独立的阶段，是一个反复练习的过程。这一过程必须在学生的积极配合下才是有效的。我们经常发现，有的教师只进行方法单调的"再来一次"的复习，使学生处于消极被动状态，结果必然是不理想的，有时甚至适得其反。复习应该结合学生的实际情况，提出新的要求，这样才能调动学生的积极性，增强记忆，保持并深化知识与技能。教师在教学活动中讲授新知识时，联系已学过的知识帮助学生进行复习，并在复习已有知识的基础上进行新知识的学习，是巩固与深化常用的方法，这就是所谓的"温故而知新"。

4. 运用阶段

在实践中运用所学的知识，对学生自觉而牢固地掌握音乐文化和发展他们的认识能力具有重要意义。在实践中运用知识，能培养学生独立思考、独立工作的能力。音乐知识的运用往往是在已形成了一定的技能技巧之后。这是脑、手、身体结合起来的活动，对学生的身心发展都会有好处。

知识与技能技巧主要是在实践练习过程中形成的。所谓技能是指受意识支配的掌握和运用技术的能力，而技巧是指技能已达到相当程度。例如，歌唱是一种受高级神经系统支配的发声活动，正确的姿势是呼吸和发声的前提，呼吸是歌唱的动力，共鸣是音色的加工与音量的扩大，加上正确的咬字吐字形成歌唱。学生在教师的指导下，注意各部分动作的协调配合，形成了在神经中枢意识支配下的歌唱发声。通过反复的练习，产生一系列的条件反射，最后达到自如地歌唱发声，便形成了歌唱的技能技巧。音乐知识和技能技巧往往是相互促进、循环往复、不断深化的，实践也好，练习也好，都必须有目的、有计划地进行，要讲究质量和效益，而不是无目的、无止境地盲目练习，那样只能加重学生的负担，使学生产生厌学情绪。

学生在教师的指导下，掌握音乐文化知识和技能技巧，最终表现在实践中。在教学中，运用是通过不同的形式进行的，如课堂上的练习，要求学生视唱短小简易的乐句，这是在学生长期识谱基础上的运用。由于学生已经有了识谱训练，对视唱已积累了一定的经验，识谱知识与技能技巧也有了一定积累，学生经过独立思考，可以完成练习要求。

选修与活动课中的实践运用。学生可根据课堂中获得的音乐知识和技能技巧，选择参加学校的各项音乐活动，如有歌唱特长的学生可以参加合唱队，乃至进行独唱、重唱；有器乐特长的学生可以参加器乐队的合奏甚至独奏；对创作有兴趣的学生可以参加创作小组，这样每个有爱好、特长的学生都可将学到的知识和技能技巧运用到实践。

社区音乐活动中的实践运用，如参加音乐会，当学生听到课堂上学到过的作品（声乐曲、器乐曲），理解会更深刻；再如参加歌咏比赛、音乐智力竞赛等，学生在学校期间受到的音乐教育对其提高审美能力及音乐文化素养、健全心理具有无可估量的影响，对以后走向社会也有直接或间接的作用。

教学过程的四个基本阶段相互渗透、相互促进，各自又有特定任务和相对独立性。在音乐教学中，由于每堂课的教学内容与形式不尽相同，不是每课都必经这些步骤，切不可将此作为呆板的公式看待。在具体教学中，音乐教师应根据教学内容的需要及学生学习音乐的心理发展规律，从实际出发制定教学步骤，使其更科学合理。

教师对音乐教学过程的规律还需要多探索，对教学过程的理论问题，学术界也存在不同认识。音乐教学过程既受普遍教育规律的制约，又有其自身的特殊规律。这是一个极为复杂的教学认识过程，有待音乐教育界进一步研究。

三、音乐教学过程的设计与监控

(一)音乐教学过程的设计思路

1. 起始阶段（开头要新颖）

起始阶段是音乐课教学的一个重要环节，是课堂教学的前奏。如果教法呆板，一成不变，索然无味，学生会失去兴趣，教师应当根据教学内容的目的任务，将难点、重点、主导思想、作品风格、音乐知识等形象而生动地导入课堂的主体中，让每节课都有"新鲜"感，学生学习有兴趣，欲望才能"长盛不衰"。新课的导入是课堂教学最自然、最恰当和最精彩的开端，是师生情感共鸣的第一个音符，是师生心灵沟通的第一座桥梁。导入犹如一把开启学生兴趣之门的"金钥匙"，能够迅速唤起学生的注意力，给学生以启迪，催人奋进、发人深省，全面激发学生学习的兴趣，充分调动学生学习的积极性和主动性，使课堂教学达到事半功倍的效果。

起始阶段的主要任务是组织教学、诱发兴趣、导入新课。一个良好的开端很重要，它可以使学生耳目一新，激发学生的学习兴趣。一个好的开场白，可以用很多的形式来表现，用一个小小的问题、用一句幽默的话语、看一组图片、用一个小小的谜语、做一个小小的游戏、用一段欢快的旋律、用一段优美的舞蹈等，都可以很快吸引学生的注意力，把学生自然而然地引入课题。由于导入是一节课教学内容的起始阶段，效果如何将直接影响后面的教学内容，因此"导课"犹如一座桥梁，不仅连接着教学各阶段，而且对新旧知识的衔接有重要意义，开发学生的创造性思维。常见的导入方式有直奔主题式、即兴导入式、创设情境式、设疑激趣导入式、文化式导入式、迁移式导入式、根据突发情况或场景临时生成的导入式等。

2. 展开阶段（衔接要巧妙）

展开阶段是音乐教学的主体和中心阶段，是音乐教学内容展现和音乐教学目标达成的阶段。"展开"意味着铺展、发展、开始、开发。教师应仔细分析教材，找出新旧知识之间的内在联系，选择恰当的教学方法，使各环节自如地过渡，保持课堂教学的整体性。在重过程轻结果的新课程理念下，这个主体阶段显得尤其重要，展开阶段是由若干教学活动组成，其特点是由浅入深、由点到面、环环相扣、逐步递进、逐步铺展。在新课标、新教材中，展开就意味着学生开始探究、开始实践、开始活动、开始情感投入了。

3. 形成阶段（生成要自然）

形成阶段是学生经过探究初步形成教学结果并通过某种交流方式呈现结果的

阶段。通常，教师组织学生活动多以小组的形式进行，具有形式多样、内容丰富的特点。学生通过交流、互动、激励，将成果表现出来。由于形成阶段是思想碰撞的具体产物，因此具有"生成"的特点，当智慧以群体的方式碰撞时，就会形成互相激发、互相影响的交替现象。正如以下这个比喻：如果你有一个苹果，我有一个苹果，相互交换之后，你我各自仍然只有一个苹果；但是你有一个创意，我有一个创意，相互交换后，你我就拥有两个创意。创意碰撞必然激活人的大脑，这就是"集体形式智力激励法"的"头脑风暴"。由于形成阶段的活动是学生集体智慧的表现，常常会出现意外惊喜，这是学生极为关注、相互启发、课堂高潮迭起、知识综合拓展的阶段。

4. 结束阶段（结尾要精彩）

结束阶段是音乐教学的总结阶段，是音乐课堂教学中的"点睛"之笔。结束阶段关系到整个教学过程的完整性，切不可虎头蛇尾、草草收场。在传统的教学中，教师常采用的结课方式是概括一节课的教学内容，总结学生的学习情况。这种方式使教学内容重复多余，缺少迁移，完全没有情感的相互沟通与智慧的相互启迪。一堂好课应有"沸点"，这往往是课堂教学的"华彩乐段"，此时是学生注意力最集中、兴趣最浓厚、积极性最易发挥的时刻，教师要充分利用这一有利时机，推敲再三，精心设计。其实，在音乐课堂教学中，结课的方式是很多的，关键在于是否新颖别致，是否具有与众不同的风格特点。有经验的教师会精心设计结果，把精彩部分安排在最后，或留有悬念；或余音缭绕、回味无穷；或采访问答、相互启发；或梳理搭桥、总结归纳。常采用的结课方式主要有四大类：设疑式结课、回味式结课、归纳式结课、采访式结课。

（二）音乐教学过程的监控

1. 社会文化环境对音乐教学过程的调控

（1）不同的音乐人际环境对音乐教学过程的调节。音乐人际环境是指在音乐学习过程中所发生、发展和建立起来的人际关系。音乐人际环境对人的心理品质和道德行为等方面都有影响。一个好的音乐人际环境对人们良好心理品质和道德行为的养成具有十分重要的导向作用；相反，一个不好的音乐人际环境则不利于良好心理品质和道德行为的形成。因此，在实际的音乐教学过程中，应创设一个良好的、和谐的音乐教学人际环境。

和谐的音乐教学人际环境包括和谐的师生人际环境和学生人际环境。音乐教师在学生的心理环境中起着至关重要的作用。音乐教师不应只是传授知识，还应帮助学生学习，培养他们的学习能力。音乐教师是学生集体的领导者，必须有良好的领导作风、品质和才能，成为学生的表率。因此，音乐教师必须具备优秀的道德品质和良好的个人修养，音乐教师之间应该真诚合作、和谐共进。良好的师生关系是培养学生良好心理环境的重要因素，师生间若能保持平等的关系，相互尊重，则有利于学生产生积极的情感。学生之间的交往应该是合作性互助交往，不同的学生互相启发、互相补充，实现思想、观点的碰撞，会使学生学得更好。合作学习有利于学生自尊、自重情感的产生；合作性的交往有利于学生自我意识的形成，交往过程中能逐步认识自己。在与同学交往和合作中，每个学生都可以是领导者、决策者，也可以是被领导者和合作者。

要建立和谐的音乐教学人际环境，应建立融洽和谐的教师关系、师生关系以及生生关系。这样才能给师生心理上带来极大的满足感和愉悦感，能充分激发内在动力。另外，除了人际环境，教学人际环境的规模、对象的不同也会影响教学过程的具体实施。

（2）特定的音乐文化传统对音乐教学过程的影响。文化与音乐有着不可分割的关系。按照系统论的观点，文化是某种整体。音乐是文化大系统中的一个子系统，不可能脱离文化这个整体而独立存在，也不可能不受文化其他部分的影响而沿着独自的轨道运行。无论是物质型文化，还是精神型文化，无时无刻不在制约着音乐文化发展的方向和速度。无论是一个时代，还是一个区域、一个民族的文化现象，都影响着特定时代的音乐。特定的音乐文化传统对音乐教学过程影响的一个突出表现就是音乐课程的制定。

2. 音乐教学策略对音乐教学过程的监控

（1）音乐教学过程中针对性别差异的教学策略

性别差异主要表现为认知差异、自我意识差异和行为差异三方面。

认知差异。认知差异包括思维方式差异、注意对象差异、想象力特点差异和言语能力差异。在思维方式的差异方面，大量研究发现，女性擅长形象思维，求同思维发展较好，求异思维发展不足，容易受思维定式的束缚；男性抽象思维和逻辑思维较好，在思维的灵活性、广泛性和创造性方面，明显优于女性。注意对象的差异方面，男女两性在注意对象及持续时间上存在差异，男性注意多定向于物，喜欢摆弄并探索物体的奥秘（音乐作品），对物体的注意较稳定，持续时间较长；女性注意多定向于人（音乐实践者），一般对人与人之间的关系较敏感，对自己和别人内心世界的注意较稳定，持续时间长。在想象力方面，女性的想象材料比较偏重于人及人际关系和言语活动，因而其想象更容易带有形象性特点；男性的想象材料偏重于物及物与物之间的关系，言语活动更重视逻辑规则，因而其想象更具有抽象特点。在言语能力的差异方面，女性在言语口头表达运用方面占优势，男性在言语思维层面的操作占优势。

自我意识差异。自我意识是个体对自身存在的觉察。自我意识上的差异性，突出表现在自我认知方面。自我认知是个体对自己的认知与评价。

行为差异。行为差异主要包括攻击行为差异、支配行为与从众行为差异和人际交往差异。在攻击行为差异方面，男性比女性更具攻击性，尤其表现在男性的攻击行为多是给对方带来伤痛或身体上的伤害，而女性的攻击行为多是给对方造成心灵上的伤害或带来人际关系上的损失。在支配与从众行为差异方面，在支配性上，男性较女性主动，女性比男性更容易受群体压力的影响，即女性更容易被说服或受暗示，更容易产生从众现象。在人际交往差异方面，男女两性在与同伴的社会交往上表现出不同的倾向，男性一般具有较强烈的与同伴接触的倾向，在中学时形成大的团伙，同龄女孩更倾向于拥有一两个特别亲密的朋友。因此，学生的性别差异在认知差异、自我意识差异、行为差异三方面表现出的心理倾向性及其心理的细微变化，是选择音乐教学策略，有效组织音乐教学过程的基本依据。

针对性别差异的教学策略。音乐教学要克服性别刻板印象，正确期望与评价角色。性别刻板印象是指传统的、被广泛接受的对两性的生物属性、心理特质和角色行为的较为固定的看法、期望和要求。性别刻板印象普遍存在于父母、教师的观念中，并且教师对学生的性别偏见会使教师难以对学生有公正合理的评价，对学生的期望也会出现偏差。因此，在实际教育中，音乐教师应该破除思维定式，对男女学生的期望要保持一致。

音乐教学过程应优势互补，因性别施教。男女有各自的发展领域。一方面，音乐教师要创造条件采取合理的教育手段，帮助男女弥补不足；另一方面，音乐教师又要注意培养男女各自的优势，使各自的有利方面得到发展。

（2）音乐教学过程中针对认知方式差异的教学策略。认知方式又叫认知风格，是人在信息加工（包括感知、理解、记忆、思考、提取和利用信息）过程中所偏好的处理信息的方式。认知方式差异就是人们在信息加工过程中采用的与众不同的方式。

首先，必须帮助学生认清自己的认知方式。不同的认知方式具有不同的学习特点，音乐教学过程中教师应该充分认识到由认知方式带来的差异，从而对不同的学生采用不同的教学方法。音乐教师对学生认知方式的识别不仅仅在于调整自己的音乐教学方法，还应该帮助学生分析和认识自己的认知方式。只有当学生充分了解和认识自己认知方式的优劣时，学生才会在音乐学习中针对不同的音乐学习任务，以主动、积极的方式采用不同的学习方法、学习策略来调整自己的音乐学习。相关研究发现，在音乐教学中根据学生的不同认知方式采用不同的教学策略，会形成不同的教学效果。

其次，要明确适应认知方式的两类教学策略。不同的认知方式有不同的优点和缺点，而音乐教育的目的就是要充分发挥学生在认知方式上的优势，弥补认知方式的劣势对音乐学习的不良影响。因此，适应认知方式的教学策略可以分成两类：一类是采取与学习者认知风格一致的教学策略，又叫适配策略；另一类是采取与学习者认知风格不相匹配的弥补性教学策略，又叫适配策略。采取与学习者认知风格一致的教学策略就是要根据学习者的认知风格设计与之相匹配的音乐教学策略。每一个学生在信息加工过程中都有其独特而稳定的认知类型，音乐教学就是要分析和研究每个学生在不同认知教学过程中的认知类型，并根据其类型制定相应的、与之相匹配的音乐教学策略。研究发现，当学生的认知类型与教师的教学类型、教学任务相一致的时候，学习者的学习效果会大大提高。采取对认知风格进行弥补的教学策略是为了弥补学生在认知类型机能上的欠缺。在具体的音乐教学情境中，教师提供的教学内容和教学方法往往只能顾及某一种认知类型的学生，这样有些认知类型的学生就难以学会这些内容，这就造成了学生的学习困难。因此，在教学的时候，教师就要针对不同的认知类型采用不同的适配策略。

弥补学习方式上的欠缺：适配策略在开始阶段会影响学习者对音乐知识的获得，但是能够弥补学习者在学习方式和学习机能上的欠缺，使学生获得更全面的发展。

最后，教师要调整自己的教学风格，提供多种模式的教学。音乐教师的教学既要考虑到学生认知方式的优势，提供与学生认知方式相配的策略，让学生能够尽快掌握音乐知识和技能，同时也要考虑学生的认知方式的劣势，提供适配策略，让学生弥补认知方式的缺陷，促进学生的心理全面发展。音乐教师要善于调整自己的教学风格，学生认知方式的多样性要求教师必须改变自己单一的教学风格，采用各种教学方法，组织多样化的教学活动来满足和弥补不同学习者不同层次的心理需要。

第二节 音乐教学环境的设置

一、教学环境概述

（一）教学环境的内涵

1. 教学环境即大环境与小环境的统一

教学环境既包括教学活动赖以发生的外部大环境，如社会环境、自然环境、学校环境、学习场所等，又包括存在于教学活动内部的以教室为载体的学习、生活、心理环境等小环境。小环境对学习者的影响较为直接、明显，而大环境对学校教育教学活动的影响较为间接、曲折，将大环境与小环境结合起来通盘考虑是我们准确认识教学环境的一个思路。

2. 教学环境即物质环境与心理环境的统一

教学活动既是在一定的时空之中展开的，又是在师生的心理世界展开的，前者构成了教学活动的物质环境，后者构成了教学活动的心理环境。在物质环境中，教室环境（如教室的建筑、温度、光线、声音等物理因素）、社会环境、地理环境、自然环境等构成了一个以教室环境为中心的物质环境总体；在心理环境中，师生各自的心理状态、精神状态、情绪状态，学校的班风校风，师生之间在相互影响中生成的心理氛围、师生关系是其主要内容，进而构成了一个以课堂情境为中心的教学心理环境总体。

3. 教学环境即物质环境、社会环境与心理环境的统一

有学者认为，教学环境应该采取三分法的思路来分析，即按照物质、社会、心理三个维度来分类，这就构成教学环境的三种形态——物质环境、社会环境与心理环境。其中，物质环境是指直接影响教学活动进行的物质条件，如班级教学用品、文体器材、学校图书设备、教育经费、社区物质条件、学生家庭经济状况等；社会环境是指影响教学活动推进的周边社会状况与班级内的社会关系状况，如社会风尚、社会文明水平、班集体组织状况、师生交往水平、教师素质、家长的文化素养等；心理环境是指教学班级、学生群体的精神、心理状态，如学生心理状况、班风校风、学风教风、教学传统、主流教育观念等。

4. 教学环境即实体性环境与功能性环境的统一

在教学环境中，有些是可感、可见、可视的物质实体，它们是教学活动赖以发生的物质平台，如教室环境、实验室环境、宿舍环境、校园环境、家庭环境、社区环境等，这种环境的构建主要源自学校硬件设施的建设。然而，一切学校硬件设施都需要一些功能性教学环境来充实，否则，这些环境与自然环境之间差异不大，难以看出它是一种承载着育人功能的教学环境。功能性教学环境是指影响教学活动发生的文化环境，如生理文化环境、心理文化环境、交往文化环境、物质文化环境、符号文化环境、活动文化环境等。功能性教学环境并不一定实际存在，它们游离在学校实体性环境之中，成为直接影响教学活动发生的实在因素。

5. 教学环境即影响教学活动的条件总和

有学者认为，教学环境就是师生在教与学过程中教学活动赖以持续的情况和条件的总和，就是师生与教学系统的一切相关要素有着密切联系并对它的现状与发展起着促进和抑制作用的多维空间与多元因素的总和，就是影响人的学习生命的各种文化因素的总和。这些关于教学环境的界定概括性强，但其缺陷是过于模糊，难以抓住影响教学活动的主要因素，对于推进教学活动的深入探讨意义不大。

（二）教学环境的特性

1. 教学环境是一种人为的育人性环境

环境的存在形态是多样的，它既有自然环境、社会环境、生存环境之分，又有物理环境、心理环境之分；既有地理环境、人文环境之分，又有实体性环境（如教室、宿舍、校园、家庭和社区等）与功能性环境（如生理文化环境、心理

文化环境、物质文化环境、交往文化环境、符号文化环境和活动文化环境等）之分等。这些环境与人之间的界限是相对而言的，环境存在的意义就在于它是以人为中心的，环境是人的环境，环境因人而存在，没有人的存在就无所谓环境，而一旦人置身于环境之中，他就会受到环境的影响，人与环境之间始终存在着一种由此及彼、相互通达的桥梁与通道。人与环境之间就是经由这条通道实现了相互影响与相互促进。在教学活动中，人与环境之间的互动方向总是双向的：其一是环境对学习者的影响与教化，因为任何教学环境中总是隐藏着一种潜在的教育影响，它促使学习者转变，激励他们成长，因而具有一定的人文价值；其二是学习者对环境的影响，学习者在参与教学环境设计的同时也是一个自我教育的过程，让教室环境"主动说话""说有意义的话"是环境育人的重要策略。上述环境对人的影响都是自然的、无意识的、难以控制的，而教学环境不一样，它是学校、教师为了提高教学效果和育人效能而有意选择、自觉创造的一种育人环境，这种环境具有可控性特点，教师可以通过对教学环境的调控来提高教学活动的效能。因此，服务于教学效果的提高，以育人为中心来进行组织，是教学环境的特殊性所在。在教学环境中，那些污浊、对人发展有害的因素被过滤，那些有助于学生身心健康发展的因素被强化，那些对教学效能提高有帮助的因素被利用和强化，故此教学环境不是一般的环境，它是完全在教育工作者的安排下创建的一种以加速和促进人的发展为目的的特殊环境，通过调控教学环境来提高教学效能是实施有效教学的重要策略之一。

2. 教学环境是一种复杂的共生性环境

从教学环境的构成来看，它具有复杂性，这一复杂性主要表现在以下三个方面：一是构成要素的复杂性。教学环境是一切与教学活动相关的因素、条件、事物、人群等构成的综合体，其中既包括那些显性的、可感知的要素，如教师、学生、教室设施、光线、动植物、社会事件、文化生态等，又包括那些隐性的、难以感知的要素，如心理氛围、生存感受、校园文化等。可以说，教学环境的构成要素我们难以言尽。这就使我们对教学环境的分析显得更加扑朔迷离、难以把握。二是这些因素间存在多种多样的交互作用关系，其相互作用的产物又影响着教学活动的效能与质量。例如，教师与学生在相互作用中构成的心理环境，学生与学生在相互作用中构成的文化环境，自然环境与人文环境在相互作用中形成的校园环境等，它们又直接影响着师生的心态与体验，影响着教学活动效能的彰显。三是上述教学环境因素之间存在各种各样的交叉、并存、重叠或包含关系，有时难以说清应该将之归属于哪类环境。

在教学环境中，人与人之间、人与环境之间的共生现象普遍存在。教学环境就是一个生态系统，在其中，作为教学环境的主导者——师生是教学环境的利用者、设计者与创造者，而教学环境的创生、转变又会反过来影响师生的发展，进而形成了一个相互影响的循环。在教学环境系统中，任何构成要素都不可能独立存在，而是与其他要素相互作用、相互影响，这种相互影响、相互关联、相互催生的关系就决定了教学环境与师生发展是互利共生关系。改造教学环境的目的就是要在人与环境之间构建一条良性循环通道。

可见，育人性、人为性、共生性是教学环境的特殊性所在。教师只有认清了这种环境的特殊构造，才可能熟练调控教学环境，以实现预期课堂教学效能。这三种特殊性中，育人性是教学环境的根本属性与标志性特征，育人功能是教学环境的本质属性；人为性是教学环境的特殊性所在，创建教学环境、创设教学情景，以之来辅助课堂教学活动效能的提高，是课堂教学活动的目的之一；共生性体现着教学环境的动态性，体现着教学主体与教学环境间的互变、互促、互动关系。

（三）教学环境的功能

1. 教学环境能够激起师生的教学热情

在教学活动中，教师对教学活动的热情和学生对学习活动的热情与动机是驱动教学活动的动因所在，这两种热情合二为一、相互催生、彼此诱生，共同构成了师生的教学热情。没有教学热情的教学活动是枯燥的、沉闷的，是教学活动低效或无效的根源所在。从教学热情的来源看，主要有三种：一是师生自觉产生的教学热情，二是师生在外在有声教育力量影响下被激发出来的教学热情，三是师生在教学环境的无声影响、"召唤"下自然而然地产生的教学热情。与前两种教学热情相比，后一种教学热情具有持久、感染力强、自然生成的特点，它可能成为一种能够长期支持教师教学活动的重要力量。当师生置身于教学环境中时，他们会有意无意地感受到自己的角色使命，体验到教学环境对其的无声召唤，环境中蕴藏的问题及其对师生所形成的挑战激发了他们的探究热情。良好的教学环境能够成为激发师生教学积极性和热情的动力因素，尤其是在沟通教学实践中形成的优良班风、校风，它们常常会发展成为对师生具有强烈吸引力的一股无形精神力量。这种力量一旦形成，师生就会从中感受到一种催人奋进的感召力和使命感，成为促使其不断学习、工作、上进的动力之源。由此，师生教与学的热情得到激发，教学活动获得了强有力的支持，教学活动的效果必然会随之不断增长。

2. 教学环境是教学活动的主体

人的发展既需要教育者的介入，又需要教学环境的参与，同教师一样，教学环境也是学生健康成长的导师与促进者。在学生成长中，环境育人同教学育人一起构成了其健康成长的两条轨道。在教学环境中，影响学生发展的因素与力量得到了整合与选择，置身于教学环境中的学生更容易接受健康的教育，获得积极、健康、快速的发展。在教学活动中，协调环境育人与教学育人两种力量，促使其相互配合、方向一致、效力最优，是增强教学效果的重要路径之一。尽管在教师的教学活动中，其对学生的影响是方向明确的，但其感染力却是有限的，不易进入学生的心灵世界。相对而言，尽管教学环境对学生的影响是方向不定、可控性差、效果内隐的，但其对学生所产生的教学效能却是长效而持久的，教学环境对学生所产生的独特教学效果是一般教学活动所难以企及的。所以，设计教学环境，充分利用教学环境的教学功能，是提高教学效果的有效路径之一。

3. 教学环境是教学活动的物质载体

教学活动不是空中楼阁，而是扎根于教学环境之中的，教学环境是教学活动的物质载体。从根本意义上讲，教学的目的是要培养学生应对环境、调控环境、干预环境的能力，而知识、技能、价值观的培养只是实现这个目的的手段和工具，通过改变教学环境来育人是杜威倡导的教育理念的核心构成。教学环境绝非一个简单的学习环境、生活环境，它是各种社会力量、社会关系的交汇点。可以说，课堂是个小社会，教学环境是社会环境的缩影，社会环境通过教学环境将它对学习者的影响搬进了课堂生活世界。在课堂中，学生的社会生活经验、社会主流价值观、人际交往准则、家庭生活方式等都汇聚于此，它们以各种形态，显在的或潜在的、直白的或内隐的方式存在于课堂生活中。教学活动必须依托这些资源来进行，来帮助学生建构新知识、新经验、新价值观，如果缺失了教学环境，教学活动可能沦为师生间知识经验的机械搬运活动，教师教授的知识经验难以真正融入学生的心田，难以转变为学生个体的经验与智慧。学生是参照教学环境、借助教学环境来理解教师所传授的知识、技能与价值观念的，教学环境就是教学活动的物质载体，是连接教学活动与学生生活世界的一道彩虹。布置、创设、改造教学环境是现代教学活动的重要组成部分。无视教学环境的存在和力量，高效课堂教学的创造可能会流于形式，成为一句空洞的口号。

总之，教学环境是现代教育必须利用的隐性课程资源，是现代教学活动必须采用的教学手段与工具。学习者生活在教学环境之中，教学环境是学生获得发展营养，形成生活经验，实现健康发展的必要依托，是教师在课堂教学活动中必须积极关注与应对的对象。

二、音乐教学环境的设计

（一）音乐教学环境设计的意义

人们不可能脱离环境而存在，在熟悉的环境中我们会自由放松。音乐既可以作为营造环境的工具，又是来源于良好环境的艺术。音乐作为社会文化和艺术，是人类精神生活的需求，在良好的社会环境下，音乐会得到更充分的发展。社会音乐环境、家庭音乐环境、学校音乐环境、音乐教学环境等不同程度地影响着学生的音乐学习和音乐生活。在此只讨论音乐教学环境的营造，音乐教学环境指的是音乐教学的前、中、后整个循环系统中教师教授和学生学习音乐的环境。

良好的音乐教学环境可以发挥很大的作用。首先，营造良好的音乐教学环境能激发学生对音乐的兴趣，帮助学生排除恐惧和调节学习节奏，创设寓教于乐的教学环境。其次，营造良好的音乐教学环境能让学生潜移默化地得到音乐熏陶和审美教育，音乐需要被长期接触和听赏。再次，营造良好的音乐教学环境能有效地引导学生的审美习惯和审美趣味。最后，营造良好的音乐教学环境能促进学生身心健康发展。例如，学生喜欢音乐，但是在音乐听力方面表现不好，可以在音乐课上避免正面提问关于音高方面的问题，而应设置简单听力训练。课堂上摆放各种乐器和音乐道具，让学生不断地听、唱、看，即兴发挥，通过自己动手，以自己的思维方式和学习方法感受声音和体会音乐，充分激发他们对音乐表演本能的喜爱，使他们保持长久的音乐学习兴趣。

（二）音乐教室物理环境的设置

1. 合理设计音乐教室的环境

音乐教室是学习音乐的主要场所，室内环境设计对学生的心理影响作用很大。音乐教室室内环境设计要遵循增强特性原则，即增强或突出某些有意形成的环境条件，来影响教学活动及师生的行为，以达到预期的目标。环境心理学研究表明，环境可以直接影响人的行为，不同特性对人产生不同的影响。适当突出教学环境的某些特性可大大增强环境的影响力，使师生的行为发生理想的变化。为此，音乐教室的设计，除整洁舒适、色彩鲜明、教学用具各得其所外，最重要的就是营造一个浓厚的音乐氛围，使学生一走进音乐教室就进入这人为优化的环境，其真切感和美感形成一股向着教育教学目标整合的力量，深深影响学生的内心世界，从而使学生受到感染和教育。

2. 精心设置音乐教室的场景

音乐教室的场景主要涉及课堂学生座位的编排和教学场景的摆放。现在一般的音乐教室，由于学生人数较多和教学理念的滞后，大多按一般学科教室编排座位。既不能体现音乐教学的活动性，也没有体现音乐教学的互动性和灵活性。

音乐教室座位的编排和摆放应遵循区域活动和功能空间原则。

区域活动原则。将教室空间划分为多个小的区域，每个区域属于一个学生或几个学生，教学中学生在指定的区域内活动和交流。

功能空间原则。将教室按功能（活动内容或项目）安排空间，每个空间划分为内容中心和项目中心。在教学中，学生按活动内容排出座位，以便开展活动和交流。

两种教学场景的设计方式在教学时还会不断地变化，或交叉，或组合地设计和使用。总之，教学场景的设计以内容和目的为原则。

3. 控制班级规模，关注自然条件

首先，学生数量要适度。课堂环境对主体的承受能力是有限的，学生数量过

多，严重影响教室的空气流通及每个学生的活动空间，久而久之会造成学生个体心理压抑，不利于学生的成长。适度的学生数量不仅能满足学生的生存需求，还有利于学生个体之间相互交往和合作。

其次，教学设备要充足。音乐是体验性很强的一门学科，音乐教学需要学生进行互动与体验，互动的前提是有足够的空间、场地和乐器。在常规的教室中，桌椅基本上占据了教室的大部分面积，这就影响了教学活动的开展，所以教师可以根据教学需要适当调整桌椅的位置和排序，如把桌椅放在后边，只留下凳子或撤去桌子以扩展空间，使学生在充分的互动中加深对音乐的理解，加深与学生的关系。针对学校乐器资源缺乏的问题，除了向学校反映以求得资助，师生还可以自制乐器来弥补资源的不足，同时也锻炼了学生的动手能力和创造能力。

最后，教室的温度要适度，及时通风，设置合理的采光设施，保持光线明亮，同时要勤打扫以保持教室的干净卫生。

第五章 高等师范院校音乐教育教学中的思维训练与培养

第一节 音乐教育对学生思维的作用

一、音乐思维

艺术就是美,也就是说,艺术的本质就是审美,艺术的活动就是审美活动,不论是视觉艺术还是听觉艺术,亦或视听觉综合艺术,其根本目的是提供审美价值,只是使用了不同的材料罢了。艺术的审美是通过艺术思维来完成的,艺术思维的形式是多种多样的,绘画通过色彩、线条表现思维;音乐通过声音表现思维。

什么是音乐思维呢?思维是指人脑对客观事物间接的、概括的反映。音乐是听觉的艺术,只要有正常的听觉能力,即使没有视觉能力仍然可以进行音乐思维,许多盲人音乐家就证明了这一点。

直觉思维是音乐思维的另一个主要特征。在音乐的实践活动中,始终都是音乐直觉在起作用。在音乐创造中,作曲家是通过音乐思维把对客观现实的审美心理体验转换为音乐的表象——曲式。在音乐表演中,演奏(唱)者要通过音乐思维把作曲家写下的音符转换为实际音响,在这个过程中仅有技巧是不够的,必须通过音乐思维活动才能赋予音乐生命,也就是要凭敏锐的音乐感把对音乐的审美体验融进音乐之中,使每一个音符都成为活的、有生命力的音响。

音乐欣赏更离不开音乐思维,在这个过程中音乐思维能力的高低直接影响到对音乐的审美体验。

二、音乐思维的特性

根据音乐的特性,音乐思维具有听觉性、表情性、个性和概括性。

(一)听觉性

音乐是听觉的艺术,音乐思维也必须通过听觉进行。在进行音乐思维的过程中，一切非听觉的手段都显得那么苍白无力，试图用语言文字或绘画的形式来解释音乐都是徒劳的。音乐思维的本质是听觉思维，音乐听觉的表象是音乐思维的基础，当我们能感知到旋律的起伏、节奏的张弛、和声的色彩时，也就具有了音乐思维能力。

（二）表情性

音乐是直接表现情感的。通过音乐思维直接获得情感体验是音乐思维独具的特性。虽然通过其他的艺术思维，如绘画思维、语言思维也能获得情感体验，但那是间接的，只有音乐思维才是最直接的。

（三）个性

有些艺术形式的思维是有共性的，如绘画，两张画上都绘有一棵树，我们绝不会看成是别的什么东西，在这个意义上说绘画思维是有共性的。音乐思维则具有更强的个性特点，正如世界上没有绝对相同的两片树叶一样，每个人的音乐思维也都是不相同的，这同思维主体的学识、修养、经历有很大的关系。

（四）概括性

音乐是非语义性的，它没有明确的含义，因此音乐思维也是概括性的。音乐表现的主要是情感，在这个意义上说审美主体的感受可能是大致相同的。一首欢快的乐曲不至于让人感到悲伤，但是为什么欢快，其原因就各不相同了。例如，《喜洋洋》这首乐曲可以使人获得欢快的情绪感受。这是一个概括性的、模糊的感受，至于怎样"喜洋洋"就不可能那么具体了。也许是因为今天天气晴朗，也许是工作上取得了进展，也许是旧友重逢。

三、高等师范院校音乐教育教学对学生思维的作用

科技高度发展的今天，知识更新的速度很快，学生在学校所学的知识在毕业后很快会过时。高等师范院校教育的重点应该是培养师范学生掌握知识、思考和解决问题，为以后的学习、工作、生活做好准备。对师范学生思维能力的培养没有专门的训练课程，其往往只是知识内容教学的副产品，没有受到应有的重视。师范学生虽然已具备了成年人的体格及生理功能，但其心理尚未成熟，而青年期是走向成熟的关键期。师范学生通过专业训练、系统学习，抽象逻辑思维能力得到充分的发展，分析、解决问题的能力增强。师范学生正处于生理、心理高度发展的阶段，注重对自己进行分析，注重探求自己微妙的内心世界，力图从各方面了解自己，塑造自己的形象，设计自我的模式。高等师范院校音乐教学要依据音

乐学科的特点及教学原则，促进师范学生思维能力的和谐发展，鼓励学生积极参与实践活动。师范学生可以用音乐语言表达自己的思维，对客观事物进行间接反映，认识没有直接作用于自身的种种现象和事物，预见发展变化过程，促进思维能力的和谐发展。

思维是种复杂的心理活动，多种思维的参与和和谐发展才能共同完成学习活动。师范学生音乐学习心理与多种思维活动紧密相连，可将音乐艺术渗透到学生的情感世界，他们借助已有的听觉经验，回忆、认识学习内容，进一步感知、体验、表现、创造音乐，促进思维能力的和谐发展。

（一）在高等师范院校音乐教育中培养师范学生的理论思维能力

师范学生追求独立思考，思维敏锐，善于运用理论思维探讨问题，抽象逻辑思维已占主导地位，通过判断、推理等形式达到对事物本质特性和内在联系的认识。例如，在音乐作品分析中，为什么一段音乐能产生积极向上的动力，具有号召性？我们从旋律、节奏等音乐要素入手进行理性分析，音乐旋律上行使人感到兴奋、情绪高涨；快的节奏营造出热情、欢乐、激动的情绪；强有力的音乐给人震撼感，这就是学生的音乐学习心理由最初的直觉思维发展到分析思维的过程。音乐虽然多作用于学生情感，但并不是直接复制感情，学生在音乐欣赏、歌唱、器乐、表演等方面，无一不需要音乐理论思维的渗透，需要正确的理论作为指导，才可能进行包括音乐在内的任何一门学科或者其他技能技巧的学习。在高等师范院校音乐教育中培养师范学生的理论思维能力可以引导学生学会学习、学会思考，使其具备较强的分析解决问题的能力，使他们能更好地掌握专业知识，提高自身综合素质。

（二）在高等师范院校音乐教育中增强师范学生的实践思维能力

音乐学科的实践性不仅包括音乐知识传授、音乐技能训练这些外显的方式，而且体现在音乐与学生生理、心理相互作用而产生的内在音乐感受上。师范学生实践思维能力的提高是一个不断发展的过程，教师应该更新理念，积极探索适合未来社会发展需求的人才培养模式。教师可以用谈话、讲授、讨论、图画、演示、创设意境等多种手段启发学生，通过音乐艺术实践，使学生感受音的高低、长短、强弱、音色、旋律、音程、和声、调式（调性）和曲式等，让学生利用已具备的欣赏经验去联想、想象、体会、感受和理解音乐作品的艺术表现力和表现形式，鼓励学生通过编创歌、舞、音乐剧等实践活动，使思维能力得到进一步的发展锻炼。学生在音乐实践中通过多方面的体验，才能感受到音乐固有的生命力和高度的艺术感染力，既可锻炼发展思维能力，又可检验思维的成果。我们要调动学生的积极性，为学生提供实践机会，在形式多样、内容丰富的艺术实践中，逐步培养学生的自主学习能力。

(三)在高等师范院校音乐教育中提高学生的创新思维能力

音乐是最自由的艺术,人们对音乐的感受也是最丰富的,教师一定要摒弃固定僵化的常规思维模式,重视创新性思维能力的培养。师范学生具有较高的文化科学知识,思想活跃,这些都是形成创新思维的基础。师范学生想象力比较丰富,会产生很多奇思妙想,能够独立地排练一些有创意的音乐节目,综合分析节目的整体效果,大胆进行设计,但是由于缺乏一些理论基础和实践经验,很多时候还是摆脱不了旧理论、老方法的束缚,不能把丰富的想象力和良好观察力、记忆力、注意力真正结合起来。高等师范院校音乐教育要树立新型教育观念,重视培养学生的批判精神和怀疑精神,大胆改革现有的教学内容、教学方法、教学手段和人才培养模式,启迪学生运用掌握的知识去解决问题,探索未知的世界。创新思维能力的培养要注重过程,不要过于注重成果,学生积极性、创造性的发挥才是培养创新思维的关键。

第二节 音乐教育对听觉思维的训练

音乐是声音的艺术,是通过听觉获得感受的艺术,离开听觉,音乐便失去了意义。听是我们了解音乐的主要途径,就像绘画是视觉艺术,要靠看去完成对艺术的思考一样,研究音乐首先就要了解音乐的听觉。

一、音乐听觉与音乐听觉思维

(一)音乐听觉

什么是音乐听觉呢?就是通过听觉器官感受音乐声响的过程。听觉是人的一种生理现象,指人通过听觉器官接收声波的振动并产生相应的感知效果。听觉的对象是声音。声音是物体振动产生的声波,作用到人的听觉器官(耳朵)使人听到了声音。声音广泛地存在于我们的生活中。例如,自然界的风声、雨声、流水声,马路上各种车辆的声音,人际交流中的说话声,特定的音乐声等。

人的听觉是感受音乐的重要生理条件之一,但并不是说有了听觉就能感受到音乐。人的听觉对声音的感受是有一定范围的,人的听觉感知也是有一定限度的,不是所有的声音都能听到。声音是由音高、音强、音长和音色四个要素决定的。根据人的听觉感受可分为三种音乐,即纯感官的音乐,以理智为对象的音乐,以感官、理智为基础的音乐。

纯感官音乐指的是像鸟儿歌唱那样的自然音响，只用听觉来感受，不需要理智的参与。

以理智为对象的音乐，我们可以理解为理智的参与就是思维的参与，没有思维的参与只是一种感官的感受。感觉反映事物的简单属性，知觉反映事物的整体性质。

以感官、理智为基础的音乐是最为理想的音乐，即采用了音乐听觉思维的音乐。

（二）音乐听觉思维

音乐听觉与音乐听觉思维虽然是两个不同的概念，但它们之间又能相互融合，也就是说，在听音乐的过程中也包含思维活动，只是程度不同罢了。音乐听觉属于感觉范畴，它只是认识的最初级阶段。任何一个有正常听觉的人都可以对音乐有初步的反应。但是，要对音乐有更进一步的认识和理解就必须有思维的参与。对音乐的知觉是对音乐整体的认识，在这个过程中，听觉思维是联系感觉与知觉的桥梁，人们通过音乐思维对音乐的音响进行认知。

伴随着对音乐的联想和想象，人们会产生情绪体验，获得对音乐整体的认识和反应，这就是音乐听觉思维的过程。从广义上讲，我们从音乐中获得的任何感受和反应都是进行音乐听觉思维的结果。只有听没有思维是机械地听，只能感知音乐的表面，只有通过听觉思维才能真正感知和理解音乐。

音乐的听觉思维能力不是与生俱来的，是需要通过训练才能获得的。有人说我听不懂音乐，不知道音乐在表现什么，究其原因就是他没有具备相应的音乐听觉思维能力。听觉和音乐听觉思维是既有区别又不能截然分开的两个概念，听觉是基础，思维是深化，当这两者紧密结合起来的时候，离真正感悟音乐就不远了。

二、高等师范院校音乐教育教学中学生听觉思维训练的原则

在关于音乐的众多能力中，音乐听觉思维是最重要的能力，对音乐的一切认识和理解都离不开音乐听觉思维。

（一）反复性原则

音乐听觉有反复性特点。看小说最多看几遍，看电影最多看十几遍，而对音乐的欣赏却是无止境的，听的次数越多，对音乐的理解越深。根据音乐的这种特性，在进行音乐听觉思维训练时也必须遵循这种反复性原则。真正能过"耳"不忘的是少数天才，多数人需要反复听才能有所记忆的。

音乐是一种语言，学习语言就像母亲教婴儿说话一样，婴儿开始可能听不

懂妈妈的话，但是有情感的交流，在一遍遍的交流当中婴儿逐渐理解了语言的意思。对音乐听觉的培养也是这样，在反复听的过程中就能形成良好的听觉。反复是培养学生音乐听觉最好的方法。在音乐教学中，我们常常看到这样的现象，教师让学生听一遍音乐，就让学生唱出主题旋律，或是记住这个旋律，这是不现实的。听完一个作品之后，以后不再听，这也是不可取的，应有意识地经常听以前听过的音乐。

现在许多学校开设了校园音乐欣赏广播，每天用5分钟的时间播放音乐，还有的在课上安排5分钟音乐欣赏，都是行之有效的好方法。这种反复的、潜移默化的影响对培养学生的音乐听觉是十分有益的，但是反复不能是机械性的，而应是有机的，每次反复都有目标，这样才能获得更好的效果。

（二）综合性原则

由于多年来音乐教育思想的滞后，以唱歌为中心的音乐教学普遍忽视了音乐听觉思维的训练。随着音乐教育的改革，我们逐步认识到培养学生音乐听觉思维的重要性。在这种思想的指导下，许多国家的音乐教育都进行了改革。例如，在德国多年来以唱歌为中心的音乐教学被否定，取而代之的是对欣赏音乐能力及创造音乐能力的培养。

音乐教育的目的不再是单一地通过学习音乐进行道德教育，而是通过课堂学习音乐，创造一个可以由学生自己判断、自己决定的生活。音乐学习的过程被看作是认知、感情即心理运动互相影响和作用的过程。对音乐听觉思维的训练也由过去的纯技能性训练转变为综合性的音乐听觉思维训练。

1. 与唱歌教学的结合

唱歌教学是音乐教学的重要内容之一，是培养学生音乐听觉思维的主要途径。但是，由于缺乏对培养学生听觉思维能力重要性的认识，在唱歌教学中"以唱代听"的现象很普遍，教师唱一句学生学一句，把歌曲唱熟了就算是完成了教学任务，这是有局限性的教育手段。众所周知，唱准音的关键是听准音，只有建立起良好的音乐听觉思维能力才能唱好歌曲。另外，在演唱过程中还会涉及音准、节奏、表现等，这些都是培养音乐听觉思维能力的绝好途径。

2. 与音乐欣赏教学的结合

音乐欣赏教学是培养学生音乐听觉思维能力的主要途径，但是我们的欣赏教学有两种倾向，一种是浏览性的欣赏，另一种是背景解说式的欣赏。

这两种倾向都是片面的。在欣赏音乐过程中，要把培养学生的音乐听觉思维能力作为主要的内容，有意识地培养学生的能力。音乐听觉思维的培养是一个系统工程，学生不只是听一听音高、节奏，还应对音乐的各种要素以及风格进行分析，进行情感体验、联想和想象等多项内容。因此，在欣赏音乐作品时，要和培养学生的音乐听觉思维能力结合起来。

3. 与创作教学的结合

通过音乐教育培养学生的创造性的理念已经越来越受到重视，有的学者提出，音乐教育的最终目的就是培养学生的创造性。音乐创造的基础就是音乐听觉思维能力，创作的过程就是运用听觉思维创作的过程。

4. 与音乐实践活动的结合

学习音乐的最好方法就是音乐实践，那种脱离音响的纸上谈兵是毫无意义的。根据新的音乐教育理念，音乐的学习应该在音乐活动中进行，这是培养音乐听觉思维能力的有效途径。总之，音乐听觉思维的训练不是孤立的。

音乐听觉思维的训练一定要和音乐的其他教学内容有机地结合在一起，建立起一个综合的、立体的、趣味性的训练机制。

三、高等师范院校音乐教育教学中学生听觉思维训练的方法

音乐听觉思维训练必须在音响的基础上进行，任何脱离音响的做法都是徒劳的。音乐听觉思维训练要结合音乐实践，切不可以作为专门的技能训练，这样可能会使学生丧失兴趣，事倍功半。这里介绍比较常见的几种方法。

（一）创造法

音乐创造的基础是音乐听觉的思维能力，它包括两类学习内容：一是与音乐有关的挖掘学生潜能的即兴创造活动，二是运用音乐材料创造音乐。不论哪一种形式的音乐创造都离不开良好的音乐听觉思维能力。例如，即兴创造是培养学生思维能力的一种好方法。即兴创造虽然是一种音乐直觉思维过程，但学生也必须了解一些常用的创作方法，如变化重复、扩大或缩小时值、逆行、模进等。

（二）想象法

想象法就是在聆听音乐时，根据音乐展开联想和想象，加深对音乐的感知和理解。一般来说，想象有三种类型，即对描述性的音乐能产生一定的联想和想象、对表情性的音乐产生联想和想象，以及听到音乐就能产生对音乐旋律的想象。音乐的想象是一种内心的心理活动，必须用外化的手段才能了解学生的想象，如描述、表现等。

1. 描述

"描述"就是让学生说出聆听音乐作品后的联想或想象，把自己的感受和别人分享，并通过别人的描述充实自己的想象。

2. 表现

"表现"就是通过演唱、演奏等多种方式表达对音乐的感受（想象）。学生通过音乐听觉思维获得情感体验，通过表现抒发情感，升华音乐想象。表现的方式

有很多，如演奏、绘画、写作、表演等。

（三）感悟法

演唱或演奏音乐并不是音乐学习的终极目标，感悟和理解音乐才是。教师要改变传统的把演唱和演奏作为音乐学习唯一评价标准的做法，使学生不仅要会演唱或演奏音乐，而且要对音乐有一定的感悟和理解。

1. 丰富音乐知识

感悟音乐首先要具备必要的音乐知识，音乐知识越丰富，对音乐的感悟才能越深刻。

（1）为学生提供更多的聆听音乐的时间

音乐是听觉的艺术，对音乐的感悟首先要建立在对音响感受的基础上。在教学中，教师要提供更多的时间让学生欣赏音乐。

（2）多感受、少讲解

感悟音乐主要是学生自己对音乐进行感受和理解。在教学中，我们看到的更多是教师对音乐的分析和理解，这种状况一定要反过来。学生是主体，教师是起引导作用的。教师说得再好也只是教师的感受，不能代表学生的感受。在教学中我们要鼓励学生多表达自己对音乐的感受，哪怕是一两句。

2. 在情境中感悟音乐

特定的情境对感悟音乐有很大的作用，可以让学生在"境"中生情，情境合一，如学唱《小螺号》时，如果用多媒体显示大海的自然风光、渔民满载而归的喜悦，可以帮助学生更好地感悟音乐。再如，欣赏安徽民歌《划龙船》时，可以让学生随着音乐声模仿划龙船的有力节奏，把赛龙舟时的情景表现出来。在这种情境中学生对音乐的感悟自然要深刻得多。

3. 在生活中感悟音乐

在教学中，我们要最大限度地调动学生的生活经历去感悟音乐，如在学唱《唱给妈妈的摇篮曲》时，可以让学生谈一谈妈妈是如何关心自己、自己又是如何关爱妈妈的事例，丰富对这首歌曲的感悟。

第三节　音乐教育对创新思维的培养

一、音乐与创新思维

人类为了追求美才创新。那么，在这个不断创新的世界中，音乐艺术究竟起到了什么作用？创新音乐美的思维方式与创新思维有何内在关联？音乐思维对于创新思维的开发与运用究竟能发挥什么效应？这些问题都是值得认真思考的。实际上，许多中外著名的科学家、文学家和艺术家对此问题都有深刻认识。

21世纪是艺术与科学的时代，审美与求知是人类本来的天性。艺术的创新和科学的创新都是在探索人类精神和物质领域里的真相，都是造福于人类的活动。艺术离不开创新，没有创新思维，艺术就没有生命和价值，同样创新中也无不渗透着艺术。

可以预料，艺术与科学、艺术思维与科学思维是未来人类世界发展的两个关键支撑点和两股主要力量，也可以肯定，艺术与科学的融合、艺术思维与创新思维的贯通，必将迸发出出人意料的创新火花，引领人类社会走向更高的生存境界。

综上所述，研究和探索"音乐与创新"课题将是人类社会发展的需要，是人类自身发掘创新思维潜力，谋求美好生活环境和生存空间的需要，也是所有从事音乐研究的教育者不可推卸的责任和义务。

二、音乐思维的创新特性

音乐是思维者的声音。换句话说，音乐中的声音都是有意识的音乐思维的结果。音乐是创新的艺术，毫无疑问，音乐思维也是创新思维的体现。在音乐的构成中，自始至终渗透着创新思维。探寻和研究音乐思维的奥妙及其特殊性，将有助于我们更好地把握和运用音乐思维的方式与方法。

（一）音乐思维的特殊对象

1. 声音的非语义性与表现性

声音是构成音乐本体的感性材料，声音又是创新者主体思维的主要对象及表露音乐内涵的外在信息。但是，并不是自然界里所有的声音都能成为音乐的表现材料。在我们人类的生活中经常能接触到的声音有三种：第一种是日常生活中所接触到的声音（包括自然界里出现的各种声音）；第二种是人类交谈说话的声音；第三种就是音乐中的声音。相比之下，前两种声音的真正意义并不在声音本身，而在于声音所显示出的非常概念化的意思，如打雷的声音、汽车喇叭的声音、开门的声音等，它们只代表发音体或围绕发音体所产生的相关概念。说话时的声音，其意义就更小了，其具有非常明确的语义性。

音乐中的声音则完全不同，它们与发音体毫无关系。例如，用小提琴奏出的声音与小提琴本身无关。因此，音乐中的声音，其重要意义就在于声音本身所传达的情感信息，尽管它们是非语义性的声音，但它们却是极具表现性的声音。

古今中外的任何音乐流派所运用的声音都是经过人为精心选择、高度概括及艺术加工而创新出来的。哪怕是一些非乐音范围内的噪声的使用，也都是一种人为的有意识的选择。尽管如此，音乐中的每一个声音还是没有也不可能有具体的语义概念或明确的内容界定。就其声音的自然属性来说，它只是一种物质的振动现象。

虽然经过音乐家的精心编排和组织，音乐中所出现的声音在音与音之间的连接中，或在一群音所构成的音响形态中渗透了人为（作曲家）的思维趋向和创作意识，但音乐所呈现出来的外在音响，使人感受到的仍然是一些富有感性的音响，而不是明确的理念，这就是音乐中声音的特性。

无声与有声的间歇，短音与长音的比值，以及紧促与缓冲的对峙，都使音乐家的"命运在敲门"的主导思绪在三短一长的有机结构中展示得淋漓尽致。正是这一时间与结构的绝妙合成，才最终按照一定的逻辑思维演变拓宽，延展为震撼人心的音响洪流，揭示出"我要扼住命运的咽喉"的深刻含义。由此可见，音乐的曲式思维同科学的思维一样，目的就是使简单的事物形成统一的整体，进而获得具有逻辑性的发展，并在发展中通过运用各音乐要素的对比，揭示出充满矛盾的演绎过程及事物的本质现象，使音乐的有限时间变为充满了无限生机的空间。

在音乐展现的过程中，时间已被转化为节奏的切割段，进而生成了被人化了的音团结构、音势走向和音响空间。它迫使你不得不一刻不停地注意它、追随它，并随完整的时间结构与音乐的本质融为一体。纯物理时间的非造型性为音乐实现人化的空间结构提出了必需的要求，音乐时间的结构具体化和明晰化更使有限的物理时间成了可感、可知的结构空间。

2. 情感的非具体性与渗透性

与其他艺术相比，音乐的最大优势就在于它直接针对人类的情感世界。为什么音乐能够表现人类的内在心情呢？音乐的世界与心情的世界并不像初看起来那样是不同质的东西，二者都是非空间性的与非物体性的，二者都是动态变化的，二者都在兴奋与安静、紧张与放松的对立运动中发展。只有音乐中的音响这种与心情同质同类的事物，才能把感情所外露出的各种形态表现出来，或者说情感是音乐特别要据为己有的领域。

（二）音乐思维的特殊内构

1. 创新

音乐在演奏之外是不存在的。人们无论怎样读乐谱，发挥想象力，也不能否认音乐在被读的情况下，只在非本来的意味上存在着。音乐本来只是在被演奏的时候才实际存在，与其他艺术相比可以看作是音乐的缺陷，然而，这实际上却是音乐更具精神性的证据。也就是说，当音乐真正成为音响而发挥其功效和作用的时候，人们已经经历了双重的，甚至是多重的创新劳动，其间渗透了创作者的思维与智慧，聚集了创新者的艺术才华和精神追求。

2. 动态性

音乐的展示是一种动态形式，它与时间的发生和消失是同步的。因此，孤立的声音是毫无意义的，只有把它们组织起来形成各式各样的声波形态并融于节奏中，才具有真正的表现力。从这个意义上讲，运动是音乐特有的表现方式，是音乐艺术与人的精神活动相联系的重要特征。

事实表明，音乐的运动形态与人的心理变化的浮动状态具有某种异质同构关系，在物质世界、生理活动和心理活动三种力形成的结构中，人在进行关于音乐的多项活动时，除了产生物理能量与生理反应，更为本质的是对生命运动形式进行自主把握和独特理解。

（三）音乐思维的特殊方式

音乐所使用的材料的特殊性决定了其思维对象的特殊性，音乐演绎过程的特殊性决定了其思维内构的特殊性，音乐表现形态的特殊性决定了其思维方式的特殊性。声音、时间、动态三个特殊的思维对象使音乐必须采取特殊的思维方式。

1. 表现材料与表现对象的间接反映

音乐中的声音与自然界的各类事物，与人的情感世界的各种变化几乎没有可直接对应的因素，音乐要想反映一种事态或情态只能采取间接的手法。因此，可以说音乐思维始终类似一个"中介"，始终在寻找声音与表现对象之间的契合点，始终在"无中生有"地试图勾勒出一些表现内容的"貌似物"。

绘画、雕塑、电影、戏剧等艺术都能惟妙惟肖地模仿和再现生活的原形，音乐则只能是象征性地、意味性地描述所指对象。这种象征性和意味性也只是思维主体的主观想象，并不能贴切地表述事物的本质面目。尽管如此，音乐却通过所构成的具有明确指向的声音信息，间接地传递、反映着思维主体对表现对象的认识和态度，进而使音乐在听的过程中成为听者的东西。

由于音乐思维主体的中介性地位，因此音乐思维的切入点很多，故音乐思维的创造性空间就随之拓宽，音乐创作的路径和手法也随之丰富多样。

2. 音响形态与情态知觉的直接对应

就音乐本体来说，音乐的音响形态所表现出的高低起伏、快慢疏密等声势现象，与人的内在感觉、知觉和情感等心理活动十分一致，其同构关系效应也十分明显。音乐的主体思维正是从这一点上切入，通过本体音响形态与客体情态知觉的直接对应，引起客体的深刻体验并获取音效的直接效应。

在这一过程中，音乐本体思维对于声音的理解、对于声音组合美的体验直接关系到声音的共鸣效应、声音运动的能量以及声音所传递的信息的有效性。好的作曲家正是恰当地把握住了主体与客体在音乐体验方面的相对统一性，所创新的音响形态深刻地吸引和打动了客体，达到了音乐主客体合一的最佳效果。当然，在音乐中，主客体合一的方面很多，这里只是从思维的角度来分析音乐思维的特殊方式和特殊效果。

3. 情绪思流与直觉顿悟的瞬间对接

人的情绪与情态是产生新思想和新思路的心理基础，直觉和顿悟是促生新思想和新思路的关键环节。音乐的生成离不开直觉思维，因为音乐是情感的艺术，它始发于人类的内心情绪支配下的情不自禁的心声表露。这种心声的表露就是直觉的反映，就是内心情绪积蓄到一定程度时的突然释放。

此时，没有经过音乐训练的人所发出的只是一种声音，或者是带有一定声调的声音，而音乐家则有可能编出一段主题旋律。当然，这种现象的前提是已有情绪酝酿。也就是说，音乐的主体对表现对象的情绪和情态积蓄并酝酿到一定程度时，或是在久思不得其解的某个瞬间，由于直觉和顿悟的参与而诱发了音乐的产生和发展。

事实上，很多优秀的音乐作品都是在此种情形下产生的。但是，这并不是说单单依靠直觉思维就能够创作出优秀的音乐作品。音乐艺术是一个复杂的创新过程，音乐思维也是一个多元化、多层面的综合质体，但有一点可以肯定，在音乐思维的全过程，思维主体的情绪导向与外延形态的有机融合始终是在直觉与顿悟的基础上得以实现。

4. 结构样式与听觉感悟的有机融合

音乐是时间的艺术，音乐的结构就是时间在音乐作品中有意识地切割与划分。因此，音乐的结构具有两个特性，即时间性和动态性。这两个特性决定了音乐结构在音乐展示过程中的"不可中断"性以及声音先后出现的"时段"性，这就对人的听觉的注意力和记忆力提出了很高的要求。即便如此，音乐的声音还是不可能像视觉艺术中的绘画作品那样完整地留存在听觉中。这是声音艺术的遗憾，同时也促进了曲式思维意识的产生及其构成样式的形成和发展。

结构是人类认识、解决并掌握事物的核心，如何使音乐结构富有逻辑性地有序发展？如何使听众在流动的音响中把握音乐作品的整体结构特征？这些始终是音乐思维的主要关注点。人类的听觉器官不仅是一个非常敏锐的声音信息接收器，它对声音性质及声波形态的判别、对声音显现规律及音势走向的辨析，都具有十分灵活的悟性。尤其是它直接对应人的脑反应机理与心理感应系统，具有较强的理性筛选、接纳与归纳能力。

音乐的曲式思维正是有效地发掘了人的听觉器官这一有利因素，把即响即逝的声音统归在一个组织有序的音响结构中，通过主题的陈述、变化、发展和再现等文学化的表述手段，把音乐变为富有段落、章节、层次及逻辑推理性的一体化结构，进而与人的听觉系统和心理感知觉系统产生连接，使人的生理性"耳朵"逐步演化为音乐性"耳朵"，使乐音的运动结构与形态逐步深化为与人的生命状态同构联觉的有机体。

三、高等师范院校音乐教育教学中创新思维的自我修炼

（一）启用"金钥匙"

古往今来，音乐所散发出的奇特魅力使无数人为之倾倒。音乐不仅使人类产生了对"生"的欲望，对"情"的迷恋，对"美"的追求，更使人类获得了思维的发掘，智慧的提高，视野的扩展。音乐是一门感性很强的艺术，它所散发出的、具有强烈渗透力的创新思维尤其引人深省。

1. 用音乐来触发对生命的重新感悟

当代科学技术的迅猛发展，社会生活的急剧变迁，智慧竞争的日益激化，使培养人的创新思维、开发人类主体的创新力成了全世界普遍关注的焦点。

音乐是构成人类精神世界的重要组成部分，是赋予人类智慧的渊源。一个主题动机经过各种手法的演绎和发展后，在各种音响矛盾产生与解决后，展示给听众的便是具有活力的音乐，它揭示了音乐的整个生命周期，完成了一个由意象概念转化为具体可感的声音形象的创新历程，同时也是作曲家人生各种心境和情感的真实写照。

对音乐的欣赏，一旦人们深入音乐、理解音乐时，一种活灵活现的体悟和浸入肌肤的感受将会引发全身心的颤动，继而不由自主地触发人们对人生、对生命的重新感悟。当然，要进入这样一个对音乐的感知层面，甚至达到这样一个对音乐解化的境界，需要人和音乐之间长时间地磨合与沟通，需要心与音响之间发生完全的共振和共鸣。如果说音乐是精神的产物，那么它是有能量的，如果说音乐是物质的体构，那么它是有脉络的，如果说音乐是生命现象的演绎，那么它和人的身心的关系是最直接、最密切的。

2. 用音乐来唤起对情感的全新体验

音乐展示出的动态式的运动与人体的动态化的情感有着最直接、最贴切的对应性。音乐作为声音的艺术，对于人的听觉来说更是具有一种不可阻挡的诱惑力和渗透力。我们可以对一幅画面、一种景色或一个场面视而不见，但无论如何也不可能对声音听而不闻。这正是音乐的优势所在，只要你身处其中，就必然要接受它的侵袭和洗礼。尤其是优美的旋律和动人的音调，它必定能够进入人的心灵深处从而引起触动或共鸣，进而唤起一种能够超越理性意识的震撼式的互动。

在此过程中，不管你愿不愿意，音乐已经穿过了理性支配下的各种障碍，直接沁入人的心脾之中。与此同时，音乐所引起的情绪反应和情态变化也必然促使思想意识的积极参与，从而反过来提高情感的主动适应性和有选择的接受性。从被动的听之任之，到主动的听之想之，再到积极的听之感之，音乐生成了迫使人的精神升华的力量，音乐也完成了对人的情感净化的作用。

此外，好的音乐同时具有强烈的吸引力，它对人的听觉器官会产生一种"还

想听"的诱惑作用，这种"还想听"的欲望不仅仅只是听觉器官的生理需求，实际上还是精神的愿望和情感的需要。因为情感的刺激点一旦被促发以后，人所获取的精神上的愉悦感就会留下记忆，就会产生再次接受刺激的意念。在这个循环往复的进程里，人的情感链已经陷入潜移默化的陶冶与升华，这就是音乐不可阻挡的魅力所在。

3. 用音乐来拓展视野

音乐是关于创新的艺术，学习音乐的最终目的不仅仅是掌握一些音乐技能技巧，更重要的是学习潜存于音乐内构中的创新意识趋向和创新发展手法。音乐的创新教育功效是一种隐性的过程性生成，是一种潜移默化的意识培育。在学习音乐的过程中，音乐所具有的特殊性因素，不断地激活我们的感知觉器官，听觉、视觉、动觉以及心觉都在迅速进行信息的沟通与处理。这种多器官、多触觉的相互联系和相互刺激，必然促使大脑神经中枢的高度紧张，同时思维系统的信息网络也不断伸展，其对接触、感应音乐各种要素之间的反馈也在逐步加快，最终达到一种自觉控制和自由驾驭感官的理想境界。

音乐"语言"的不确定性，音乐结构的流动性，以及音乐内涵指向的暗示性，都使音乐本体的展露和表现存在着较大的想象空间和较多的可能性，给接受音乐的主体思维器官输入了多元的发展趋向。不同的音乐旋律所营造的不同意境，总能唤起人们不同的联想和想象。

在此过程中，演奏者通过直接的音响生成过程，以音响的形式体验和传达着音乐本体的反映。尽管这一过程是"照谱宣科"，但把固化的音符转变为实际的音响，已经体现了音乐演示者的人为表现。同一音乐旋律由不同的人去演奏，所产生的音乐效应肯定是有差异的，这种差异并不能用简单的"好与坏"去衡量，它只说明了人为因素所起的不同作用而已。

人为因素的介入，实际上已经形成了音乐的反应作用。听者通过已经形成一定意义的音响感受，经过视听觉和声像转换，又产生了不同的具有强烈自我意识的联想，进而引起全身心的反应。这个过程不是单一器官的作用，而是思维器官全方位的主动作用。学习音乐或者欣赏音乐，虽然不排除各人对音乐的理解有深有浅，对音乐的感受也有多有少，但音乐所引起的激活感知觉反应、提高思维敏捷性的特殊效应是一视同仁的。正因为此，用音乐来发掘和拓展人类的智慧，发展其聪明才智是极为有效的途径。音乐就是这样一种渗透力极强、启悟性极高，具有催化剂效用的精神"食粮"。

音乐对于人的智慧来说，真的有这么神奇的作用吗？或者说，为什么音乐有这种作用？简言之，音乐通过展示自身美的各种途径开启了音乐接受者对美的欣赏和渴望的求知心境，进而引发了生理系统各个感知觉细胞的涌动、活跃和兴奋，最终唤起了对美的发现、发掘和探求。那么美又是什么呢？美是真理的光辉，美是理想的化身，美是求知的召唤，美是上进的力源，美是欲念的旨归。

实际上，一切追求美的过程都是自我发奋、自我超越、自我实现的过程，在此过程中，每一个生理心理健全的人都不可能无动于衷，也都不可能闻而不觉，尤其是作为声音艺术的音乐，直接触动人的脑筋、开发人的智力，这也许就是音乐与人的智慧间的碰撞，这种碰撞必然引发智能的提升。

4. 用音乐再度塑造心灵

音乐净化心灵、提升境界的效应是在一种无意识状态下潜移默化形成的。声音的最大特点就是直接进入听觉、直接影响心肺，音乐的声效以自己强有力的穿透力和震撼力直接与心灵对接、与情感共鸣，这是一种近似强迫式的传输，音乐的声效不可以听而不闻，不可以闻而不动（主要指心动），音乐的这种属性就决定了其声音信息的袭击性优势。

好的音乐，其流淌着的不仅是物质声响的运动线条，同时还散发并营造着一种诱人的声波磁场，触动并撩拨着听者的神经和心弦。尽管这种效应会因人而异，因时而变，但只要进入这一声波磁场，就会产生共振效果。

有人说听音乐会上"瘾"，音乐既然会产生一种声波场，那就必定隐含着一种吸引力。当人们的听觉系统或神经中枢习惯了这种声波刺激以后，就会由被动接受变为主动吸纳，就会由消极接受变为主动反应，就会由偶然注意转为有意注意，使音乐成为一种精神依托和生理必需，这可能就是所谓的音乐"瘾"吧。不管这种理论能否成立或被人们所认可，有一点可以肯定，在此过程中音乐已经在发挥效用，已经在潜移默化地调节着人们的精神状态，甚至催化并导引着人们的思维趋向，同时迫使身心产生微妙的递进式变化。

（二）培植"音乐脑"

科学家的研究表明，人的大脑分左右两半球并呈镜面对称，通过大约2亿条神经纤维组成的胼胝体，在左右脑之间以每秒传输数万信息的速度进行频繁的信息交换。从大脑两半球延伸出来的神经系统在视神经处交叉，然后与相反方向的神经互相连接，即左脑支配右半身的神经，右脑支配左半身的神经。所以，右眼看到的东西传导至左脑，而左眼看到的却传至右脑。但是，人的大脑为何被分为左右两个半球？其各自的功能究竟怎样？这些问题使关于脑科学的研究不断纵向推进。

人脑左右半球具有两个相对独立的意识活动区域，即两个主要进行创新思维的特殊功能区——TOP区和PE区。它们根据脑的其他部位输入的信号产生大量的联想活动和综合活动，每个半球都有自己独立的意识思想链和记忆。

在日常生活中，我们也会发现，左脑受伤比右脑受伤所出现的病状严重。大脑工作状态的照片也清楚地表明，创新主要依靠右脑。

事实上许多重大的发明创新活动常常离不开灵感、直觉及顿悟等形象思维，而这恰恰是右脑的优势功能。所以，有一种说法称右脑是"创新的脑"。

人是不能创造信息的，全靠右脑本身储存的信息，假如右脑没有储存信息或者信息量不足，那么，直观的、综合的以及形象的思维机能就得不到发挥，因而创新力也就无从谈起，但在现实生活中，95%的人仅使用自己一半的大脑即左脑，这主要受人的自然生理属性以及应试教育影响。

其实，当今由于电脑的普及与广泛运用，其正在逐步代替人的左脑。如果人们再不注意开发和活用自己的右脑，那么人类生活的空间将会越来越小。

综上所述，人的大脑功能特别是右半脑的功能，为我们开发和培养创造性思维提供了可靠的物质保证，同时也为我们挖掘和发展人类创新思维潜能提供了重要的科学依据。正常人都具有创新这一脑功能系统，换句话说，创新思维能力并不是少数天才具有的特殊能力，而是每个人皆有的一种创新潜力。脑科学家认为，人的大脑使人类有能力完成比生存更为复杂的任务的功能，即"超剩余性"，这种"超剩余性"可以说是无限的。

实践证明，凡是右脑得到开发的人，其在事业上的成就都令人瞩目。开发右脑已成为人类在21世纪面临的最大挑战。如果说人类的左脑使文明进步的话，那么，人类的右脑必将引导人类自身走向理想王国。开发右脑的含义不仅仅在于开发、活用右脑的能量，还在于促使左右脑两半球相互合作、取得平衡。

音响心理学的研究表明，节奏舒缓、旋律优美、和声美妙的古典音乐可以使人的身心放松，可以有效地使脑波变为α波。这里所说的"音乐脑"并不是音乐家的脑，而是通过音乐途径提高脑思维能力，用音乐思维方式形成认识问题、分析问题和解决问题的能力。

1. 聆听、欣赏音乐，打开联想大门

聆听音乐、欣赏音乐，打开联想的闸门，用音乐的美去感受生活。美的音乐不但能调动人的情绪，同时能使思维插上想象的翅膀，能使心灵打开联想的闸门。音乐心理学表明，音乐可以激起并强化大脑中的兴奋灶，唤起和调动某种记忆，从而能够使人的系统活动（情感、思维等）得到最大化提升。那么，怎样欣赏音乐呢？

（1）反复聆听，体验美感。音乐是声音的艺术，是听觉的艺术。与其他艺术相比，音乐更加抽象。尽管音乐所表达的内容不可能像文学那样具体，但音乐却非常注重自身的表现逻辑，尤其是其直截了当的情感渗透性、飘逸自由的多解性都体现出音乐艺术的抽象魅力，吸引着人们去主动理解音乐的内涵。

就"欣赏"二字来说，"欣"表示积极主动、兴奋激动的主观能动性意识，是一种富有美感的享受；"赏"则表示观察、思考和体验感悟等理性意识的参与。因此，音乐欣赏是一种专门性、时间性、独立性、主动性和认知性相结合的审美活动。

欣赏音乐首先是在"听"音乐的基础上发展而来的，没有"听"的先决条件，就谈不上对音乐的欣赏，而反复欣赏音乐，就是由感性听觉到理性感悟的发展和递进过程。反复欣赏并不仅仅是量的增加，而是一种有目的的、有针对性的集中领略，即集中一段时间，集中一个作曲家的作品，感受创作风格、音调的进行特征、曲式构成的趋向等。重点要把握作品的主导情绪及自己的第一感受。此阶段实际上是一种官能欣赏阶段，也就是接受的过程。有人可能会说："我听不懂，怎么办？"这是一种对音乐欣赏的误解，实际上，音乐不需要听懂，而需要去意会、去感悟。音乐传达的不是概念，而是一种情绪。

同样一首音乐作品，对于不同的人来说，可以有不同的理解或感受。只要是自己的真切体会和感受，应该说都是对的。要相信自己的第一感受，逐步把自己的感受明晰化、意境化。反复欣赏的过程是对音乐逐步吸收的过程，同时是音响渗透和深化的过程。音乐是听觉的艺术，离开了听赏过程就无从理解音乐，听得多，耳就熟，心就明，就为理解音乐和接受音乐奠定了音响基础。所以，只有投入时间反复欣赏音乐，才能丰富感性认识，才能加强心理体验。

实际上，每一位作曲家都有自己的创作习惯和喜好，只要仔细聆听就能从中揣摩出较为明显的特征和音乐表现的惯用手法。此过程既是对音乐本体了解和熟悉的过程，也是对各创作形态比较和分析的过程。俗话说，外行听热闹，内行听门道，由外行转为内行的途径之一就是大量地、反复地欣赏音乐作品。这是一个潜移默化的过程，是一个逐步递进的过程，即便是一个音乐内行，在接触一首新的音乐作品时也需要反复聆听、欣赏及分析。

（2）有的放矢，归类欣赏。在浩如烟海的音乐作品中，其表现的手法和描述的对象都是可以分类的。例如，描绘大自然景色有直接模拟法、寓意比拟法、意味暗示法等，将描写同一景物、同一主题思想、同一主导情绪的作品归类欣赏，将同一作曲家的不同作品进行对比欣赏，将同一时期作曲家的作品集中欣赏，从中了解某音乐家的风格及音乐气质。

在此过程中，也可根据自己的情绪状态、身心状态和意识需要进行有选择的、有针对性的欣赏。欣赏的类别也可按以下几个方面予以划分。

其一，反映历史题材和时代变革的音乐作品，领悟其思想性和哲理性。这类作品大多是人类社会某个历史时期的重大事件或重大变革的情绪反映，其思想背景、时代特征和社会风貌较为明显，具有较强的思想倾向性和情绪外化性，如压抑的、抗争的、奋进的、向上的等，有的仅从其标题就可得到一些启示。如果对历史知识有所了解，那么听赏起来身心感悟会更加贴切。

其二，反映自然风情和人情世故的描绘性音乐作品。这类作品可以从中感受音乐的形象性和美妙性。用音乐描绘人类世界的自然风光和人文风情，是音乐比较擅长的，音乐很容易与相似的声音产生类比，如雷声、雨声、风声、水声等。现实中的情境、意境、环境、心境等与音乐中的声效最为贴近，很容易使人产生身临其境的真实感觉，这些都是初步了解音乐的直接切入点。

其三，反映情感世界的音乐作品，从音乐中体验感染力和渗透力。此类作品应该说是音乐欣赏中较难把握的。尽管音乐与人的情感世界最贴近，但由于人的情感是世界上最复杂、最细微的一种心理反应，因此每个人的情感触及点的敏锐度和感知度都有所不同，音乐所反映的情感效应也有所不同。但是，可以肯定的是，人类的主流情感是一致的，音乐的情感趋同性是不可怀疑的，我们只要全身心去感受音乐，即可随着音乐获得情感世界的波动。

（3）理性思索，深入鉴赏。音乐欣赏的最终目的不仅仅是满足听觉的需要或身心的愉悦，更主要的是使其进入听者的思想，弥漫于精神世界。这是一个理性思维阶段，因此必须理解音乐的本体结构与发展趋向，掌握音乐主题旋律的走势与变化，从音乐的外在形式进入音乐的内在灵魂。尤其是要对音乐的组成要素、结构关系和行进逻辑进行分步剖析，概括总结。因为每一种音乐要素的每一种用法都影响到音乐作品的音乐形象，要创新音乐形象，必须认真对待每一种音乐要素，必须仔细斟酌采用哪一种要素并给予怎样的处理，才能恰如其分地比拟所要反映的生活。因此，音乐形象的呈现，可从以下四个方面予以分析。

其一，音乐的主题。从主题的发展和变化的过程中全面领会音乐的主题动机。主题动机是作曲家欲要诉说的核心思想的声音化的浓缩和提炼，是最先、最多和最完美地呈现给听众的声态化形象。由于声音是流动的，不可静止的，因此表达主题动机的声音随着音乐的进展而逐步扩张、逐步丰满、逐步清晰，同时其寓意性也更加强烈，更加直观。在此过程中，如果对音乐家的历史背景有所了解，那么我们就能深刻地感受到音乐形象的具体化和清晰化，也能领会到作曲家对声音刻画的真实意图。

其二，音乐的发展手法。从演绎、延伸和深化的过程中全面掌握音乐的发展脉络。音乐的发展手法说到底就是音乐的创作技法，任何技法都是围绕着艺术目的而进行的，音乐也不例外。声音的物理性和对人的听觉的直接性，决定了任何时代的音乐家都毫无例外地运用了各种不同的手法去塑造音乐形象，以最大限度地寻求声音的最佳感应体。这一过程实际上就是作曲家音乐思想的直接流露和表白，沿着这条音乐发展线的走势和趋向，或许就能掌握真实的音乐脉络和确切的音乐用意。

其三，音乐的段落划分。从对乐节和乐段的演示中全面了解音乐的递进层次。人类的思维基础是建立在文学理性上的，即逐个意念的组合和逐个思想片段的融合。人类已经习惯于由浅入深、由表及里、由此及彼、由点到面、由易到难的思维定式和信息接收程序，因此尽管音乐思维是有别于文学思维的另一种表述方式，但音乐家自身的思维根基都逃脱不掉其文字思维定式，所以其音乐的表述程式也会沿着文学的组成方式而构成，其乐汇、乐句、乐节、乐段，直到乐章的演示，都呈渐进和递增的发展态势，了解这一点，我们就能沿着此思路去剖析音乐的内质与外构，从中理清层次递进而引起的内容所指。

其四，音乐的结构组成。从其声态、框架和整体结构布局中全面感受音乐的逻辑态势。感知音乐结构和形式的能力对于获取完美的音乐体验具有决定性的作用。任何事物都存在于一定的结构中，结构是人类认识和掌握事物的基本点。音乐的结构是作曲家对音乐的内部关系和外在形式的构想及设计，是理解音乐的重要途径。

无论是简单的歌曲还是复杂的交响曲，其音符、乐句及段落之间仍然存在于一个整体的框架结构中。这种结构是通过作曲家的主观意识形成的，是一种人为的结果，或者说是音乐内涵的刻意暗示和音乐形象的有意造型。

如果我们能在无形的声音流动中听辨出其内在结构的组织关系与变化层次，那么我们的听觉就已经具备了深入音乐内脏的能力，听觉和内觉的联系就通达了，所听到的声音就会演绎出不同的视觉形象和可感的内觉体验。

总之，聆听音乐是一个循序渐进的过程，"听音乐""欣赏音乐"及"鉴赏音乐"对于音乐学习者而言，是由表及里、由浅入深的三个递进层次，同时也是音乐接受者客体思维中创新意识的逐渐启动、扩散及延伸深化的过程。从纯生理的听觉感受到心理感应，再到意识与精神层面上的心灵反映，这其实是一个由感性至理性、由表象至本质、由低级至高级的"物化"和"觉悟"的过程，也是学习音乐的最终目的。想听、会听、听出门道、听出意思需要经历一个过程，一旦进入审美感悟层面，就会获得意想不到的审美享受及身心愉悦的快感，甚至达到"物我两忘"的境界。

2. 认知、掌握音乐，拓宽思维空间

音乐的语言比文学语言更深刻，因为音乐的"文字"只是一种近似的直接指向声音本身的符号，是高度浓缩的情感印记，在其背后隐藏着普通语言的思想意识，理解它时必须将其还原成诞生时的原始思考和意指。因此，认知音乐就要理解、体验和掌握音乐的内在构成。

（1）学习并掌握基本知识。学习并掌握一些关于音乐的基本知识，特别是构成音乐的几个基本要素，如旋律、节奏、节拍、和声、曲式等。这样才能从感性的熟识进入理性的认知，才能深入音乐的结构内了解音乐的本质，同时把握音乐创作的思维趋向。

音乐的内涵在乐音的外形中展露，只有理解了其外形构造，才能深入了解其内涵。一旦熟知了这条途径，便会获取其乐无穷的体验和享受。

（2）积极参加音乐实践活动。积极参加一些音乐实践活动，最好能学习掌握一种乐器或参加一些具体的合唱训练，感受音乐生成和展现的过程，亲身体验音乐的直接效应，同时不断提高自己对音乐语言的感知、理解和把握能力，提高对音乐基本技能的熟识、掌控和运用能力。百闻不如一见，百看不如一试，亲身的音乐体验必将引起对音乐品质的深度感悟。

（3）体验创作音乐的乐趣。尝试对七个音符进行排列组合，体验音乐创作的乐趣。可先对较熟悉的乐曲按照自己的意愿进行重新改动（音高、节奏、节拍等）；试着把自己内心的情感用音符记录下来，哪怕只有一句或一段，像写日记一样每天都把脑子里涌出来的音乐写下来。音乐是情感的"速记"和心声的流露，按照自己的感受，通过音乐的形式予以发泄或展露，久而久之，我们对音乐的理解就会提升到一个新的境界。

3．理解、表现音乐，提升自我

优美的音乐反映出一种非语言所能反映的高尚精神。音乐就像一个"熔炉"，在这个熔炉中，人们的思想、精神和心灵都会得到不同程度的、潜移默化的提炼与升华。高尚而优美的音乐能使人的审美趣味及内在气质变得高尚、优雅起来；激昂而奋进的音乐能使人的意志变得坚强起来；深刻而完美的音乐能使人的思想及感情变得丰富起来。

（1）以音乐的途径学会表现音乐。表现是学习音乐的关键环节，在音乐教育的全过程中占重要位置。表现不仅是自我情感有意识地反映和流露，也是感知音乐内涵、展示音乐技巧、演绎音乐情结的有效途径。音乐是声音的艺术，对音乐的理解是说不出来的，只能依靠音乐的形式去解释，用音乐的手段去表现，这是音乐艺术的规律。

（2）以音乐的形式敢于表现音乐。不敢表现音乐并非一个胆量问题，它往往涉及一个人的心理、生理和技艺的平衡与把握问题。音乐是人类心声的自然流露，从这个意义上来讲，音乐是不同于语言的另类信息表露。

（3）以音乐的技巧表现音乐。音乐技巧和音乐表现是相辅相成的，有了表达感情的需要，就有了表现的意愿，有了表现的意愿，就会主动去寻找表现的途径和方法，因此，就有了主动学习技巧的动力。但是，技巧只是手段，表达感情才是目的，没有技巧难以深入音乐的内核，难以体验音乐的精髓，更难以发掘音乐的本质，只有技巧而忽视了音乐情感的表现，同样是机械的和毫无意义的。音乐表现的最终目的是表现音乐，是表现自己对音乐的理解和掌握，是演绎自己的心声。

4．创新、编织、实践音乐

音乐是进行创新的艺术，虽然七音与二律是有限的，但编织出的音乐样式却是无限的。只要用心去创造性地实践、探索、组合、求新，就能编织出发自内心的情感声音。

（1）用心编织音乐的线条。音乐是心声的表露，旋律是情感的释放。音乐的旋律线与人的情感线密切相连，旋律的高低升降与情感的强弱起伏最具共鸣性，理解音乐的旋律，或被音乐旋律所打动，其实都是自身情感的主动接纳或被动感染。

因此，音乐的旋律具有与生命律动相吻合的奥秘性，只要用心去体验和感悟，就能获得自身情感的自然升华。了解了这一点，我们就可以用心来编织音乐的线条。

美使人产生了极大的兴趣和探觅欲望，发掘着人们的聪明才智和超常思维，当美的旋律形成以后，又会让人产生满足感，并再次迸发出对美的创新欲。这种一次次的创新美和实现美的过程，便会产生出人意料的音乐旋律。当然这种追求音乐美的意念与创作旋律美的实践进行相互转换时，需要了解创新音乐旋律美的普遍规律，需要掌握一定的作曲理论与技法。

（2）用智探求音乐的组合。音乐的构成，说到底就是音符之间不同形式的组合，虽然只有七音与二律，但其相互变换组合起来的形式却无穷无尽。每个人的思维视角不同，心境感受不同，切身经历不同，因此所组合出来的音响形式也有所不同。任何形式都是内在需要的外化，音乐所呈现的外在形式也是内心表情的需要，是自我审美追求的显露，是聪明才智的表现。

当然，任何形式的构成都有其一定的法则和规律，任何形式也都是为内容而创建，为需要而存在。尤其是在音乐的构成中，音符的组合固然重要，但要切记，单纯的组合本身是毫无意义的，只是为在一定量的组合中做出判别和选择提供了可能性。发明并不是由无用的组合构成的，而是由数量上极少的有用组合构成的。发明就是鉴别、选择，因此在大胆地进行音符间的相互组合时还需要用智慧去做出判别和选择，以筛选出更符合自己创作意愿的音符组合。

（三）开发"音乐能"

科学研究表明，在人类生存的宇宙中存在着两种要素：物质与能。物理学将可使物体做功的能量称之为"能"，如电能、水能、原子能、太阳能、化学能、机械能等。在人类的心境中，同样也有两种基本要素，即大脑结构与机能。正是由于这两种基本要素的存在，方才产生了思维以及思维体系中种种能力所带来的功能，如想象、推理、概括、解决问题的能力等。人类心理方面这种做功的能，乃是创造性思维的"能源"。创造性思维也正是由于这多种能力所起的作用以及它们相互之间的重要联系而产生出一定的效果。因此，了解和研究这种做功的"能"，对于掌握和提高创新思维能力将会起到重要的作用。

音乐思维是人类自身发展中对外界进行客观认识的一种能力，是人类促进社会发展和文明进步的一种推动力，是提升人类自身文化素质和修养境界的一种催化剂，一旦每个人都开发出这种音乐思维就会自然转化为一种巨大的"音乐能"，这种音乐能是高于物质之上的一种精神上的源泉，其功效和作用无与伦比。

怎样理解"音乐能"呢？主要体现在以下几个方面：

第一，对新的事物的敏感性与发现力。

第二，对声色与视听之间相互关系的通感度与联想力。

第三，对多种声音现象与复杂层次关系的分析度与整合力。

第四，对所表述问题的形式表象与本质精神的把握度与透视力。

第五，对物质现象进行精神再生时的拟似度与归结力。

说到底,"音乐能"就是一种对音乐现象的理解、感悟。这种能力与熟练掌握、驾驭和演绎音乐的各种能力(技能)有所不同,它要求达到的是一种在音乐思维支配下的意识形态的反应效用。一旦我们能用音乐思维去观察、发现和处理各种问题的时候,我们的视野就会开阔,处理和解决复杂问题的能力就会增强。

所以,如果说科学技术是人类发展的第一生产力的话,那么包括音乐在内的艺术思维能否成为人类进步的第二生产力呢?当然,尽管"音乐能"是一种思维层面的心智能力,但这种能力构成与发展的基础是建立在对音乐基本知识与技能的了解与掌握上的。因此,开发"音乐能"的前提条件是学习和掌握音乐的必要知识和技能。在此过程中,学习音乐并不是学习职业技能,而只是补全和提高音乐素质,因此应该在以下几个方面予以强调。

1. 坚定学习音乐的自信心

必须认识到每个人都有学习音乐的潜在能力。现代心理学、教育学的理论证明:每一个学生都具有自己发展的潜质。

一个人应该有以下八种智力。

第一,言语—语言智力。

第二,逻辑—数理智力。

第三,视觉—空间智力。

第四,身体—动觉智力。

第五,音乐智力。

第六,人际交往智力。

第七,自我反省智力。

第八,自然观察智力。

每个人都可以满足自己的学习需求,都可以实现自己的目标追求。这种人类自身潜在的智力和本质需求恰恰是人类社会应该予以开发和帮助实现的,同时这也是人类本身走向的全面发展的自然之路,作为社会教育的宗旨就必须朝着这个方向努力。就音乐学科来讲,音乐节奏智力是每个人都具有的,尽管这种智力在每个人的身上所显现的程度有所不同,但每个人起码都具备了学习音乐的先天条件,这就打破了过去所谓学音乐需要先天条件的误识。

2. 矫正学习音乐的目标

首先,音乐与人的关系愈来愈被现代人们所关注。人类离不开音乐,音乐与人类生活密不可分。自人类诞生之日起,音乐就伴随着人类的劳动和生活。

其次,既然人类需要音乐,那么作为一个现代社会的人也同样需要音乐。学习音乐的目的不仅是给生活带来不可缺少的美感和快乐,而且是通过学习音乐使自己的想象插上高飞的翅膀,把自己的思维注入形象的因子,使潜存于自身体内的创新能量得到激活,进而发散出无比活跃的创新意念。

最后,基于这样的认识基础,学习音乐的目的从本质上来讲就是一项塑造自我的工程，音乐所具有的唤醒、联系和整合人格的力量，正是我们每一个人所必需的精神能源。学习音乐为的是"育人"而不是"育才"。也就是说，学习音乐并不是人人需要的专业教育或职业教育，而是人人所必需的能力教育。

3. 发散音乐的智能效用

所谓音乐智能，其实就是音乐智力与音乐能力的综合体现。音乐智力是指认识、理解音乐现象及本质并运用音乐知识和音乐实践经验分析、解决相关问题的能力；而音乐能力则是指完成一定的音乐表现、实践等活动的能力。概括来讲，音乐智能就是一个人对音乐及相关问题的感知、理解、表现、想象、创作和评价等能力的综合体现和反映。但是，音乐是一个特殊的艺术现象，音乐智力与音乐能力密切相关，音乐智力的高低直接影响着音乐能力的形成和发展，同时也必然表现在音乐的各种能力中。音乐能力则与音乐的各种实践活动密切相关，并直接显现于具体的音乐活动中。

评判一个人的音乐智能的高低是一件复杂的事情，而且每个人在音乐方面所显示的兴趣和才能各有不同，也不可能一个人拥有音乐领域里的所有才能。此外，音乐智能效应与其他智力因素融合以后，还将潜移默化地显露出对音乐以外的事物和问题的优化特征及效应：对任何事物易生好奇心，观察力较强，注意力较集中；易于外露心绪，善于表现情感，富有同情心，干任何事情都有热情和激情；考虑问题善于举一反三，思维机敏、思绪多变、思路活跃；想象力丰富，喜欢别出心裁；平衡、协调及与他人合作的能力较强，富有整体意识和大局观念；审美能力强，喜欢展示并努力追求完美的形式及效果。

总之，创造音乐是一种充满智慧的脑力劳动，音乐的学习是一种开发智力、完善人格的精神过程，音乐的效应也是创新思维的必然结果。音乐从其生成、发展、演变以及圆满地以音响形式显示出来的过程就是一个智力发掘的过程，它不仅包含着理性的逻辑思维，还包含着感性的形象思维。理性与感性的相互渗透、相互协调，使人的大脑发散出多维的探究路径和多向的思考视角，进而形成一股活跃的思流。尽管我们不能保证通过这些思流会获得成功价值，但可以肯定没有这些思流必定会陷入机械的音乐编造过程。

第六章　高等师范院校音乐课堂引入多媒体技术的探索

第一节　音乐课堂引入多媒体技术对教师的要求

一、教师应具备多媒体操作技术

20世纪80年代的计算机、幻灯机使用方式繁琐，需要教师投入大量精力进行资源整理，而现代多媒体教学一体机则大大简化了操作步骤。与此同时，大量的教学资源也需要教师通过处理技术加以整理。教师应掌握的多媒体使用技术如下：

第一，掌握信息检索、加工与利用方法；

第二，掌握常见教学媒体选择与开发方法；

第三，掌握教学系统设计的一般方法；

第四，掌握教学资源管理、教学过程管理和项目管理方法；

第五，掌握教学媒体、教学资源、教学过程与教学效果评价方法。

随着科学技术的进步和高等师范院校音乐教学要求的提升，只掌握基础技术已经不足以支持教学活动了。结合相关资料，研究人员对目前教师应用多媒体技术所面临的主要问题进行了总结、归纳，包括资源处理问题、资源选择问题、应用形式问题和应用技术问题四个方面。

资源处理技术直接影响多媒体的使用成效。简言之，同样的资料内容，在经过处理之后，可以更具层次感，有序地传递知识信息，而未经处理或者处理不当的资料内容，则可能导致信息混乱，无法引导学生的学习思路。教育从古至今都十分重视规划，即所谓的"提纲挈领"，在传统教学模式下，教师在进行教学时，学生可以直接根据教材整理思路，循序渐进地学习音乐理论、基础知识和专业知识，并在课堂上得到引导，逐渐深入学习。多媒体技术的出现可以使教学过程获取更多信息，信息的获得更加直观，也能培育学生的创造性思维。因此，使用多媒体进行辅助教学，还必须重视资源处理，只有这样，才能将其价值发挥出来。在我国高等师范院校音乐教学中，由于学生的文化基础存在一定差异，对知识进行吸收、总结的能力不同，因此教师在收集、处理资料时往往要兼顾各类学生的基础。例如，在音乐欣赏课上，教师选取了节奏感较为缓慢的古典音乐，由于加工处理技术不到位，教师对该音乐进行了完整播放，这可能导致课堂时间利用率不高。又如，在应用图片媒体、文字媒体时，未能充分提炼和加工，造成文字冗杂，学生理解困难，或者在安排资料时，将不同媒体资料简单堆砌，前文交代乐器的演奏，结尾才给出起源与发展介绍，有悖于常规的思考习惯，这也会导致学习上的困扰。

资源选择是一个非常值得思考和商榷的问题。众所周知，音乐在人类社会早期就已经出现，各地区、各流派、中外名家的音乐各有特色。教师在进行教学时，需要合理选取有利于推动教学工作的资源。最为典型的资源选择问题是视频资源的选择。在此前的调查中，视频资源在吸引力和直观性方面均处于各类资源的前列。也正是其优势突出，往往为教师所重视，在应用多媒体时，教师会将视频资源和文字、图片等融合在一起给予展示，以提升教学的效果。例如，为培养学生的创造性思维，选取包含自然风光、人文景色的视频，搭配文字、声音媒体可以起到较好的效果，但在视频选择上应注意信息的突出性，如展示各地建筑艺术，但视频中有大量的人员活动及变换多样的场景信息，很可能会导致学生思维的快速变化，难以起到良好的培养效果。目前，我国高等师范院校教师在选取视频资源时，往往强调信息多样化和丰富性，这一做法虽然发挥了多媒体技术的核心优势，但存在"过犹不及"之嫌，应设法加以优化。

在我国高等师范院校音乐教学活动中，教师对多媒体技术的应用往往仅限于PPT课件，这是一种思维习惯，可以看作多媒体技术应用的误区。通过对几所国际名校的多媒体应用方式进行研究，可以发现其共同特色之一是在教学PPT之外，通过其他途径强化多媒体技术的实效。课前准备指所用资源为教师在课前制作而成的，如PPT；课堂准备是指教师在课堂上准备的教学资源，如通过互联网收集的各类媒体资源；延伸准备是指学生自行准备的多媒体资源以及教师在课下传递给学生的各类多媒体信息等。

应用技术是指对多媒体软件、硬件的掌握程度。在高等师范院校音乐教学中，多媒体技术的应用主要依托计算机硬件设备和操作软件，由于大部分教师对计算机技术的掌握水平有限，通常只应用1~2种软件收集和处理信息资源，也不了解多媒体设备的使用技巧，一旦计算机软件或硬件出现问题，教师可能会束手无策，影响教学效果。提升高等师范院校音乐教师的应用技术能力，是进一步强化多媒体技术成效的关键途径之一。

针对上述问题，结合实际教学需要，可以强化对教师的培训，使其更全面地掌握多媒体操作技术，使多媒体技术更好地被引入高等师范院校音乐课堂。具体包括理论基础培训、硬件技术培训、软件技术培训和创新能力培训四个方面。

理论基础培训是后续培训工作开展的基础，同时，教师的理念和态度是决定教师是否使用多媒体技术、使用效果的关键因素。理论培训需要做到培训有重点、有层次，内容则涵盖学习理论、教育理论等诸多内容；还要涵盖教学设计的基本知识，包括教学设计的作用，教学设计的基本理论、基本方法和基本过程，教学设计在教学中的具体运用等；此外还需包含信息技术与课程整合的基本知识。理论是实践的基石，教师必须掌握现代教育技术的理论和方法，才能更好地使多媒体技术为教学服务。具体而言，各地可以建立周期培训制度，以具备培训能力的大型学校或者教育部门为核心，吸纳周围10所高等师范院校成为培训联盟，建立培训基地，每所学校对教学计划进行组织安排，将音乐专业教师进行分批，每个月选派其中一批到基地接受培训，每个年度完成一次循环，使教师的理论水平不断提升。对于办学规模小、教师数目少的学校，可采取层次培育的方式落实工作，校方选派一名人员长期接受教育，再将掌握的知识内容传递给其他教师，实现教师理论水平的强化。

硬件技术培训可以看作培训的核心内容，应作为理论培训过后的重点工作给予足够的重视。在高等师范院校音乐教学中，多用一体化多媒体教学设备。一体化多媒体教学设备也被称为多媒体一体机，属于综合展示平台，操作简单、交互体验良好，该设备的出现在一定程度上弥补了教师专业技术水平不高的问题。教育是一项长期事业，考虑到可能存在的课外延伸教育、课后教育，设法培养教师的硬件技术依然是必要的，相关技术也能够以教师为媒介传递给学生，实现学生综合能力的提升。具体来说，硬件技术培训可以采取和理论培训相似的方式，分批、周期性地进行，选取的内容则要保证实用性和渐进性，先将硬件设备分类、功能等基础知识传授给教师，之后将可能出现的故障、处理方式等进行归类，逐步教授给教师，提升教师应用硬件的能力。

软件技术培训对教学工作有一定的帮助，在高等师范院校音乐课堂上，多媒体资源类别多样，不同资源需要通过不同软件处理才能发挥作用，如选取大型乐章进行欣赏教学，如果应用完整的声音资源，播放时间较长，一些带有复式特点的音乐则可能会导致审美疲劳，通过分割软件截取一部分资源，则能够在保证欣赏效果的同时提升课堂教学的效率。软件技术培训可以在硬件培训过后进行，也要求遵循实用优先、循序渐进的原则。常见的多媒体素材处理软件包括声音、图片、视频、动画素材处理软件。处理声音素材的主要软件有Windows自带的录音机和音频解霸，图片素材处理软件有Photoshop，视频处理软件有Premiere等。可依据音乐教学的特性应用不同的软件，并对教师进行软件使用培训。在课件开发软件方面，培训机构可针对Authorware、Flash、概念图等的使用展开培训。此外，一些基础的办公软件在进行文字、图片处理时也能发挥积极作用，包括Windows基本操作、Word常用功能的使用、PowerPoint演示文稿的简单制作、Excel制表功能的简单应用、计算机网络技术（基本搜索、查询技能）、E-mail通信功能的使用等。社会各界对音乐相关人才的要求不断精细化，要求人员具备更专业的知识。由于音乐发展方向是多元的、难以预测的，教师需要具备丰富的知识和必要的创新能力，在多媒体技术被引入高等师范院校音乐课堂的情况下，创新能力也是进一步提升其应用效果的可行途径之一。现代信息技术和多媒体技术的使用，可以让教师和学生感受到与众不同的教学体验，通过必要的引导和加工，往往能够成为具有价值的思想和方式。对教师进行创新能力的培养，要求教师有一定的知识储备，应长期、有计划地进行。学校可以对教师进行综合评定，了解教师的知识储备情况、研究能力、研究热情、创新能力、创新态度等，之后按所获结果对教师进行划分，有针对性地进行培养、安排具体工作。对创新能力和意愿突出的教师，可以安排知识教育，并授予更多权限，完善其创新工作环境，使这些教师的创新能力得到激发，如建立更完善的实验室供教师使用，安排更多的交流学习机会等。教师创新能力的提升，可以强化其应用多媒体进行教学的能力，作用于实际工作，提升学校音乐教育的总体成果。

通过各种培训，可以使教师熟悉学校多媒体音乐教学环境，提升其运用多媒体教学设备的能力、解决问题的能力，也能强化教师对现代教育技术的认识，提高教师的多媒体技术理论知识。对现有教学资源和教学过程的设计与开发，可以更好地发挥多媒体技术的作用，为学生的学习和高等师范院校的音乐教学服务。

二、教师应具备多媒体使用意识

强化教师使用多媒体技术的意识，可以从两个方面入手。

（一）针对性地选取资源类型

如果教学内容为中国音乐发展史，大部分知识是半结构化、零散化的，应用PPT课件可以展示，但模式十分僵化，学生的学习兴趣难以得到调动，久而久之，教师也可能会失去应用多媒体的热情和意识。可行的方式是，在课堂教学开始时，给出不同的理论内容，并准备对应的材料，由学生选取最感兴趣的部分，传授知识的同时，通过互联网补充媒体资源，并综合进行展示，这一方式大大提升了整个教学过程的互动性，学生会自觉吸收自己感兴趣的知识，而教师对多媒体的高效使用也提升了多媒体技术的实际价值，多媒体技术对整个教学活动的助力突出。

（二）重视应用细节

一些需要把控细节的音乐知识则要考虑教学的全面性，不能简单随意地在课堂上选择，如数字处理技术，该技术涉及的知识是高度结构化的，如果由学生随意选取，可能会导致知识学习不够全面；如果采取传统教学模式，由教师负责收集和整理知识，又可能会造成内容僵化。可行的方式是，综合考虑学生学习意愿和知识结构，构建整体教学框架，拟订涵盖整个教学过程的规划，以框架限定教学活动，在框架内灵活应用多媒体技术。音乐领域的数字处理技术，也称数字信号处理技术，是将模拟信息（如声音、视频和图片）转换为数字信息的技术。从广义上说，数字信号处理技术是指数字信号处理理论的应用实现技术。它以数字信号处理理论、硬件技术、软件技术为基础组成，研究数字信号处理算法及实现方法，包含多项技术与理论内容，对专业性的要求很高。教师可以按照学习难易程度进行规划，针对每一项内容准备多媒体资源，在进入课堂环节后，选取当前课时的核心内容作为突破口，率先引入多媒体技术，为整个教学活动奠定基础。这样，多媒体技术的使用意识可以在实际工作中得到保持，教学活动的最终成果也能得到有效保证。

多媒体技术的多元化应用，本质上体现的是教育事业的整体进步，传统教育活动中，强调教师的核心地位，以传授知识、理解知识为核心追求，而在教育创新得到推动后，学生成为教学的主体，传授知识、理解知识不再是教育的核心追求，独立的思想和思维方式、知识的实际应用开始被看作教育的最终目的。在此理念的影响下，高等师范院校教育、高等师范院校音乐教学发生了变化，在强调教师的多媒体技术使用意识时，需要明确一个中心问题，即无论教师的教学方式、工具发生何种变化，最终目的是服务学生。与此同时，教育作为一项长期事业，不能单纯依靠学校和教师。换言之，高等师范院校音乐教学应做到长期对学生产生积极影响，多元化的应用也因此显得十分必要。所谓多元化，是指将传统中教师应用多媒体技术进行教学，改为教师和学生共同应用多媒体进行研究性学习。

三、教师应清楚地认识到多媒体技术的价值

多媒体技术的出现，有力地推动了教育事业的发展，这一点是毋庸置疑的。在现代各级教育系统中，均可以看到多媒体技术的身影，高等师范院校音乐教学的特殊性更使多媒体技术变得不可或缺。

多媒体技术的各项优势可以显著提升教学的成效，对各类影响进行归纳，最终将促成四个方面的积极作用，即多元化教学、高效率教学、互动教学和高质量教学。多元化教学是高等师范院校音乐教学的主要趋势之一，组成多媒体的六个基本媒体类型——文字、图片、照片、声音、动画、视频，可以得到同步展示，教学的内容、方式都因此更加丰富。使用多媒体技术，音乐教学中的知识内容得以更全面地展示，不再拘泥于板书和口述，知识结构更加饱满，教学更加有序，这种多元化的表现形式往往更容易引起学生的学习兴趣。高效率教学是指在多媒体技术条件下，整体教学工作中一些依赖教师进行的工作得到避免，包括文字书写、教学资源调用等，有助于教学能力和水平的提升，增加了课堂的容量，使学生能够学习到更多的音乐知识，并在长期的学习中逐步积累，效率提升变得更加明显。多媒体教学丰富了可用资源，教师可以引导学生进行互动，教师本人也可

以参与到互动中，如针对音乐知识进行的讨论、对流派特点的个人见解等。对一些存在争议的部分，教师能够有针对性地进行指导、选择更加有效的方式，如鼓励学生应用多媒体设备进行实践、研究等。考虑到音乐知识的丰富性和多样性，在学习过程中增加互动同样十分有利于提升教学效果。高质量教学是多媒体技术在高等师范院校音乐课堂中应用的核心优势之一，多媒体的应用简化了复杂的教育内容，让晦涩难懂的知识变得浅显易懂，教育过程更加直观，可以取得事半功倍的效果。传统教学模式僵化、资源缺乏等问题得以避免，丰富的资源使学生可以通过事物形、声、色的变化和发展更透彻地理解音乐、感知音乐，教学质量的提升是长期的。

针对部分高等师范院校的调查表明，教师对多媒体技术价值认识的问题主要包括三个方面：一是不了解多媒体技术；二是不懂得如何将多媒体技术的价值发挥出来；三是未能全面应用多媒体技术。这三个问题与操作技术和使用意识无关，教师可能技术优秀，也愿意在教学活动中应用多媒体，但对多媒体技术的价值认识不清，也就有可能导致使用方面的问题。

多媒体技术对计算机的依赖性较强，需要通过计算机或者多媒体教学一体机发挥作用，但由于硬件、软件方面的差异，它在教学活动中的实际效果是有所不同的，甚至教师的技术、经验也会对多媒体技术的实际价值产生影响。教师技术、经验对多媒体价值的影响往往体现在教学的整个过程中。例如，在进行音乐欣赏时，教师可以节选部分感染力较强的曲目，并进行加工，与视频、图片、文字等媒体实现融合。如果教师的制作水平不高，融合的成效也会受到影响，使多媒体技术的价值大打折扣。

全面应用多媒体技术有利于使其价值最大化。多媒体技术是针对多媒体资源进行搜集、处理的技术，其针对的对象是信息资源，当前互联网的存在使大量资源得到共享，教师可以收集的信息，学生也可以收集，教师应用的软件，学生也能应用，然而受传统教学理念的影响，国内高等师范院校在进行音乐教学时，往往未能考虑到多媒体技术的延伸。教师对多媒体技术价值的认识依然不够深入和明确，这一问题也必然会影响高等师范院校音乐教学的实际效果，使多媒体技术的融入难以发挥最大作用。

针对上述问题，可行的处理办法包括构建新型教学模式、构建全面应用体系、丰富技术类型、强化培训四个方面。这里主要针对构建新型教学模式、构建全面应用体系、丰富技术类型三个方面进行分析。

在现代高等师范院校音乐教学中，常见的多媒体类型均能够得到应用，相较于传统教学方法，多媒体技术能够从视觉、听觉等方面产生综合作用。为使这种作用进一步突出，强化其效果，新型教学模式的构建有一定的必要性，一方面能够使教师更清醒地认识多媒体技术的价值；另一方面，在多媒体技术不断变化的情况下，教学模式的构建有利于为应用其给出框架和引导。客观来说，我国高等师范院校音乐教学活动并不会对学生造成过大的压力，学生可以自行掌握投入程度，在应用多媒体技术的情况下，各类信息资源得到整合，教学的成果是可以得到提升的。这种提升可以通过一些间接的量化指标进行考量，如学生的实践能力和创造能力。在后续教学工作中，校方可以与教师进行沟通，了解学生的总体水平，之后再拟订长期计划，规范多媒体技术的应用，以学生的实践能力与创造能力提升作为指标，以一个学期为周期进行考查，了解学生的进步情况。如果进步不明显，则对多媒体技术应用的方式、方法进行调整。如果学生的实践能力与创造能力显著提升，可以判定教师对多媒体技术的应用较为成功，再对经验进行总结分析，在学校范围内加以推广，使教师开展其他教学可以直接获取经验，全面认识到多媒体技术的价值，提升自身水平，更好地保证音乐教学效果。

构建多媒体技术全面应用体系的目的，是营造良好的多媒体应用环境，在多媒体技术持续变化的情况下，部分教学虽然愿意将相关技术引入音乐课堂，也具备操作能力，但依然面临应用范围狭窄、有效性不高的实际问题。全面应用体系的构建有助于教师之间的交流、学习，也能促进多媒体应用环境的完善。当多媒体技术应用成为一种习惯时，其价值也可以在长期工作中得到突显，对教学产生更加积极的作用。全面应用体系的构建可以从两个方面入手：一是寻找多媒体技术应用的不足，分析原因，有针对性地探究其策略；二是实现网络的全覆盖，使多媒体技术全面应用体系拥有建设的优质基础。在构建多媒体技术全面应用体系时，校方须针对存在的问题进行全面分析，找出重点。例如，某音乐学院的多媒体设备老化严重，在教学活动中经常面临卡顿、下载速度慢等问题，影响教学效果，因此教师不愿意使用多媒体技术和设备，校方对该问题也未能做出技术处理，加以解决，导致教师越发不重视多媒体技术的应用，其价值也因此不断降低。在后续工作中，校方应加大资金投入力度，有计划地进行设备升级和更换，在经费充裕的情况下，可以集中更新多媒体一体机；如果经费不足，可以拟订计划分批更换，或者广泛进行动员，接受来自社会的捐助，实现设备的更新换代，以解决实际问题，使多媒体技术的价值得到保证和突出。网络的全覆盖有利于多媒体技术在校内的推广与应用，学生可以在教师的帮助下掌握一些基础技能，包括资源收集、整理、加工等。在进入课堂阶段后，学生和教师可以根据各自准备的成果与思考所得共同进行研究，充分的资源可以提升教学的有效性，多媒体技术的价值也因此变得突出，能够被更为广泛和深刻地认识。

丰富技术类型，是指高等师范院校音乐教学在引入多媒体技术的基础上，进一步添加其他技术，实现多项技术的联合使用与有机结合，通过提高多媒体技术的衍生价值来实现教学效果的提升。当前高等师范院校音乐教学除了应用多媒体技术，还应广泛应用其他现代技术，包括互联网技术、计算机技术和虚拟现实技术等，丰富技术类型，可以进一步提升多媒体技术的价值。以集成技术为例，多媒体技术的相关性主要体现在技术设备方面，高等师范院校音乐教育常用的多媒体一体机就是一种典型的集成设备，传统的声音、图片、文字、视频等媒体展示技术被集成在一块芯片上，能够进行集中展示。从本质上讲，多媒体融合本身与集成技术异曲同工。后续的教学工作可以针对性地考虑教学各环节和因素，设法应用集成技术简化工作步骤，提升效率。比如，高等师范院校学生几乎人手一部智能手机，而大部分学校也建有机房供学生上网，这些智能设备使多媒体技术的集成拥有了良好的基础。多媒体融合的核心之一是多种资源的兼容性，由于不同类型的媒体资源往往需要通过不同软件进行处理、加工和展示，如果能将这些软件的功能集成到一块芯片上，使其能够与安卓系统、Windows系统实现兼容，学生便可以自主应用多媒体进行学习，多媒体的价值也能够通过更多的途径展示出来，如课下学生能够收集资源进行研究，省去在课堂上思索、寻找思路的困扰。丰富的信息资源在多媒体技术的支持下，能够为学生提供结构化的知识，提升学习的效果，使包括教师在内的教育人员更清醒地了解其优势，发挥多媒体技术的作用，完善教学工作。

第二节　音乐课程与多媒体技术的整合

一、内容的整合

内容的整合，可以看作高等师范院校音乐课程与多媒体技术整合的主要部分。只有内容上实现高度结合，高等师范院校音乐课堂上的多媒体技术才能发挥作用，无序的应用不仅会分散学生的注意力，导致思路混乱，还有可能造成其学习效率下降。内容的整合需要考虑三个方面，即整合的基础、整合的原则和整合的方法。

（一）整合的基础

整合的基础是对高等师范院校音乐课程与多媒体技术两个对象的深入了解。我国高等师范院校音乐课程带有明显的层次性，在课程设计上讲究循序渐进，多媒体技术可以广泛适用于高等师范院校各层次的知识普及与专业研究。在进行整合时，首先要明确二者的联系，确保整合所选对象的相关性。在高等师范院校的音乐教学活动中，学习的内容和科目是多样化的，不能简单地进行多媒体技术套用，这种融入是生硬的堆砌，而不是有机结合。在整体规划下，了解音乐教学对多媒体资源的实际需要，做好全面整合，推动多媒体技术在高等师范院校音乐教学中的有效应用。

（二）整合的原则

高等师范院校音乐课程与多媒体技术整合的原则包括信息的精练性、可控性、可优化性和科学性四个方面。

精练性是指在整合过程中要取其精华去其糟粕，提炼最具价值的信息资源用于教学工作，多媒体在教学中的使用并不是越"多"越好，也不是资源种类和数量越多，就越能透彻地解释教学内容。由于学生的知识储备往往不如教师充足，思路也不可能像教师一样开阔，引入过多的教学资源，很可能会导致不利影响。在教学中过多使用多媒体信息资源，学生可能会在学习中顾此失彼，教师也可能过多地拓展知识内容，忽略了根本的教学内容和教学目标。比如在进行音乐理论教学时，多媒体辅助几乎成为必要条件。假定教师选取的教学内容为巴赫的音乐特点，利用多媒体技术和设备展示欧洲音乐的发展历程、背景，以及巴赫本人创作音乐的过程等信息，自然这在很大程度上丰富了教学资源，但这些内容与教学目标——巴赫的音乐特点关联性十分有限，学生可能会在观看多媒体信息时被欧洲的人文特色所吸引，教师也可能在教学活动中将过多的精力投入关联知识的介绍方面，却忽视了教学内容，如用什么乐器表达什么情绪与旋律等。在整堂课上，教师作为课堂的主导者和引导者的作用被削弱了。其症结所在就是过多地使用了多媒体技术，主次不分。对各地高等师范院校的音乐教学所进行的综合调查表明，当多媒体使用率在30%左右时，效果往往最好，信息量的把控需要教师根据教学内容予以酌定，如果教学内容具备较强的专业性，需要控制多媒体资源的类别，以专业知识为主即可；如果教学以宽泛的理论内容为主，则可以考虑压缩知识，通过多媒体技术呈现出高度结构化的信息。

可控性是指进行高等师范院校音乐课程与多媒体技术整合时，要确保整合结果能够满足教学需求，使学生理解知识内容，并保证教师能够有效地驾驭相关知识。通常来说，高等师范院校音乐教学是在总体计划的基础上具体开展的，比如作曲教学必须先学习识谱，从简谱到五线谱，再到专业的吉他谱、钢琴谱，实现循序渐进。在进行资源整合时，也应做到循序渐进，将知识由简到难进行安排和处理。此外，需要注意的一点是知识的延伸性。现代音乐教学要求能够全面提升学生的素质，在这一基本要求下，各级教育工作都开始重视知识的延伸问题，就高等师范院校音乐教学而言，延伸内容应加工为半结构化或者非结构、零散化的形式，由学生自由选取，避免使过多内容融入而导致整合失效。

可优化性是指整合后的多媒体技术和高等师范院校音乐课堂能够满足实际的教学需要，也存在调整余地，可以根据具体变化进行必要的优化。实现可优化性的主要途径是建立固定框架、运用多元方式。具体来讲，固定框架可以保证教学工作和整合工作始终沿着固定轨迹进行，不会出现方向上的错误；多元方式则保证了具体工作的灵活性，当阶段性整合和某一次具体整合出现问题后，可以改用备用方案，以确保教学工作能够持续、高效地进行。比如，作曲教学，将课程与多媒体技术整合，要求理清各阶段的教学重点，针对所有重点出具具体的整合方案，包括使用的室内音乐模拟器、教学时长安排、学生作曲练习计划等。在框架固定后，对所有细节进行二次完善，如作曲实践内容的临时增加、最新作曲知识的融入等，以完善的框架推动、引导高等师范院校音乐课程与多媒体技术的整合。

科学性是指整合方案必须是可行的，整合过程也应该是有序的，这要求学校在拟订整合计划时，充分与教师和学生进行沟通，并引入、参考其他院校的成熟模式和经验，完善自身工作。校方可以在校内网站上公布本学期、本年度的教学安排及整合计划，邀请学生和教师提出意见和建议，选取其中较有价值的进行讨论，分析其可能性；也可以直接进行问卷调查，听取学生和教师的意见，不断优化整合工作，使多媒体技术真正融入高等师范院校音乐课堂。

（三）整合的方法

高等师范院校音乐课程与多媒体技术整合的方法多种多样，如纽约大学常用的实践式整合法、伦敦皇家音乐学院所用的压缩式整合法等。我国高等师范院校音乐教学存在一定的特殊性，不能完全生搬硬套国外模式，可以对各类方法进行综合分析，加工成适合我国应用的模式。比如，有的大学对多媒体技术和课程的整合，是通过完善的见习平台和实用教学导向来实现的，其教学高度结合社会需求，专业性非常强，我国高等师范院校也可以参考其方法。现代多媒体技术在教学中的应用，除了常见的多媒体课件，还包括单独存在的诸多媒体资源，以及需要学生动手操作的设备和见习行为，如果整合得当，也能很好地为教学服务。比如，学生在进行音乐技术学习时所用的设备，这类设备对学生的技术要求高，需要一定的计算机操作能力和理论基础知识，如果教师能够对相关内容进行正确的整合，能使学生早日掌握相关能力，对长期教学产生事半功倍的效果。总体来看，一些软件的专业性虽然高，但掌握学习技巧后也能够熟练应用，如"作曲大师"，学生可以从简谱开始练习创作，并任意切换到相应的五线谱或者简线以进行深入学习，软件还内置了单声部输出功能，可以让学生边练边听，边听边改。这样循序渐进地学习，可以使学生更快地理解和感受不同音符以及升号、颤音在乐曲中的效果。由于编曲效果可以即时表现出来，枯燥的作曲练习就演变成了创作和思维跳跃的海洋。在此基础上，还可以应用远程控制软件，实时对学生的问题做出解答，解答过程全部在学生的微机上展现出来。诸如此类的多媒体技术还有很多，只要合理利用，都能产生很好的教学效果。合理整合音乐教学与多媒体技术，是以全面并透彻地达到教学目标为目的的，以多媒体多角度辅助为手段，拓展音乐教学空间和补充教学手段。教师的主导作用和能动性是合理利用多媒体的关键。

综上所述，我国高等师范院校音乐课程与多媒体技术的整合，应立足于学生需求，建立以技术为基础的、全面的多媒体培育方式和平台，将理论和实践进行结合，使高等师范院校音乐课程与多媒体技术实现整合，最终推动教学工作的全面开展。

二、教学计划与目标的整合

教学计划与目标的整合，可以从教学计划与多媒体技术的整合原则、教学计划制订的思路和过程、教学计划的实施和调整这三个方面进行分析。

（一）教学计划与多媒体技术的整合原则

教学计划与多媒体技术的整合原则包括全面性、实时性、广泛性和可拓展性四个方面。全面性是指教学计划与多媒体技术的整合应涵盖计划提出、确定、执行、调整等诸多方面。实时性是指教学计划与多媒体技术的整合应确保所有技术较为先进，同时与需要高度相符。对教学计划与多媒体技术进行整合时，应在资金条件和技术条件允许的情况下，尽量选用先进的设备、引进优秀的人才，保证多媒体技术应用于教学活动中时具有出色的时效性，同时也保证教学计划下的各环节和内容与多媒体技术能够高效融合，推动教学工作的开展。广泛性是指教学计划和多媒体技术的整合应考虑教学所涉及的所有元素，能够在各个方面实现整合，而非仅在课堂上发挥作用。通过对现代高等师范院校音乐教学的调查结果进行分析，发现大部分高等师范院校依然将教学工作集中于课堂，这是因为教学工作需要集中资源统一进行。在广泛性的要求下，校方可以更加重视课间、课后的时间，适当开放教学实验室，如果学生存在使用需求，可以凭借学生证等进入实验室进行自学，使多媒体技术更全面地作用于高等师范院校音乐教学活动，实现教学计划与多媒体技术的广泛整合。可拓展性是指在高等师范院校音乐教学中，多媒体技术的应用、多媒体技术和教学计划的整合应带有可拓展的空间，比如在教学课程中，额外教授学生与多媒体技术相关的内容，使学生更好地掌握相关能力，可以在课下自行应用，提升学习的有效性。总体来讲，将教学计划和多媒体技术进行整合，可以实现"一专多能"的半复合与专业音乐人才培育，使学生的实践能力得到培养，综合素质和可持续发展能力也可以得到提高，理论与实际的联系更为紧密，充分体现出高等师范院校音乐教学与多媒体技术整合的价值。

（二）教学计划制订的思路和过程

在制订教学计划时也应注重多媒体技术的整合，由于多媒体技术的应用往往涉及本年度甚至未来一段时间内的教学工作，不能在教学工作进行中临时决策。教学计划的制订依然要分析社会需要和人才定位，制订过程则需要重视课程体系设置，并给出必要的人才标准。在人才标准方面，需要重视两个方面：一是知识结构与标准；二是能力结构与标准。由于音乐人才往往需要具备扎实的理论功底和熟练的实践能力，要求在拟订标准时，应充分考虑与多媒体相关的因素，比如在音乐制作技术方面，学生应该掌握基本的多媒体软件使用方法，能够进行数字化处理以及信号处理等工作。一套合理的、科学的课程教学体系是全面提高学生职业素质的关键。应结合与音乐相关专业的特点明确音乐人才应具备的知识、能力结构与标准，要求学生掌握各类软件的基本操作技巧，掌握专业知识，能够达到实践标准，还应掌握与之对应的其他文化知识。在能力结构与标准方面，要求学生具备乐器的演奏能力，能够熟练掌握简谱、五线谱，可以应用技术手段进行音乐处理，并掌握一定的音乐创造能力。

（三）教学计划的实施和调整

教学计划的实施和调整，是教学计划与多媒体技术整合的最后一步，也是持续时间最长、所需考虑细节最多的一个环节。主要手段包括使课程内容与多媒体技术整合，适时修改理论教学体系和实践教学体系内容，强化以多媒体技术为平台的实训课程三个方面。课程内容与多媒体技术的整合可以看作二者融合的主要方式之一，现代高等师范院校的音乐教学活动已经大量应用了多媒体技术，且取得了一定的效果，优化二者的整合可以就课堂具体知识实际展开。比如，教学内容为欣赏音乐，可以利用多媒体技术营造更好的欣赏环境；如果课堂教学内容为音乐史，可以利用多媒体技术收集大量的素材提供给学生，由学生自行学习。课程内容与多媒体技术的整合应更多地专注于职业素质的培养，使以往零碎散乱的体系趋于统一，将实操和理论更紧密地结合在一起，提高学生的学习效率，促进课程完善，避免以往在简单的理论教学后所进行的简单的练习，从整体出发、完善细节，提升课程与多媒体技术的整合效果，最终提升教学的有效性。适时修改理论教学体系和实践教学体系内容所体现的是教学与时俱进的基本思想，由于多媒体技术和教育理论均是不断进步的，将多媒体技术应用于音乐教学，也应注意其变化性，对理论教学和实践教学进行调整，根据知识、能力、素质结构和社会需求的变化调整教学重点。加强以多媒体技术为平台的实训课程是指充分利用多媒体技术的特点和优势，将实训工作的可进行渠道进一步拓展，构建"以创作目标作品为载体，贯穿教学的整个过程"的实训课程。要求在课堂阶段给予训练、指导，实现由点到面的理论教学，在课后或者在下一节课，由学生展示成果，鼓励学生进行创作，并通过学生之间、学校之间的联合音乐会等活动强化交流，提升多媒体实训的效果，使教学计划的实施和调整落到实处，推动高等师范院校音乐课堂融入多媒体技术。

教学计划是学校教育教学工作的指导性文件，在高等师范院校音乐教学中，多媒体技术的融合和教学计划的整合，有利于实际工作的开展和效果的提升。教学目标与多媒体技术的整合，更多地重视教学目标在整体工作中的引导性及目标对整合效果的检验作用，即在教学目标拟订后，将多媒体技术与教学目标进行整合，整合的基础是教学目标的导向性；当教学工作阶段性完成后，再以教学目标的完成效果检验多媒体技术的价值，并针对不足进行调整和优化。

现代高等师范院校的音乐教学往往十分重视教学目标的拟定，教育虽是一项长期事业，但高等师范院校音乐教学受时间的限制，不可能无限制地进行下去，因此高等师范院校要根据实际需要拟定不同阶段的教学目标，将目标和计划结合起来进行具体的教学工作。尝试将多媒体技术和教学目标整合为一体，重点是明确教学目标的导向性作用，即不同阶段教学要达成的效果。比如，某高等师范院校设置的音乐教学课程为基本的三级层次化：一级为大学一年级，主要教学内容是音乐基础知识；二级为大学二年级，主要教学内容是音乐专业知识；三级为大学三年级以上，主要教学内容是音乐专业知识和研究性学习。在上述目标下，第一级的学习，可以大量应用多媒体技术收集、整理资源，将各类信息资源加工成结构化、成系统的知识，提供给学生，使学生的音乐知识基础牢固；第二级，校方应根据不同专业学生的实际需求，针对性地应用多媒体技术，如针对电子音乐专业的学生，应提供完备的多媒体设备，而作曲专业则要求理论教学的高专业性，应重视利用多媒体进行知识传递；第三级，多媒体技术的应用带有联合性、广泛性，要求重视学生研究需求和学习需求。上述为三级层次化模式下教学目标与多媒体技术的整合。

完成某一层次、某一阶段的教学后，可以检验教学目标的达成情况，对多媒体技术与教学目标的整合情况进行分析，了解其中的不足和原因，针对性地进行优化。以三级层次化教学模式为例，第一层次下，要求学生牢固掌握基础音乐知识，因此教师需要应用多媒体技术进行信息资源的收集、整理，将其加工成结构化知识进行传递，在该层次的教学完成后，应通过学分情况、考试情况对学生的学习结果进行判定，并与教学目标进行对比。如果学生知识基础牢固，则表示多媒体技术与教学目标的整合结果良好，反之则应进行原因分析，探寻优化方式。

教学目的是高等师范院校开展具体音乐教学工作的主要方向，它可以引导各项教学工作的具体展开，也可以引导、检验多媒体技术在教学工作中的实际效果，设法优化教学目的和多媒体技术的整合，有利于推动该项工作的具体开展，并逐步实现提高高等师范院校音乐教学成效的最终目的。

第三节　多媒体技术的应用方式

一、图片媒体在高等师范院校音乐教学中的应用及方式

图片媒体又称图片型媒体，主要指应用幻灯片、投影和计算机设备进行展示

的图片，包括手绘图、合成图等。图片媒体清晰度高、直观性良好。在现代多媒体技术、计算机技术的支持下，图片的使用可以由教师灵活控制，便于教师指导学生观察和讲解，具有形神兼备的特点。

（一）图片媒体应用趋势

在多媒体技术全面应用于高等师范院校音乐课堂之前，图片媒体就已经受到重视了，在各时期、各地、各级别的高等师范院校教材中，均可以看到大量辅助教学的图片。在多媒体技术出现及获得重视和应用后，图片媒体快捷性、大众化、可复制、可加工的特点得到凸显，成为高等师范院校音乐教学的重要资源之一。由于多媒体技术常与互联网联合使用，网络的开放性、共享性为教学活动提供了丰富的资源，使图片作为通用语言在教学活动中的应用更加方便与快捷。

（二）图片媒体应用分析

图片媒体的应用可以专注于筛选、制作、应用节点、渐进性等方面。筛选时应注意图片质量与教学内容的结合度。制作时则应注意图片局部的突出、整体的完整，确保在教学活动中发挥作用。应用节点是指合理调整图片的次序，选取最佳节点展示图片，起到画龙点睛的效果。渐进性是图片应用的一个重要原则，是指图片应与教学内容带有高度的一致性和同步性，在教学的不同阶段展示不同图片。

图片的筛选存在着相对固定的模式，在国内高等师范院校的音乐教学中，图片的来源一般包括两个方面：一是互联网；二是校内的信息库。在进行筛选时，基本原则为与课程内容高度相关，与其他媒体类型实现搭配；从方法上看，主要通过信息库获取。一些带有基础价值的图片信息可以由互联网获取，比如人物肖像，如教师进行作曲教学，选取"圆舞曲之王"施特劳斯作为对象，可以在任意一个搜索引擎中输入"施特劳斯"，就能够获取大量的相关图片。

经验丰富的教师可以有效判断简单图片上的问题，但如果搜索的对象具有较强的专业性，比如小提琴造型的阶段变化，依靠简单的引擎搜索，教师面对结果就存在甄别上的难度了，因此在选取专业性较高的图片资源时，教师往往会应用校内资料库。一个需要注意的问题是，校内资料库并不等同于图书馆，资料库可以看作学校文化内涵、历史底蕴的沉淀，如有的音乐学院的珍藏室，搜集了各个时期的珍贵物品，可以直接展示给学生，也可以通过多媒体手段加以处理，生成大量的图片供学生浏览。

（三）图片媒体的制作

图片的制作既包括自制教学图片，也包括对现有图片的加工，主要目的是通过图片表现需要的内容。由于实际工作中所需要的图片可能难以通过互联网或者资料库直接获取,加工制作在图片媒体的应用中显得十分必要。现代高等师范院校在进行音乐教学时,图片的应用率较高。对图片进行加工,可以通过多媒体一体机直接进行,现有的多媒体一体机能够满足图片裁剪、虚化、放大等一系列操作的需要,提升图片的表现力,缺少多媒体一体机或者教师需要在课下进行工作,也可以应用当前市场上常见的图片处理软件进行加工,比如ACDSee、iSee图片专家等。借助发达的计算机技术和软件技术,图片处理得以简单、快速地进行。需要注意的是,在进行图片处理时,应尽量保证图片的大小较为规则,形状不存在特殊性,色彩能够趋于一致,以提升课件的整体表达效果,如图片外观一般取长方形或者正方形,色彩则讲究低对比度、高分辨率等。

目前,高等师范院校音乐教学已经基本上实现了图片的广泛应用,但依然存在着可优化的空间,在后续工作中,应重视筛选、制作、应用节点和渐进性四个要素,可以进一步提升图片媒体的应用价值,使高等师范院校音乐教学与多媒体技术实现进一步的融合,提升音乐教学的成效。

二、文字媒体在高等师范院校音乐教学中的应用及方式

文字媒体是最常见的媒体类型,作为多媒体的基础组成部分,早在多媒体技术出现和应用之前,文字已经是传递信息、进行教育活动的核心载体了。

(一)当前文字媒体应用面临的问题

在高等师范院校音乐教学活动中,文字媒体的应用范围最广,而且在未来的音乐教学活动中将继续发挥作用。对文字媒体的应用情况进行分析研究,可以发现其中存在的不足,主要包括文字冗杂不精练、理解文字存在难度等。文字冗杂不精练是一个很难完全避免的问题,为了保证知识传递的有效性,教师往往会将大量的基础知识以文字的形式添加到教学课件中。与此同时,为保证对学生思考能力、创造能力的培养,教师还会将相当数量的拓展内容以文字的形式充实到课堂环节中,文字冗杂不精练的问题也就因此产生了。

理解文字存在难度,造成这一问题的原因与文字媒体使用的方式存在显著关联。通常来说,高等师范院校音乐专业学生的基础水平存在一定的差异,但校方不可能针对不同基础的学生配备教师,教师课堂阶段的教学方式通常只能是一种,如某位教师本身知识储备丰富,可能在选取文字媒体资源、制作课件时加入大量知识。在教师眼中,这类知识可能只是常识,但部分学生可能由于学习压力大,未能充分拓展自身的知识面,因而不能快速理解教师所选取文字媒体资源中的知识,造成理解上的问题。学生在接触了现代音乐作品后再接触古典作品,很可能会导致认知混淆。如果教师未能有效应用文字媒体加以说明,理解上的困扰也就难以避免了。

（二）应用文字媒体的建议

以点带面使文字精练，是指在应用文字媒体时，首先向学生明确教学的重点，使学生抓住学习的核心，把控思考的方向；其次以重点内容为基础，衍生出细化的知识，形成知识面，在发挥文字媒体优势的同时，能够免去知识冗杂所带来的困扰。

文字媒体创新是指在现有基础上改变文字媒体的应用模式，将新的理念、新的技术、新的手段融入文字媒体的应用中，以推动高等师范院校音乐教学和多媒体技术的融合。文字媒体创新可以从两个方面入手：一是拓展文字媒体资源的来源；二是形成更具吸引力的应用方式。目前，国内高等师范院校所应用的文字媒体的主要来源是教科书以及一些现有的PPT课件，这一做法有利于保证资源的严谨性，但略显僵化。拓展文字媒体资源的主要途径有两个：一是教师应用互联网、图书馆等收集信息、补充文字资料；二是广泛发动学生参与资源搜集，由学生和教师共同丰富文字资料，在汇总后将其共同应用于教学工作。目前，我国各地高等师范院校基本上实现了以太网的普及，教师可以通过多媒体一体机、个人计算机甚至移动终端随时进行信息的收集，将价值较高的信息进行筛选和提炼，并不断丰富到教学课件中，提升文字媒体的实际使用价值。

应用方式的创新可以提升文字媒体的吸引力，使其价值得到进一步体现。一个值得注意的现象是，我国学生、教师等对教育工作一直存在惯性思维，即教学工作应该是严谨的、严肃的，贯彻"严师出高徒"的理念，但现代社会的发展使学生的思维不断活跃，各行业对人才的需求也持续变化，教学方法也不能一成不变，即便是多媒体技术也已经由20世纪80年代末的传统模式出现了显著更新。文字媒体应用方式的变更是教学工作的内在驱动，也是时代发展的具体要求，创新方式可以包括文字风格创新、文字技术创新等。文字媒体是信息传递的载体，文字风格则是某段文字区别于其他文字的特点，无论是文学作品里的小说、杂文、诗，还是网络上的段子、朋友圈的动态，但凡与文字相关的，落实到某个独特对象（比如一段文字、一篇文章），都会有其自身风格，并且多数会存在差异。就高等师范院校音乐教学活动所涉及的文字媒体资源而言，基本要求是较高的严谨性。在严谨性之外，教师可以通过对语言的搭配运用来提升其吸引力和引导性。

三、声音媒体在高等师范院校音乐教学中的应用及方式

随着计算机技术和多媒体技术的发展，高等师范院校音乐教学活动对相关技术的依赖性越来越高，声音媒体是高等师范院校音乐教学最重要的媒体类型，在应用效果上，声音媒体远比其他媒体更为突出。对多媒体技术的发展历程进行分析，可以发现，所谓多媒体，其发展之源正是声音媒体和其他媒体的联合应用，

声音媒体可以看作是引导多媒体技术出现、发展的主要推动力。课件中声音的运用是否合理将直接影响课件的质量，而多媒体课件的质量直接影响着高等师范院校音乐专业学生的学习热情、学习主动性和学习质量。声音媒体的运用使教学内容更加丰富，并提供了更强的学习刺激，加强了学生的记忆，有利于激发学生的学习积极性。动听的音乐和解说词可使呆板的文字和静态的画面更加生动，音乐的运用还可以创设一种情境，音响让人有真实感，学生在欣赏音乐的同时，通过听来辨别不同乐器的音域特点。同理，学生在课余时间也可以用多媒体创作出自己喜欢的旋律，从而提高教学效率。音乐是声音艺术，音乐教学的基本手段之一是聆听。音响美，是创造良好听觉环境的关键因素，音质清晰的音响会给人的听觉带来快感并诱发美感的产生，而一个美好的视觉环境对音乐教学也非常重要。在多媒体技术和计算机技术的协助下，高等师范院校音乐教育教学可以让学生更好、更深入地感受音乐的魅力，为音乐审美氛围的营造提供帮助。

（一）声音媒体应用的基本情况

通过对我国高等师范院校音乐教学中多媒体技术的应用状况的分析可以发现，其在使用范围、使用率上都处于高水平，这是由音乐教学的特点所决定的。旧的教学模式在很大程度上使用教材所规定的内容和形式，比如文字、图片、符号、乐谱等，对提高学生学习的积极性、调动学生的学习兴趣作用不大。其实，音乐的本质是一种听觉感悟信息，这有别于文字和图片，即使书本上的乐谱，也不能明确、现实地表现出音乐的旋律与节奏，只有通过听觉系统才能完整、系统、本质地再现音乐所表达的信息。而多媒体的应用，就是利用计算机软件对音乐信息进行有效的采集和编辑，有针对性地将音乐形式引入课堂，有目的地使用音乐信息内容，将音乐的听觉与现场的视觉有效地结合起来，让学生结合课堂学习内容深切地感受音乐，达到声情并茂的效果。同时，教师在教学过程中，可以很容易地引导学生理解音乐、感知音乐，从而调动起学生的情绪与情感，激发学生对音乐创作与表达的激情，最终达到理解、感知、创作、表达的音乐教学效果。引导学生深入理解多媒体和多媒体所表现的内容，除了要选择有价值的媒体类型，还要注意不同类别媒体的应用。教师在制作课件时，要结合教学内容与教学实际，不仅要将教学的知识点包含其中，而且要从有利于学生学习、有利于学生使用、有利于学生创作的角度出发，审慎筛选多媒体形式，深入优化课件内容，充分结合学习要点，使自己的多媒体课件达到直观性、趣味性、准确性的要求，易于学生理解，易于学生学习；使学生在课后能留下深刻印象，并能激发他们探索多媒体技术应用的兴趣与爱好，使学生通过多媒体课件所展示的音乐内容去参加更多的音乐学习与实践；在音乐学习、实践与创作过程中能很好地表达音乐所蕴藏的情感，很好地刻画音乐所展现的形象，很好地阐释音乐所表达的情绪，真正达到用多媒体技术和资源推动学生学习音乐、感悟音乐、创作音乐的目的。这些都需要来自声音媒体的支持。当前高等师范院校教学中声音媒体的应用主要有声音媒体的选取、实践应用、丰富性三个方面。

网络时代虽然给高等师范院校音乐教学带来了很大的便利性，尤其是在教学可用资源方面，但也由于资源总量大、来源广泛，教师在进行选取时，有可能面临相关问题，在声音媒体资源方面尤其如此。例如，教师在搜索引擎或者专业的音乐资料库输入"天鹅湖"，可能会发现10个以上不同版本的媒体信息，而且不同版本之间可能存在一些差别。我国高等师范院校在应对该问题时，一般性的措施为直接引用现有多媒体课件，或者通过获取下载权限的方式得到资源，但并不能从本质上解决问题。比如，教师需要某部电视剧的背景音乐，在互联网上搜索时，所获资源可能带有较多的其他杂音，或者响度不高，也可能缺少教师需要的某些片段，如果教师自行进行声音媒体制作，一方面受制于技术手段，另一方面也消耗时间，使教学工作的效率受到影响。在实践应用方面，包括情境创造和信息提炼两个方面，情境创造往往与声音媒体的应用直接相关，如教学目的为培育学生形成多音乐的感悟、创造力，一般会营造较为安静的环境，并通过悠扬的音乐进一步使学生能够融入场景中。目前的教学情境创造往往注重图片与视频，音乐媒体更多地起着辅助作用，因此教师在选择音乐媒体时，往往不会严格甄别旋律上的差异，只要节奏能够满足需要就可以作为背景音乐。这一方式并不能发挥出声音媒体的最大价值，比如贝多芬的经典复式音乐《献给爱丽丝》，其旋律的反复十分明显，学生可以在重复欣赏的过程中加深理解，而柴可夫斯基的作品在旋律上变化多样，重复部分很少，学生在欣赏的过程中可以感受音乐之美，但理解的深刻程度可能会受到影响。在信息提炼上，声音与文字、图片媒体不同，其信息是蕴含在旋律与节奏中的，如果出于培育学生创造性的目的，就应减少对信息的高度提炼和概括。但是，由于声音媒体在选取上的缺陷，又需要教师给予一定程度的引导，当信息通过教师完成提炼后，对学生的实际作用必然会受到影响，声音媒体在音乐课堂上的价值就降低了。丰富性问题是指高等师范院校音乐课堂上应用的声音媒体总数、类别情况，多媒体课件中的教学信息是以多媒体形式呈现的，而相同的教学信息则是用画面和声音同时呈现的，可以强化教学信息。目前，多媒体技术、声音媒体虽然得到了广泛应用，但部分教师往往没有将声音媒体和其他媒体资源同时使用，或者融合的程度不高，存在缺陷，导致多媒体技术的应用流于形式，实际效果难以得到保证。

（二）声音媒体应用的建议

针对上述问题，要求在后续工作中提供声音的典型示范、强化实践、丰富信息量，以期激发学生的学习积极性，使声音媒体发挥更大的作用。

典型示范是指在高等师范院校音乐教学课件中，利用各类资源提供具有示范价值的声音媒体，其作用十分突出，应用也极为广泛。许多音乐学院都积极采用这一模式，通过提供优质资源以保证声音媒体的基本价值。音乐教学中大型乐曲的欣赏以及歌曲的演唱示范、乐器的演奏示范等，都利用了声音媒体的典型示范作用。典型的应用包括四个基本原则，即时间接近原则、空间接近原则、听觉分离原则及组块原则。时间接近原则是指在教学活动中，当声音媒体和其他媒体同时呈现时，其效果往往比分别呈现时更好，而两种风格的声音媒体则不能同时呈现，往往需要给出明确的界限，比如短暂的停顿。这是因为学生在阶段时间内的记忆容量是有限的，不能有效容纳过多的视觉听觉信息，通常也不能完全容纳、甄别过量的某一类信息。空间接近原则是指在应用声音媒体时，应注意其空间感，即利用立体声设备全面地展示声音信息，而非利用某一个单一软件给予"点""面"展示，紧凑的空间感有利于营造更好的教学氛围，使学生以最小的视觉探索范围能恰当地把声音所表征的信息和图画所表征的信息联系起来。此外，空间接近原则还指教学内容和声音媒体的结合程度，比如在讲解巴赫音乐特色，强调其复式特征时，可以同步播放巴赫的作品，使学生直观感受复式的乐曲。听觉分离原则是指在进行音乐教学时，需要针对不同特点、不同教学目的选取合适的资源，并要求学生分别听取、汲取知识，以避免知识内容混乱的问题。应用听觉分离原则，当没有额外的声音呈现时，声音媒体和其他媒体间容易形成恰当的联系；当声音媒体和其他媒体或者差异较大的另一种声音媒体一起呈现时，听觉工作就会超负荷，不能形成恰当的联系，就会影响学习的效果。组块原则，是指在应用声音媒体时，应重视分隔使用，将部分文字、图片媒体与对应声音媒体组成一个模块，给予系统的展示，其他文字、图片媒体与对应声音媒体组成另一个模块，也给予系统的展示。根据有关学者的调查，当视觉信息和听觉信息在极短的时间内交替呈现，而不是在较长的时间内交替呈现时，学生对多媒体资源所传递的信息的接纳效果较好。由于每一个板块所展示的知识是固定的，当学生理解其中一部分时，可以很自然地延伸思考，理解其他部分，如对巴赫音乐特点的学习，在利用声音媒体表现了复式音乐结构后，可以结合文字、图片进一步加以理解。如果这些媒体信息是在不同时间内分别展示的，虽然知识内容相同，但学生思考的延续性已经被破坏了，很难快速地将知识联系起来。

强化实践在各级别、各科目的教学工作中都十分重要，理论和实践的结合也是现代教育的基本要求和主要途径。在高等师范院校音乐教学中，声音媒体属于基本教学资源，学生对音乐的基础认识来自文字，但深入理解和感悟则有赖于声音媒体，得益于信息技术、制作技术的发展。无论是古代器乐、声乐还是现代音乐，都可以通过电子设备存储下来，运用到课件中，为学生提供各种声音的直观感受，加深学生对音乐的感知。其核心内容包括情境创造、实践平台建设和互动实践三个方面。情境创造在多媒体教学中十分常见，借助发达的技术设备和丰富的教学资源，各类情境得到越发完善的模拟，如欧洲古典风格乐曲的展示，可以调用巴赫、莫扎特等名家的作品；展示现代草原风光，可以展示与此有关的歌唱家的作品，创设符合要求的氛围，将创作背景、文化元素融入音乐中，使学生产生身临其境的感觉，理解和学习的效果也可以得到提升。实践平台建设是强化实践的核心方式之一，也是保证声音媒体发挥作用的重要载体，我国实践平台的建设目前并不十分完善，主要问题包括实践平台数目少、不规范等。一方面，我国各地的音乐高等师范院校学生人数基数大，教学资源相对不足，音乐实验室往往只能集中用于教学工作，无法供给部分学生进行单独学习。另一方面，校外实践方面也不尽完善，校企合作开展速度与学生人数增长速度、人才需求增加速度相比略显滞后，学生进入企业、社会机构后，获取的实践机会也有所不足，这些因素都严重制约了实践平台的建设。在后续工作中，应加强校内建设，增加实验室数目，考虑到高等师范院校财力水平，不要求集中建设大型综合化音乐实验室，校方可以采购满足一般性学习需求的设备，建设一批小型实验室，学生以5人为一小组，通过学生证进入小型实验室进行学习活动，并要求学生提交学习内容与学习报告，以免实验室被用作他途或者无法得到有效利用。

丰富的信息量是多媒体教学的主要优势之一，其直接作用是提升对学生基础的培育作用，为后续研究性学习提供支持。研究也表明，在信息量不足的情况下，学生的学习兴趣和热情难以得到保证，而丰富的信息量则有助于激发学生的学习积极性。在高等师范院校音乐教学中，声音媒体与其他媒体资源的运用能够构建立体化的教学环境，避免教学方式单一而导致学习兴趣不足的问题。声音媒体不但可以提供各种音乐，还可以通过变换节奏来变更知识内涵的传递。通过对声音进行操作控制，学生可以在暂停时更好地参与到教学中来。例如，某一段音乐播放后暂停，使学生就相关内容进行讨论，便于理解知识和拟定后续学习方法，或在整段乐曲播放完成后进行讨论，促使学生积极地参与到学习活动中来，实现真正意义上的多媒体技术利用和有效学习。教学内容分析是应用声音媒体的基础，是指根据课程目标确定内容及单元目标。教学内容分析决定了声音媒体在课件中表达的内容，也就决定了所用媒体类型。例如，关于音乐特点的教学，其课件内容必然是丰富的，需要声音媒体作为构成要素，该课件中的音乐应具备代表性，也应具有丰富性，要求教师合理进行选取。由于每个学生存在智力、基础知识和身体方面的差异，对来自外部的信息所做出的反应、思维、处理、记忆是各不相同的，所以必须在对教学内容加以分析的同时对教学对象也进行分析。对使用对象的分析包括学生基本状况分析、基本知识分析、学习环境分析。通过这些分析，对教学对象的基本特征，如知识基础、学习兴趣、学习环境等形成比较深入的了解，以便确定声音媒体的类型。例如，多媒体课件使用对象是高等师范院校大一学生，则要增强声音媒体内容的广泛性、丰富性，忌平铺直叙地运用大量的解说词和大量的专业知识，要适当地通过复式音乐来加强学生对音乐特点的理解，而且要适当地变换节奏、旋律。借助多媒体设备，教师能很简单地对声音进行控制，以抓住学生的学习特点和达成教学目的。如果教授的对象为大三学生，由于大三学生已经有了大量的知识存储和学习记忆，构成了自身的知识体系，能够用以前的知识解决现在的问题，注意力也较易集中，所以声音的知识含量要高，专业性也应更强，以便为学生的专业学习和研究性学习提供帮助。需要注意的是，由于计算机内部是以数字方式工作的，所以计算机中音频的获得一般是以话筒、立体声录音机作为音源输入，通过多媒体计算机中所附加的声卡进行采样、量化及编码，将连续变化的模拟音频信息转化成数字化的音频信息，并以文件的形式存储在盘上。而要将它运用到多媒体课件中还必须进行一些必要的音频处理，如音频的采集、音乐的合成、音频的编辑等，这要求教师具备相应的音频处理技术。硬件性能，如声卡、录音机、话筒、音箱的质量也应保证，以确保声音媒体的价值。内容上符合教学需要，也要在组合上符合教学理论，并注重运用的方式方法。

教师应根据教学内容的需要和学生的学习特点，兼顾同一声音的整体性和不同声音的整体性。对同一声音来说，其整体性既要考虑旋律的优美、节奏的变化，还要考虑分贝的适中，词语的精妙，要形成一致的基调，维持一致的风格，不能顾此失彼；只要能完成教学、满足课堂需要，所选择的多媒体素材一般不强调乐曲结构的完整和乐曲表达的独立。声音媒体在高等师范院校音乐教学运用中，还要将声音媒体和其他媒体的内在联系贯穿于整个多媒体教学课件中，注意不同声音元素同时出现的表达整体性，使不同的音乐元素所表达的音乐情绪、音乐氛围与整个音乐的主题思想和画面结构相一致，注意用声音的丰富元素创造出既有丰富内容、主题明确，又有纵深结构、层次鲜明的音乐总体效果，使学生能感受到音乐整体性所表达的协调度与饱和度，感受到用声音整体性使音乐主题得到渲染与升华的感染力。

声音媒体的整体性还体现在音量（响度）、节奏、关联性三个方面。所谓音量的整体性，是指音乐教学中所选声音媒体的节奏变化，单一教学环节内选用的声音媒体应具有节奏一致性特征，比如在作曲教学中，选取的对象为进行曲。该部分最好都选用进行曲，如果加入交响曲、圆舞曲，可能由于知识杂糅而导致学生学习上的困扰。各声音课件的音量（响度）前后差别不能很大，让人有不和谐的感觉，无论音乐是以背景形式出现还是以主要资源的形式出现，其音量（响度）都应尽量保持一致。节奏的整体性是指音乐课堂上的声音媒体在节奏上是连续的，蕴含丰富的表现力和文化内容，能够传递更多的信息和知识。音乐课堂上的声音媒体要以受教育者适宜的心理感受为重要依据，如在课堂的开始阶段，如果直接引入快节奏、多旋律变化和高响度的音乐，可能会引起心理不适，激不起学生的学习兴趣，不能引起共鸣，所以要对各种声音元素进行有规律的结合、搭配、排列，通过主次强弱、高低和快慢等具体节奏的交替变化，组成一个流动过程，使整体节奏富有变化，不至于使学生总在一种节奏中失去学习兴趣。当然，这一切都不能脱离课件的总体节奏，而且声音的节奏要与画面节奏相互依存、相

· 119 ·

互制约，二者相互统一，才能达到声音节奏运用的最佳效果。关联性主要指声音媒体与其他媒体的结合，在六种媒体中，除文字媒体外，其他媒体都很难单独使用，包括声音媒体在内，即便将其制作成一个课件，在教学中实际应用，也难免显得单薄。现代高等师范院校的音乐教学，讲究多类媒体的融合，各类媒体需要有机地结合在一起，共同为教学服务。这就需要教师在应用声音媒体的同时，结合其他媒体进行整体设计，避免从头至尾平铺直叙地展示声音媒体，也不能混乱地应用多媒体，应根据知识体系进行具体设计，力求多样化，同时保证整体风格的统一。比如图片媒体和声音媒体，二者互为桥梁、互为引线、互为主导、并重发展，是和谐统一的，可以在展示图片的同时展示声音媒体，如草原风光、人文环境等。

对声音媒体的控制是丰富信息量的一种方式，避免信息总量过大或者过小等问题。运用多媒体技术有助于实现真正意义上的广泛教学、高质量教学，但教师在使用多媒体时一定要掌握人机交互技术，只有这样，才能有效地对教学信息和媒体课件进行选择性控制与利用。这就要求在媒体课件的每一个页面上都建立声音控制独立模块，只有这样，教师才能在教学中全方位实现对声音媒体的控制。在多媒体课件中对声音的控制要考虑功能的实用性、选择的多样性、操作的便利性等方面。其控制方式必须具备可优化、可持续、易学、易记、易辨认的功能，这是对技术设备的基本要求，也是进行声音媒体制作和控制的充分条件和必要条件。因为教师在多媒体课件中对声音的控制并非只设计和使用一个简单的开关，要实现全面的声音媒体控制，就必须做到随时操作声音的重复，声音的回放，声音的节选及声音的快进、快退等，更深层次的要求就是要做到随时选择分离伴奏与歌唱等高端技术。当然，简易而有效的操作是实现声音控制的必然要求，因此选项按钮不能太隐蔽，要直观、形象，容易辨别。也可以不必完全依赖按钮，通过感应器控制菜单，进行声音媒体调控，而且对于同一种功能也可以选择用不同的方式控制，教师可以用自己喜欢的方式控制设备和教学进程。可优化性主要针对的是一些特殊群体和教学环境，如听力较差的学生或者较嘈杂的教学环境等，如果设备拥有语音识别系统，则可以避免嘈杂声音带来的影响。

随着科技的进步与人民生活的提高，音乐教学中对声音媒体的运用会越来越频繁，越来越丰富，越来越广泛。教师在应用时应注意两点：其一，要注重声音媒体与其他媒体的结合，做到取长补短。其二，要坚持为教学服务的理念，声音媒体在多媒体课件中的运用可以提高多媒体课件的教学效果，只有系统分析、精心选择、综合运用，才能发挥出声音媒体在音乐教学中的作用和效果。

四、动画媒体在高等师范院校音乐教学中的应用及方式

动画媒体是利用人类视觉中固有的短暂留存功能，快速播放一组有关联的、有连续运动的、有动作变化的图形或图片，来形成一个连贯、连续、完整的画

面，其画面可以进行各种特殊效果植入，实现缩放、旋转、变换、变形、透视等动画效果，也可实现淡出淡入、分离、擦除等动作效果。动画效果可以形象地表现主题内容，可以将很多难以用语言表达讲解、难以领会理解的教学内容演变成生动有趣的画面直观地再现出来。作为多媒体资源的一种，在现代高等师范院校音乐教学中，合理使用动画媒体可以达到事半功倍的效果。

（一）动画媒体的应用情况

随着网络时代的到来，动画媒体在信息技术的带动下，越来越多地被应用到高等师范院校音乐课堂的各个环节，动画媒体具有可模拟真实场景的特点，在各地、各级别教育中均受到青睐，并发挥了相应的作用。运用虚拟手段，动画媒体可以最大限度地传递知识，更快速度地传递信息，丰富了传播内容，提高了传播的效率，增强了事物的视觉表达效果，激发了媒介传播潜力。

动画媒体应用于音乐教学，有其独到之处和特殊效果，可以提升教学效果，逐渐被学生和其他群体所认同和利用。

（二）动画媒体应用的趋势

众所周知，教育理念、教育方式、教育体系必须随着时代的进步而得到持续发展与更新。在多媒体出现以后，这项技术在教育领域的广泛普及与应用已经成为不争的事实，除声音媒体、图片媒体、照片媒体和文字媒体以外，视频媒体（动画媒体）也是多媒体不可或缺的形式，越来越多地被人们所关注和使用。动画媒体既使图片媒体的直观性得以强化，也使视频媒体的流畅性得以再运用，而且动画媒体具有独特的表现优势，它可以根据需要而制作任意内容的画面，既可以用多帧画面表现一个演变过程，也可以进行联动演示和分离演示。在音乐教学中动画媒体的应用较视频媒体的应用要多。

动画媒体在声乐表演、乐器演奏教学上的应用具有独到之处。我国的很多高等师范院校都有较为成熟的做法和经验。调研人员在声乐教学调研中发现，对发音技巧的教授，就采取了用动画来强化表现力的方式，用音波的大小变化直观地表现出音阶的高低，有效地克服了纸质媒体、图片媒体和视频媒体的不足。学生在学习声乐时，能够通过动画媒体直观而精准地感知音阶高低的不同变化，学习效果更加突出。

在乐器演奏教学中应用动画媒体，多采用分层次演示的方式来展示技术动作。如果用视频播放的方式来展示钢琴的演奏过程，学生根本无法捕捉到演奏动作的细节，而且上一个动作会被下一个动作所覆盖，就无法形成固化的技术动作，掌握准确的技术要领。应用动画媒体来演示，就能缓慢地、分解地、直观地、有效地展示钢琴演奏中每一个带有独立价值的技巧和要领，易于保存、传播和学习的动画媒体也能提供给学生用于课外学习，学生可以在学习过程中反复观看模仿，直到掌握每一个技巧，固化技术动作，获得非常有效的教学效果。

当然，动画媒体还可以应用在声乐教学中，一方面，动画媒体可以直观地显示声乐演唱过程中的发声部位与气息运动，使学生一目了然地看明白整个发声过程，能深入理解声乐的演唱技巧，便于学生学习和模仿。这将从根本上改变传统的"言传身教""口传心授"的声乐教学方法。在动画媒体教学中，学生不仅能学习演唱、原理，还能直观地、准确地理解发声位置、发声方法、气息运用等技巧，使声乐教学的方式方法更加直观、更加科学、更加丰富。另一方面，由于现代科技和信息的支撑，通过多媒体技术和网络平台，无论是学生还是教师，都能及时欣赏到世界著名歌唱家演唱的歌剧或艺术歌曲，学习和了解世界各地具有不同特色的声乐作品，著名歌唱家的演唱风格，以及他们对作品的理解和个性化的旋律处理方法，在学习、借鉴和模仿中不断提高与进步。同时，还可以通过网络平台观看世界各地著名高等师范院校的声乐教育家所讲授的声乐慕课，观看他们的课件和动画，学习名家先进的声乐发声理念和科学的声乐演唱技巧，使声乐学习的方式和途径得到广泛拓展。尤其是广大声乐教师，可以随时开阔自己的声乐视野，不断丰富自己的教学内容，拓展自己的教授方法，提升自己的教学效果。

第四节　多媒体技术应用于音乐教学的延伸与扩展

一、教学时间上的延伸

多媒体技术在教学时间上的延伸，可以看作多媒体技术与其他教学方式和理念融合的成果。从总体上看，多媒体技术的存在可以为高等师范院校音乐教学获取多个方面的提升基础。这种基础建立在多媒体技术被广泛接受和掌握的前提下，如教师发动学生进行资源收集，应用于学习和研究，就需要学生掌握与多媒体资源相关的收集和处理手段。

微课是现代教育理念的一种体现，以信息技术作为核心支持，将结构化的知识内容加工为半结构化的知识，再以碎片化的形式加入教学活动中，实现知识的优化排布和重构。微课本身是多种媒体资源的联合应用，其核心构成则是某一个或者几个实例片段，与该实例相对的教学设计、练习也属于微课的组成部分。在重构的过程中，微课尝试传递的知识形成了一个相对独立的小环境，碎片化的知识可以被更好地发现和吸收。例如，教学内容为欧洲古典音乐，可以通过微课收集部分欧洲古典音乐名曲，以视频、音频等形式在教学视频的开头部分给予展示，学生可以直接了解学习内容。在教学过程中，再穿插少量音乐内容、大师名作等知识，使结构化的系统知识既零散化，又贯穿始终，便于学生掌握。此外，由于微课是不受时间空间限制的，即便学生在初次学习中没有充分理解教学内容，也可以通过复习的方式强化学习效果。微课的核心优势是碎片化教学，碎片化教学的突出特色则是教学的零散化，借助多媒体技术与网络技术，将知识融入任何可以进行教学的环境与场景中。

高等师范院校音乐教学在时间上的延伸不宜采取课堂教学模式，其要求能够在短时间内实现知识传递。微课以短视频的方式进行教学，能够满足这一要求。

资源的容量是另一个需要明确的问题，高等师范院校音乐教学不同于其他层次的教学工作，不能过于拘泥，应重视资源数量，这也是引入多媒体和微课进行教学强化的基本原因。由于微课的特殊性，其不能大量融入知识，以免造成教学视频过长、教学内容不清晰、重点不突出等问题。要求教师在应用微课时，选取某一章节内容为重点，如果尝试添加更多知识，也应强调不同知识的衔接性，应严格避免出现知识的杂糅现象。

另外，从教师的角度来看，知识安排也应考虑教师的习惯，如果部分教师习惯于创设问题情境，使学生带着问题进行学习，也可以将这一方式应用在微课视频中，以自身最擅长的方式确保高等师范院校音乐教学的成效。从微课的应用形式上看，多媒体融合的空间广阔，从应用的过程来看，必须保证整个教学的可控性。微课是一种教学模式，也是一种教学理念，其执行者是教师。在高等师范院校音乐教学中，学生完成了理论的学习，利用微课进行延伸教学时，更多的是着眼于知识的系统化和巩固，这要求教师在制作微课资源时，必须保证内容与课堂内容直接相关，且是可以有效驾驭的，应准确回答学生针对微课内容所提出的问题，如学生针对"巴赫音乐特点"提出关于巴洛克音乐特点以及启蒙时代音乐变化的相关知识时，教师应给予较为系统、明确的回答，或者提供可靠的自学方向，使微课成为一种延伸的手段，资源被纳入整体的高等师范院校音乐教学活动之内，而不是独立在教学计划之外。

在高等师范院校音乐教学中，多媒体技术和微课技术的应用，可以看作整体教学创新的一个组成部分，微课既是资源和方式，也是理念和措施，其教学主题的突出性为高等师范院校音乐教学的持续完善提供了思路，可以在应用过程中进一步探索。例如，音乐教学中的"总—分—总"模式，在该模式下，教学的主题在微课的开头部分就得到了明确，从本质上看，多媒体教学的目的是提升音乐教学的有效性，而教学有效性是否能够得到保证，在较大程度上取决于学生对教学活动的关注度。研究人员在调查中了解到，半数以上的学生只在课堂教学活动开始后的5~20分钟内注意力集中，但在微课模式下，学生的注意力可以在教学活动开始的数秒内实现高度集中，在微课教学完成时，注意力还没有分散，这意味着将一些主要知识融合到微课中是可行的。另一个值得注意的问题是，微课与传统教学方式不同，不受时间的限制，学习行为可以根据学生自身的需要随时开展。例如，学生在课堂阶段精神疲惫，未能有效吸收知识，但回到学生公寓后，精神有所恢复，便可以调取微课视频，利用微课资源展开学习，能够心无旁骛地吸收知识。即便某些环节未能有效理解，也可以进行视频回放或者多次观看和学习，直到充分掌握。

教育被认为是一项长期事业，因此无论高等师范院校音乐教学还是其他级别、科目的教学，都要设法使教学工作发挥长期的作用，这也是微课理论得到提出和应用的核心原因之一。例如，高等师范院校的"现代音乐"教学，一般持续8~12个课时，在这段时间里，教师能够应用的多媒体资源是十分有限的，即便我国现代音乐存在非常丰富的理论和技术知识，这样庞大的音乐知识被压缩到短短8~12个课时内，是很难做到尽善尽美的。在微课模式下，教师可以将多媒体技术教授给学生，之后利用课下闲暇时间将拓展的知识内容教授给学生，比如选取具有代表性的音乐家及其作品，在较短的时间里，应用文字、图片和音频等完成课下教学，有学习兴趣的学生可以在教师的指导下查找更丰富的资料，提升自身的知识储备。这是非常典型的微课模式，教师将知识进行切割，以某一个具体的元素作为切入点，吸引学生，使学有余力的学生能够利用课余时间加强学习，碎片化的知识也能为学习压力较大的学生所接受，而且打破了传统教学时间上的限制，学生学习的效果、教师教学的效率都得到了提升，这是微课和多媒体技术融合的突出优势，也是现代高等师范院校音乐教学在时间上延伸的一种体现。

微课是利用互联网技术进行网上授课的重要方式。在音乐教育中，利用微课教育模式能有效打破传统模式以课堂为主的现状。学生根据微课教育模式的需要，既可以随时随地进行音乐微课视频学习，也可以根据需要自由选择教学内容，这对于提升学生主动学习的欲望，培养学生学习音乐知识的技能具有积极的作用。通过微课方式进行音乐教学活动，教师不需要在现场进行示范，只需将事先准备好的音乐教学视频播放给学生即可，还可以为学生提供丰富的音乐学习素材和资料等。学生通过观看视频进行学习，就如同看电影一样，学习活动是较为轻松愉悦的，学生的注意力会放在视频学习上，学习效果与教学质量可以得到显著的提升。在传统音乐教学中，大部分教师都是通过讲解和演示的方式进行音乐教学。在短短的课堂时间内，很难进行音乐教学内容的丰富与拓展，只能根据教材内容的某一音乐知识点进行反复讲解，学生才能听得懂、学得会。而利用微课教学，学生可根据自身对知识的接受程度重复观看，不受时间的限制。微课视频的内容非常丰富，除了教材内容，还包括丰富的网络资源，学生可以根据需要进行选择性学习。这对于拓展学生的知识、丰富教学的内容都具有积极的作用。微课在音乐教学中的应用，可以突出学生学习的主体地位。在这种新的教学模式下，学生可以根据自己的需要选择教学内容，根据自己的接受情况进行视频内容的学习，这种教学模式始终是以学生为主体展开的，学生成为学习的真正主人，教师只需根据学生视频学习的情况，对学生进行指导与评价即可。

在音乐教学中运用微课，需要注意利用微课营造氛围，提升学生参与音乐学习的兴趣。作为一位教师，要关心每一个学生的健康成长与发展，关注每一个学生，要能够通过有效的策略调动起每一个学生的音乐学习积极性和主动性，使每一个学生都能积极参与到音乐课堂的学习中，积极学习探究，获取更多的知识，以促进学生的全面发展。营造良好的教学氛围，可以激发学生积极参与音乐学习的兴趣，是很值得推广的。微课方式应用于音乐教学，实现了音乐资源的情景化展示。微课可以运用图片、声音、文字等多种方式，通过生动、直观、清晰的画面，为学生营造出良好的音乐学习氛围。在这种氛围中，学生可以调动起所有的感官感受知识。这种生动的情景化教学氛围，能够提升学生的学习兴趣，使学生有效学习音乐知识。比如，在学习一些外国歌曲时，由于地域环境的不同，学生对国外歌曲很难有深刻的了解和认识，但如果教师利用微课方式为学生展示相关国家的一些民族风情、社会文化风貌、风俗等，学生对这个国家的民族音乐的理解和认识就会较为深刻。在此基础上，学生学习国外歌曲的欲望就可以得到提升。这种微课形式更有利于学生把民俗与文化知识融入音乐学习的过程中，对于提升学生的认知能力、音乐鉴赏能力具有积极的作用。

节奏训练是音乐教学的重要内容，学生节奏感的养成，需要不断进行训练才能实现。节奏训练是提升学生综合音乐素养的重要方式，是提升学生音乐能力的必经途径。如果在音乐学习中，学生节奏把握不准确，音乐学习将很难进一步进行下去。因此，在音乐教学中，对学生进行节奏训练是至关重要的。音乐课堂本身有一定的时间限制，如果单调、重复地进行节奏训练，很难提升学生训练的积极性，反而会影响学生对音乐学习的热情。这样既浪费时间，又影响了音乐节奏训练的效果。因此，在节奏训练中，教师要能够积极引入微课教学，围绕节奏训练的重点、难点设置教学视频，通过微课生动的音像和形象的图文展示，提升学生节奏训练的积极性，从而收到良好的教学效果。比如，在引导学生进行节奏训练时，教师可以利用微视频内容，进行节奏感比较强的歌曲展示；同时，引导学生根据微视频内容体会其节奏特点，并分析歌曲的节奏。当然，在这个过程中，并不是每个学生都能够对歌曲节奏进行有效的把握。有些节奏感强的学生，对微视频歌曲的节奏把握得比较准，对歌曲内容也有独到的认识，但也有一些学生不能准确把握歌曲的节奏。在这种情况下，教师要认真观察学生在训练中的不足，并通过探讨进行总结，有针对性地解决节奏训练中的问题。这样既可以增加师生之间的互动，也可以提升节奏训练的生动性与实效性。

利用微课进行歌曲鉴赏教学，可以提升学生的鉴赏能力。微课内容短小精悍，通过微课可以在较短的时间内，生动简明地进行内容展示。基于这种特点，在微课设计中，教师要针对某一知识点，精炼地选择内容。歌曲鉴赏教学是音乐教学的重要内容，在利用微课进行歌曲鉴赏教学设计时，教师要能够针对教学目标的要求，对歌曲鉴赏内容进行针对性的设计，确保所设计的微课内容能够吸引学生，能够与教学目标要求相适应。通过对微课歌曲的鉴赏设计，改变学生死记硬背、机械训练的学习方式，使学生能够在微课环境下积极主动地进行参与性学习。通过微课教学改变学生的学习习惯，激发学生的学习兴趣，使学生在观看微课的过程中形成自己的理解、认识和独特的审美体验与感悟，从而提升歌曲鉴赏教学的效果。在歌曲鉴赏教学中，教师可以把需要鉴赏的歌曲制成微课，为学生提供生动的鉴赏材料，集中学生的注意力，使学生在聆听歌曲中学会鉴赏，形成自己独特的认知与体验。

二、教学空间上的拓展

教学空间上的拓展，是指改变传统模式下只能在课堂进行授课的情况，将知识的传授拓展至课外，在学生公寓、家庭等各类空间场所进行学习。就高等师范院校音乐教学而言，由于知识是结构化的，学习也带有一定的自主性，空间拓展变得可行，较小的学习压力和来自信息技术、多媒体技术方面的支持则为空间拓展提供了基本的技术保障。就目前来看，教学空间上的拓展以翻转课堂模式较为可行。翻转课堂理念产生于美国，也被称为颠倒课堂。该模式最突出的特点是教学活动主体的改变：在传统的教学模式下，教师是一切教学活动的发起者、引导者、组织者，教学活动是以教师为中心展开的；在翻转课堂模式下，教师只保留引导者身份，大部分的学习活动是以学生作为主体进行的。在教学活动开始前，学生先从教师处获取学习的主要内容，之后应用教材、多媒体资源以及网络资源进行自学，以充分的课外时间、碎片化的课间时间了解学习上的难点、问题，实现对教学内容的初步掌握。在进入课堂阶段后，教师直接针对核心内容进行引导性的讲解即可。

在高等师范院校音乐教学中，视频媒体非常多见，将音乐教学活动拓展到课下也是十分可行的，如教师将收集所得的一些知识信息制作成视频，发送给学生，学生可以在任何场合进行观看、学习，教学工作和学生的学习效果均可以得到保证。

就高等师范院校音乐教学而言，学生在课堂阶段的注意力和学习兴趣往往高于课下，但如果学生存在自主学习的意愿，将音乐知识的汲取、吸收看作乐趣而非负担，那么课下任何场合都可以作为"课堂"，教师通过翻转课堂提供给学生的多样化信息也能够在学习中不断被学生吸收。目前具有代表性的一种是"教"和"学"的翻转，使学生成为学习者，也成为自我教学者，在自教自学的模式下提升学习的效率。学习流程的重新建构可以看作翻转课堂理念的主要特征之一，对高等师范院校音乐教学的过程进行分析，可以发现学生掌握知识的过程是分段式的，可以大致分成"信息传输"和"知识吸收"两个阶段。在信息传输阶段，学生对知识没有形成系统的认识，通过思考和教师的引导、讲解以及同学之间的交流互动逐步理解知识内容。在知识吸收阶段，学生已经初步了解了知识内容，也实现了初步掌握，通过一些实践活动能够实现内容深化。比如声乐教学，教师给出的主要教学内容为呼吸节奏，学生能够在课堂上初步掌握，通过课下练习实现稳定掌握，但如果在课堂上学生未能领悟呼吸技巧，课下的练习也会受到影响，部分学生甚至因此产生厌学感。在翻转课堂模式下，"信息传输"和"知识吸收"两个阶段是相反的，实现了学习过程的重构。学生在获取教师提供的多媒体资源后，可以利用课下、课后时间吸收知识，进行呼吸节奏的练习。当发现有部分未掌握的技巧后，可以在课堂的"信息传输"阶段针对问题进行学习，能够快速掌握知识。高等师范院校音乐教学的其他环节也可以通过类似的方式进行。

音乐是艺术的一种，艺术是"没有疆界"的，教师在利用多媒体技术提供知识、传递信息的同时，也要保证学生的学习能力、思考能力和创造能力得到提升，因此高度模式化的教学是不可取的。通过翻转课堂和多媒体技术的融合，学生的学习得到了丰富的资源支持，也能够得到先进理念的帮助，做到兼取其长，全面进步。在翻转课堂教育理念下，要求教学视频的内容更加丰富，在展示基本教学内容的同时，还可以增设一些问题，这是翻转课堂与微课的不同之处。就高等师范院校音乐教学工作而言，多媒体技术的应用可以体现在多个方面，但本质追求是提升学习效率，因此延伸教学方面也应该进一步优化。

翻转课堂和多媒体技术的联合应用能够实现教学空间上的拓展，具体应用方式包括树立教育创新的坚定信念、提高教育信息化素养、抓住"翻转课堂"的关键点和做好角色转换四个方面。

观念决定行为，有什么样的教育观念，就会有什么样的教育行为。实施"翻转课堂"，必然要打破自己和教育环境之间的一种平衡态，让自己动态发展。如果没有坚定的创新信念作为支撑，新式教学方法的应用势必困难重重。目前，虽然我国高等师范院校音乐教学已经在大规模应用多媒体技术，但翻转课堂模式的应用率并不高，在后续工作中，应通过集体培训等方式明确翻转课堂机制，并进行取点实验，建立模范课堂，借此使各地学校、各高等师范院校、教师能够获取明确的学习对象，推动翻转课堂和多媒体技术的联合应用。教育信息化素养可以看作翻转课堂和多媒体技术融合、实现空间拓展的核心要素。

在信息时代，高等师范院校学生对于各类信息产品和相关理念可以自然接受，不过，大部分教师所处的时代与此不同，约有80%的教师在成长时期信息环境不完善，对多媒体及信息技术的理解也不够深入，这使翻转课堂的应用出现了一些误区。例如，一些教师片面强调翻转课堂，将大量知识汇总起来，形成较多、较复杂的多媒体资源，学生在学习的过程中难以抓住重点，学习压力便增加了。从本质上看，翻转课堂的应用是高等师范院校音乐教学以多媒体为媒介的一种延伸，要做到张弛有度、主次分明，以便于学生吸收知识、扩展知识面为原则，结合学生的特点进行媒体资源的选取和应用，使学生在接触到相关资源时，能够自然而然地与此前所学联系在一起，有序地进行学习、实现水平的提升。碎片化知识可以多设置一些，但知识之间不能毫无关联，以免学生精力分散。同样，课下对学生的引导、学生对课余时间的把控和利用也十分重要，这要求教师将相关理念传达给学生，在实现教学空间拓展的同时，完成教学时间的同步拓展。首先，针对教师而言，要求教师从传统的讲师转变成导师。其次，学生要更加突出主体性和主动性，因为如果没有一定的主动性，翻转课堂上的学习就无法进行，它需要学生的主动操作和主动思考。现代高等师范院校音乐教育不应拘泥于结构化的体系，多媒体技术和翻转课堂在得到联合应用后，教学的方式改变了，学生掌握了更多的自主权，学习空间也得到了拓展，最终推动高等师范院校音乐教学工作整体进步。

三、互联网延伸

（一）互联网平行延伸

近年来，随着信息化在教育领域的不断渗透及我国教育创新的深入，互联网教学理念在教育界引起了很大的反响。国内高等师范院校音乐教学逐步推行互联网教学理念，较为典型的是"线上教学"，它与多媒体的融合也可以看作高等师范院校音乐在时间上的一种延伸。

线上教学所使用的教学内容大多短小精悍，只有几分钟的时长。要让学生在短时间内掌握课本上的知识点，达到预期的教学目标，就需要从细节处着手。音乐教师在为学生确定学习教学内容时，需要清晰地明确教学内容，抓住重点，对细节进行研磨，深度挖掘课本上的知识点，从细节上突出重点。课程虽然短小精悍，但是只要思路清晰，就可以通过简单的问题让学生掌握核心内容。

在信息化的今天，线上教学模式的实施一般离不开多媒体资源。如今手机、电脑等终端设备已经普及，教师可以提前制作微视频传给学生，让学生通过视频先学习；可以通过幽默风趣的视频使学生产生兴趣，提高其学习热情。在这一环节，制作短小、方便学生记忆的视频，避免冗长繁杂。学生先看先学，把不理解的问题带到课堂上向教师提问，教师再结合视频和教学内容辅导学生，让学生从中体会到学习音乐的乐趣。在线上教学模式中，不管是PPT，还是视频，或者是音频，都需要多媒体设备的支撑。音乐教师在制作好视频、音频提供给学生学习之后，还要重视多媒体教学手段的运用，通过回放帮助学生更好地消化和吸收知识。采用多媒体教学手段可以提高展示效果，通过视觉、听觉的冲击给学生带来更好的体验。同时还要善于设计问题，以调动学生的参与性，引导学生主动提问，主动思考，主动学习，主动与教师和同学进行互动性讨论。

线上教学是一种新的教学模式，得益于现代科技的迅猛发展，学生可吸收来自全球的视频知识，并能进行反复观看。这有助于学生自主学习，自己思考，真正成为一个思想的强者,适应终生学习的大趋势。我们在实际教学中经验还不足,在实施过程中难免会遇到一些问题,但只要在教学实践中不断摸索,不断总结经验,就能更好地将线上教学理念应用到音乐教学中,以此促进音乐教学质量的提升。

(二)高等师范院校多媒体网络教育中心建设

互联网延伸的方式之一是大范围的多媒体网络教育中心。如果高等师范院校本身对多媒体教学的需求较大且经济条件理想,可以独立斥资加以建设;如果高等师范院校当前音乐教学所需的多媒体设备已经初具规模,但还不够完善,则可以与其他高等师范院校联合进行多媒体网络教育中心建设。开展该活动应先由政府部门审批,满足国家相关政策、条例要求,再研讨如何规范化、制度化、科学化入手进行多媒体音乐教育的横向延伸。要因地制宜,做好长期规划,加快高等师范院校音乐教育和多媒体的融合。建立覆盖整个高等师范院校的网络教育中心或者多校联合的网络教育中心,需要征得教育部门、管理部门的批准,并设法争取国家政策的扶持。国家基于全面教育创新的考虑,有能力、有必要、有责任对新实施的教育措施进行审核。我国高等师范院校音乐教育或许不会直接大幅度提升整体水平,但可以作为一种尝试,为其他教育工作提供参考。

高等师范院校多媒体网络教育中心是以互联网形式存在的,以便发挥多媒体的优势,而不是应用传统模式下的教学楼、教室开展教学活动。换言之,高等师范院校多媒体网络教育中心就是高等师范院校多媒体音乐教育的"服务器",这个平台允许校内所有学生访问,如果是校际平台,也允许其他学校的学生访问。从本质上看,高等师范院校多媒体网络教育中心是一个存在访问权限的大型局域网。该网站的职能决定了它的特殊性,为保证其教育职能得以正常履行,要求限定其传播的范围、服务对象。教育中心的所有资源可以在权限合法的情况下免费获取,如A校、B校和C校一起建立了教育中心,三所高等师范院校的教师、学生和其他具备管理权限的人都可以登录网络中心获取资源。为保证大量用户能够同时使用教育中心资源,要求建设方能够与通信部门建立合作,在资金条件允许的情况下申请专线,保持通信活动的高速和流畅,使各院校与学生可以快速获取资源、开展线上教学,避免广告的干扰。高等师范院校多媒体网络教育中心可以通过权限机制明确服务对象,进行视频、音频等必要的教学交流,同时各高等师范院校对系统实施过程中所存在的问题进行定期汇总,使其不断完善。

高等师范院校多媒体网络教育中心的工作依托教育中心数据库,把高等师范院校多媒体网络教育中心建设成为综合性、高质量的网络中心。因此,高等师范院校要在现有的条件下,尽可能地发挥出各自的优势,争取多方面的大力支持,在网络资源数据库建设的顶层设计上,就要定位准确,集音乐教育平台资源、音乐师资队伍资源、音乐学科建设资源、音乐专业建设资源、音乐教材建设资源、音乐课件建设资源于一体。其中，教师数据库的建设也是重中之重，特别是教师自己编写的教学讲义和教材，通过教师个人申报，学院进行必要的内容审核，只要符合国家教育法和学院的相关规定都可以收入其中。在广泛征集相关高等师范院校多媒体音乐教育资源的基础上，进行严格的审核与筛选，再按不同的音乐专业进行归类、整合，构建丰富、完整、高质量、高水平的音乐教育数据库。同时，打造高效运作的资源利用、资源更新和资源管理平台，通过有线网络和无线教学平台实现我国高等师范院校音乐专业教育资源的有效再分配，达到最广泛的资源共享。

教学效果的好坏主要取决于教师，因此，教师是教学活动中起决定性作用的因素。建立高等师范院校音乐多媒体教育中心，应该把教师的准入关口提升到一定的高度。对进入多媒体教育中心授课的教师，多媒体教育中心要组织严格的评审，对教师使用的软硬件以及教学效果进行准确评估和审核，保证多媒体教学资源的质量和水平。首先，将国家教育部门现有在职、在册的音乐教师进行审核筛选，将审核合格的教师纳入高等师范院校音乐教学多媒体授课教师数据库。其次，完善、补充教师的个人信息和资料，将其教学内容、教材名目、教学特点、教学方法、教学成就、学术方向、研究成果，以及个人特长、爱好等进行编辑与优化，报送中心审核，通过后上传至平台，供选课者参考。最后，在此基础上，必须考虑到我国音乐教师短缺的现状、音乐教育的发展与未来、音乐的传承与传播，因此，就不能简单地只将在职、在册或教授过高等师范院校音乐的教师纳入数据库，还必须扩充音乐教育的师资范围，将高等师范院校中具有音乐教育条件而从事其他专业教育的教师或非教师，将专业或非专业音乐团体、演出单位的音乐工作者，以及有志于从事音乐教育的民间音乐传唱人纳入多媒体音乐教师的范畴，在经过必要的申报、审核、评估和考查程序后，就可以作为高等师范院校多媒体音乐教育的师资纳入高等师范院校音乐网络教育中心。

那么，甄别教师就成了非常重要而关键的环节了，建立申报、审核、评估和考查程序就是鉴别和筛选教师的必要过程。第一，必须坚持公开、公平、公正和本人自愿的原则，本着有利于学生、有利于教育事业的发展、有利于音乐文化的传承与发扬的目的。第二，应明确收录教师的基本要求和基本技能等条件，明确教师填报的资料范围和要求，个人信息和资料必须真实有效。第三，在高等师范院校多媒体网络教育中心网站上公布招聘多媒体音乐教师的信息。与此同时，可根据需要和实际情况有目的、有针对性地直接与高等师范院校音乐教师、专业演出院团的专业演员以及其他有志于从事音乐教育的资深音乐人进行联系，甚至可以将招录范围扩展至在校高年级学生和研究生。第四，要求应招者通过网络填报个人信息资料，包括详细的个人简历，从事音乐教育所教授的专业课，个人的研究成果、教学成果和在专业、学科建设中、教学法研究中所取得的成就，并明确表达想教授的音乐专业方向或课程名称，以及相关的证书、论文、项目等文字材料和音像图片资料，有些资料可通过邮件、快递等手段传送到教育中心，教育中心需组织专家对其个人信息进行审核，做出初步甄别。第五，重点关注在职、在册的专业音乐教师和从事公共艺术教育的教师，这些教师是师资库的基本成员，然后有目的、有计划地对专业院团和在社会上有威望的音乐工作者进行筛选。第六，对有争议的备选人可进行实地考察和评估，特别是专业音乐院校中有较高教学能力的本科生和研究生。第七，对符合条件、准备招录的教师进行公示，广泛听取社会意见，以此确保招录教师的水平和能力，增强网络教育的可信度和声誉，确保网络教学的质量。第八，审查完成后将从事高等师范院校多媒体音乐教育的教师录入音乐教师数据库，个人资料在经过其本人的确认与认可后，再上传到高等师范院校音乐网络教育中心的网站上，供选课人员参考。第九，公共艺术教育中心要根据收集上来的音乐教师的专业特长和水平高低，以及教师适合教授对象的范围进行认真分类，再根据学生的基础和实际学习状况，对专业教师的授课进行分级，为不同基础、不同水平的学生安排不同的教师，建立一个金字塔形的施教梯队，避免所有学生集中于高水平教师班级的现象，达到因材施教、视能而教的目的。第十，音乐教师数据库可以将数据并入高等师范院校音乐多媒体网络教育中心的局域网站，各个院校学生就可通过网络共享高等师范院校音乐教师资源了。

高等师范院校数据库的建设需要来自各高等师范院校的支持，包括参与网络教育中心建设的所有高等师范院校。网络教育中心一方面可以从教育部门获取各高等师范院校现有硬件资源——多媒体教室、乐器、教材、网络设施等；另一方面各高等师范院校也要将现有的详细硬件资料以及将要购置的资料通过网络上传到高等师范院校多媒体网络教育中心数据库。网络教育中心将这两方面的资料进行审查、汇总、筛选，然后并入教育中心数据库，实现硬件资源的有偿（也可以是无偿）共享。建立一个完整的硬件数据库，可以使教育网络覆盖下的高等师范院校多媒体音乐教育硬件资源一目了然，可以在一定范围内实现有偿或无偿的共享。比如，同一城市的两所高等师范院校，一所有古代欧式钢琴而另一所没有，有古代欧式钢琴的学校就可以为没有古代欧式钢琴的高等师范院校选修钢琴的学生提供服务，这种服务可以是有偿的。各类硬件信息可以在数据库中检索、发现，供学校、教师和学生参考。又如，两个城市相对距离并不很远，在开展实践活动时，A校的硬件资源不足，B校可以有偿提供硬件组作为教育资源。这样也能最大限度地利用现有的高等师范院校多媒体音乐教育硬件资源，避免资源闲置或者应用紧张。在条件成熟的情况下，各院校还可以将专业音乐院校、非专业音乐团体的硬件资源纳入高等师范院校多媒体网络教育中心数据库中，在征得资源所有者同意的情况下提供给有需要的人群，这样各高等师范院校的多媒体音乐教育硬件资源就能够得到进一步的有效利用。在以上软硬件数据库建设工作完成以后，可将数据库中的数据并入高等师范院校多媒体网络教育中心网站，供各高等师范院校和学生共享（有偿或无偿）。

　　高等师范院校多媒体音乐教育网络中心在建成后，可以在高等师范院校建立子中心，作为网络教育中心功能的延伸，在网络教育中心的直接参与和监督下，各高等师范院校也应建立软硬件数据库，使高等师范院校多媒体网络教育中心的数据可以得到及时更新。各高等师范院校的软硬件数据库也可以作为核心数据库的备份，以保证高等师范院校多媒体网络教育中心信息的安全。各高等师范院校是多媒体音乐教育网络中心系统的管理者、使用者。现在所有高等师范院校基本上已经实现了校园网络化，校园网能覆盖整个学校，学校与高等师范院校网络中心之间的连接就非常便捷，只需要对学校内部现有的网络系统进行一些必要的技术改进与完善，就可以达到网络中心的技术要求。以此为基础，建立一个高等师范院校多媒体音乐教育的子系统，与高等师范院校多媒体网络教育中心的主系统相连。通俗地讲，全国高等师范院校多媒体网络教育信息中心总站是收集、存储、整理多媒体音乐教育资源的"仓储总站"，而全国各个高等师范院校就是这个"仓储总站"的"推销员"和"供应商"，同时也是这个"仓储总站"的"客户"和"销售商"。高等师范院校多媒体网络教育信息中心总站收集存储着从全国各个高等师范院校和社会音乐文化领域征集来的有价值的、高水平的音乐教育资源，全国各个高等师范院校再通过网络平台和信息传输系统将自己所需要的教育资源进行调用，实现多媒体音乐教学，发挥资源共享的功能，弥补各自教育能力的不足。与此同时，各高等师范院校还可以根据自己的需要，在现有网络系统的基础上，建立更多的音乐信息子系统，使本校的多媒体音乐教育资源被主系统发现、收集，实现资源的广泛分享。

　　为了确保教学的规范化和系统化，各个高等师范院校的多媒体音乐教育中心应建设自己的多媒体课件制作与播放系统。第一，针对使用人数多、选取频次高、最基础的、受众最多的课程，各个中心在进行分析、整合后，制作出有特色的多媒体课件，并予以发行和收费播放。第二，根据教学计划，对教学和实践过程中带有普遍性问题的教学内容，进行集中统一讲授，制作出示范课讲授课件，这样便于统一教学标准，提升教学质量。第三，在制作、加工课件的过程中，应本着厉行节约的原则，充分利用现有教育资源予以整合、改造和调整，避免不必要的资源浪费，最大限度地降低成本。第四，在制作过程中，中心领导要对教学内容严格把关，要以弘扬和传承中华音乐文化为宗旨，选取积极向上、情绪健康的，符合高等师范院校音乐专业学生心理接受能力的作品作为讲授的主要内容；同时，注重借鉴优秀的音乐教育经验，在保持中华民族音乐特色的基础上，内外并蓄，洋为中用，极大地激发学生的学习兴趣和热情。第五，多媒体制作与播放平台应尽可能地选择我国现有的远程教育机构，如各地的教育电视台、教育广播电台、教育网站、教育客户端等教育传媒平台。有条件的院校也可以尝试建立自己的媒体制作与课件播放平台，这样更有利于高等师范院校音乐教育和多媒体教学活动的开展。第六，高等师范院校多媒体制作、播放中心的规模应小型化，不宜贪大求全。以校园电台、校园电视台的形式存在最为合适，充分利用校园网来播放视频，进行音乐媒体教学，要选择选修人数较多的、在教学中能产生"互动"效果的音乐理论课程为主要内容。第七，制作将由高等师范院校多媒体音乐教育网络教学中心统一组织，在制作过程中和完成后，都要有权威的专家共同审核、审定，以确保其具有足够的代表性、普遍性、正确性和权威性。这种严谨的做法是教学质量的根本保证，也是对学生负责的一种态度。

值得注意的是，要处理好网络中心和制作中心的关系，这两个单位的管理都隶属于学校。在学校的统一领导下，按国家制定的相关规定进行多媒体音乐教学课件的制作和播放，要以学生成长成才为目的，始终贯彻国家的教育方针，坚持立德树人的育人宗旨，要安排职能部门予以有效的监督和管理。职能部门有权对课件的制作单位、课件内容和播放过程进行审核，以保证播放内容的合理性、正确性和先进性，以及课件的水平和教学的高效。虽然在多媒体教学环节，高等师范院校多媒体音乐教育网络中心起着主导、支配性作用，但制作中心与网络中心之间应相互协作，相互监督，时刻保持联系，只有协调推进，才能使制作内容的质量和效果达到预期。中心在对现有设备进行充分利用的基础上，可以添加其他设备，争取建立水平先进的教育传播媒体中心。例如，由于数字化时代的到来，电视、广播机构将逐步进入数字化，这些设备将成为类似现有网络的一种变相延伸，并且在技术成熟之后也可以做到像网络一样的"资源共享"。这种建设模式是由我国的高等师范院校音乐教学、多媒体教学现状所决定的。近年来，虽然我国的经济、文化都发展得很快，但由于地理位置、自然条件等原因，我国教育资源的分布不均衡，发展不均衡，发达地区与偏远地区在教育设施、教育理念、教育方式上存在巨大的差异。这就要求各地高等师范院校根据自己所在地区的状况，认真分析、因势利导，根据自身的现有条件，结合实际想办法，量体裁衣定方案，充分利用现有资源建立传播媒体中心，将多媒体教学和音乐课堂教学融为一体，不断提高音乐教学的针对性、有效性和广泛性，利用自己的资源和优势弥补偏远地区和欠发达地区在音乐教育中的不足，为我国的音乐文化传播和教育事业的发展做出应有的贡献。

由此看来，高等师范院校多媒体网络教育的作用非常突出，多媒体教学的效果非常显著，通过网络能够实现远距离、大范围的立体式远程教育，将音乐教学延伸至正常的课堂之外，延伸至地域的各个方位，延伸至受众的方方面面，实现时空的有效拓展，实现了音乐教育资源的辐射性共享，不仅参与多媒体中心建设的院校能够分享其他高等师范院校所提供的教育资源和教育成果，还能满足众多学习者学习的需求。这样，既能促进全国高等师范院校音乐教育方法的改进，教育质量的提高，也能使接受多媒体教育的学生在音乐专业知识和能力方面得到快速提高。这个基于网络化和信息化的学习平台建设，必须得到各级领导和专业技术人员的高度重视和一致认可，只有这样，才能保证平台建设的同步与高效。同时，我们必须看到，随着高科技、信息化、数字化网络时代的到来，多媒体制作与应用必然实现数字化、集成化，特别是大数据、云计算的广泛运用，就更加有利于多媒体教学资源的整合、传播与利用。因此，可供高等师范院校音乐专业学生选择的多媒体学习方式有两个：一个是基于互联网的学习平台；另一个是基于学校数字电视、数字广播的平台。这就使高等师范院校音乐教师和学生可根据自己的状况和需要选择合适的方式，来获得所需要的学习资源。

高等师范院校多媒体网络教育中心的建设不能仅依靠高等师范院校自身进行，还必须依赖国家和政府的力量。政策的制定是保证教育顺利实施的根本保证，因此，高等师范院校多媒体网络教育中心建设工作应和国家的方针政策保持一致。在具体实施过程中，应注意到国家的方针政策，确保网络教育中心得到建立、推广。各地在筹备建设教育中心时，要与教育部门进行沟通，以求达到信息的有效传递。高等师范院校多媒体网络教育中心建成时，可以由政府部门统一划拨建设资金，统一监督实施，有效建设、管理，最终实现高等师范院校多媒体音乐教育资源的共享。教育中心建立后可以弥补国内教育存在的一些不足，集中现有的高等师范院校多媒体音乐教育资源，利用网络多媒体技术对收集的教育资源进行分配、归类和细化，使整合后的教学资源更加合理。

第七章 高等师范院校音乐教育教学的创新发展

第一节 音乐教育课程的创新发展

制定教学大纲和课程指南的宗旨，就是要组合和发展各种经验，使学生迅速有效地理解音乐艺术的本质。

一、音乐教育课程内容的创新发展

（一）课程与音乐课程

1. 两者的联系

广义上的课程概念是在教育的社会功能逐渐多样化和课程研究取得发展后产生的。课程概念的变化在20世纪80年代后逐渐加深，它不仅领先于学科或教学计划的含义，也不再单指学习者的经验，而是变成了一种"符号表征"和"文本"，这种"文本"的形式还能被解释或构建出更多元化的意义，如政治意义、性别意义、个性意义、审美意义和个性意义等。由此，课程理论就在这种寻找意义的境界中展现了全新面貌。

那么音乐课程究竟意味着什么？我们看待音乐课程从音乐学科本体的角度看，就可以按照经济合作与发展组织的精神，将音乐课程进行定义，它是包括课程目标、课程内容、课程实施活动及课程评价方式在内的各种范畴的总和。我国目前音乐课程的研究主要是以这个定义为逻辑起点的，包括我国音乐课程改革的开展，都是重新确定课程目标，对课程内容进行了重新取舍，教育方法方面采取新的手段，还重新定义了评价方法。这也是当前我国音乐课程改革中亟待解决的问题，这一问题涉及音乐课程开展的方式，音乐教育在学校该怎样展开，音乐课程到底处于什么地位等现实问题。

2. 音乐课程的基本问题

（1）课程性质

1）审美性。以美的思想来培养人的这种教育符合我国的教育和文化传统，是培养合格的社会主义建设者和接班人这一教育方针的有机组成部分。通过音乐教育，培养和提高学生感受、鉴赏、表现和创造美的能力，充分发展其个性，陶冶情操，提升素质，对智慧也有所启发，并且还丰富和发展了形象思维，激发了学生的创新意识。

2）人文性。文化的重要组成部分之一就包括音乐，音乐是人类宝贵的精神文化和智慧结晶。从音乐文化的视角来看，在音乐课程中，无论是艺术作品还是音乐活动，都融入了文化身份不同的创作者、传播者、表演者和参与者。关于文化的主张及自身的思想情感，体现了不同国家、不同民族（民族性格、情感、精神）和不同的时代文化的发展，有着突出且深刻的人文性。

3）实践性。音乐课程中每个领域的教学的实施，都需要通过聆听、探究、演唱、综合性的艺术表演和音乐的编写创作等实践形式才能做到。学生亲自参加这些实践活动，可以获得丰富的对于音乐的情感体验和直接经验，只有拥有良好的基础，才能更好地掌握与音乐有关的技能和知识，提高自身的音乐素养和理解音乐的内在含义。

（2）课程目标。课程的基本问题是课程目标，它是课程及课程实施的出发点和依据，反映的是课程的价值取向，对课程的设计、开发、实施、评价等具有指导意义。

课程目标是受教育的学生在一定阶段的课程中，学生自身能力、知识、品德和情感态度等方面所取得的预期效果和发生变化的具体要求，主要包括三方面：认知、情感和行为。就音乐课程具体来说，认知包含了音乐的基础知识和技能的发展；情感是有倾向性的，表现方式包括思想、观点、态度和价值观；行为包括了被认知和情感支配、对所表现出来的习惯和动作进行控制以及具备解决个人、社会艺术生活问题的各类技能，等等。国家培养学生的审美教育和各级学校的培养目标构成的音乐课程目标，是经过了理解和内化之后表现出来的，表现途径包括了音乐课程的设计、开发和实施。

由于课程目标是实施者设计出来的，因此，它有几个突出的特点。一是统一了客观性和主观性，也就是指课程目标在形式上的表现是主观的，其反映的是设计者的知识、思想和价值观，带有设计者本身的主观色彩。但是因为学科知识的实际牵制着课程目标，使课程目标不能脱离学生的发展实际和学科的专业内容体系，所以在内容上是客观的。二是继承性和发展性的统一，即课程目标一方面受学科发展与学生身心发展变化的影响而产生变化，另一方面又依赖学科本身和学生发展的连贯性，在继承经典的基础上，做到创新和发展。三是层次性和整体性的统一，既要从宏观、中观、微观上进行分层，又要使之成为一个有机整体。课程目标既要反映出时代、社会和学校的要求，还要反映出学生和教师的发展要求及实施课程活动的要求。同个类别中课程目标的实施要分成几个层次来进行，原因是学生的发展规律和知识固有的逻辑需求。整体性是这些类别和层次目标都不尽相同的内在联系的体现，可以完整和全面地对课程目标进行设计，避免畸形片面和顾此失彼的状况发生。四是预设性与生成性的统一，即目标既需要提前预设，也不能完全忽视其灵活生成。课程目标对反映学生共同的基本要求存在预设性，表现在课程实施者需要把握国家、社会、学校和学生的发展要求，其生成性所反映出来的则是学生在不同情况下的发展差异，体现了课程实施者操作的智慧。此外，课程目标还体现出显性与隐性的统一、质量与数量的统一等特点。

（3）课程理念

1）突出音乐审美，发展兴趣爱好。音乐审美是一种认知，这一认知范围包含了对不同音乐文化语境及内在人文的认知，还包括对音乐艺术美感的体验、沟通、感悟和交流等方面的认知。这个理念基于我国数千年优秀的音乐和文化传统，对应教育方针的"美育"。它突出了音乐课程的功能：学生每天处在音乐课程中，耳濡目染，有利于培养美好的情操和健全的人格品质。应当从多样化的文化语境中出发，进行音乐上的情感体验，再根据音乐艺术所表现出的特征，带领学生正确把握音乐表现形式，了解在音乐表现中音乐要素起到的作用，加强音乐素养。在音乐基础知识和技能的学习中，应该和很多方面进行有机结合，如音乐艺术的审美体验、不同文化的认知。

音乐学习的根本动力来源于兴趣，这也是人们能够终身热爱音乐的必要前提。学生要根据自身的发展规律，接受各种生动有趣的教学形式和多种多样的教学内容，通过教师的教学，激发自身对于音乐的兴趣，对自身的音乐素养进行提升，丰富精神世界。

2）突出音乐特点，关注学科综合。音乐还是听觉的艺术，主要让学生通过听觉活动对音乐进行感受和体验。音乐是要通过时间的流逝展现出来的，不存在语义确定性和事物形态发展的具象性，它与人类的社会生活及各种文化艺术密切相关，从而为学生想象和创造能力的发挥，以及在感受音乐、表现音乐方面提供了自由想象的空间。与此同时，在教学过程中还要注意展现音乐的表演性、时间性和情感特征的变化。

音乐教学中，音乐课程在不同教学领域之间的综合，音乐和舞蹈、诗歌、影视、戏剧等不同艺术类型的综合，音乐与艺术以外的其他学科之间的综合，以上这些，都属于音乐教学的学科综合。学科综合在教学中要突出音乐艺术的特点，以具体的音乐材料为基础，构建起与其他艺术类别、学科之间的有机联系。整合过程中还要比较不同艺术种类的表现形式，从而加深对音乐艺术的认知，开阔学生视野。

3）强调音乐实践，鼓励音乐创造。音乐艺术进行实践的过程是通过音乐教学展现的。所以在所有的音乐领域之中，都应该对学生的艺术实践进行强调，并积极引导学生参与演唱、演奏、综合艺术表演等各类音乐活动，作为基本途径让学生真正地走进音乐，还能获得美好的音乐审美体验。在音乐艺术实践过程中，还能让学生增加自信心，提升音乐素养，与其他人形成良好的合作，提高团队精神。

音乐是一门艺术，是相当富有创造力的。音乐的创造是让学生通过音乐丰富自己的形象思维，启发创作潜能。教学时，教师要设定一些生动有趣的创造性内容和新的形式、情境等，激发学生的想象能力，让学生有自我创造意识。

4）弘扬民族音乐，理解音乐文化多样性。我国的各民族的优秀传统音乐应被看作是音乐教学的重要内容来学习。学生通过学习，熟悉并热爱民族音乐文化，有助于提升民族意识，培养爱国主义情怀。我国社会生活是不断发展和变迁的，因此，凡是体现了现当代社会生活的优秀音乐作品，都应该被归到音乐课的教学内容之中。世界能够实现和平与发展得益于尊重和理解不同民族的文化，我们也应加深对音乐文化多样性的理解，用开阔的视野看待并学习其他国家和民族优秀的音乐文化，与人类共享这些优秀成果。

（二）音乐课程的内容

1. 音与乐音体系

（1）音的属性。音的性质由音色、高低、强弱、长短四种性质所决定。

音的这四种性质由不同的事物决定。音色不同是由于发声体的性质、形状和泛音的多少等都不相同。

发声物体在一定时间振动的次数或频率决定了音的高低。振动频率快，音越高；反之则低。传统音乐中，作为固定音高所使用的音总共有88个。

物体振动的幅度大小就是音的强弱。振动幅度变大，音就强；反之就弱。而音延续时间的长短决定了音的长短。延续时间长，音就长；反之就短。发声物体的振动越规则，音的高低就表现得越明显，这种音叫"乐音"；振动起来不规则的，则音的高低就不明显，这种就叫"噪音"。

以上音的四种属性成为音乐形成的最基本元素，在其根本上又衍生出了更复杂的音乐形态，如旋律、节奏、织体、和声、曲式和复调等。音乐中我们常说的乐音体系就是由88个固定音高的总和构成的，乐音体系的每个音调叫音级。

将乐音体系中的音，根据高低次序和音高之间的关系，从高到低或从低到高进行排列，排列后产生的就是"音列"。

音列中的这些音是12个音级经过多次循环排列而成的，半音就是指两个音之间的最小距离。半音与半音相加，叫"全音"。

在钢琴的键盘上，包括所有白键与黑键，相邻两个键都构成半音，隔开一个键的两个键都构成全音。

所有的音，包括音级，都可以用唱名和音名这两种方式进行表示。唱名也就是常说的do、re、mi、fa、sol、la、si。

音名，用7个英文字母：C、D、E、F、G、A、B表示。

变音就是指音的升高和降低，表现变音的符号就是变音号。

变音号包括升号、降号、还原号、重升号和重降号五种。

乐音体系的音是由基本音级和变化音级两方面构成的。基本音级是在乐音体系中有单独名称的声音级别，一共有7个，也就是日常所使用的do、re、mi、fa、sol、la、si，钢琴上的52个白键就是由7个基本的音级经过循环重复的排列形成的。

变化音级就是指基本音级的升高或降低。

（2）谱表与音符。谱表指的就是填写音符的表格。谱表是由自上而下的五条线构成的，这五条线分别叫第一线、第二线、第三线、第四线、第五线。两条线之间的距离，自上而下，我们叫它间，分别是第一间、第二间、第三间、第四间。每条线和间都表示一个音。当这些音比想要表示的音更高或更低的时候，一般都用基本线外加线表示。五线谱上方加上的线是上加一线、二线或三线等。形成的间也就是上加一间、二间或三间等。

音符可以分为符头、符干和符尾。

音符的表达方式多种多样，不同的时间值所代表的写法也不同。符干的向上或向下通常在第三线，符头在第三线朝上，符干在下；反之将其颠倒即可。

在这之中应该牢记，当记录变音符号时，它必须与变音符号的符头对齐，即当符头在线上的时候，变音号的中心也要在线上。

（3）谱号。谱号是一种符号，用于在五线谱中确定音名位置。高音、中音和低音谱号这三种是我们经常用到的。

高音谱号又称"G谱号"，其由拉丁字母演化而来。要从第二线开始画起，是为了表明第二线上的音是G音，并依次排列。

中音谱号又称"C谱号"，其由拉丁字母演化而来。"C谱号"按照凹口对准线的不同总共分为5种，分别是第一线C谱号、第二线C谱号、第三线C谱号、第四线C谱号和第五线C谱号。

低音谱号又称"F谱号"，其由拉丁字母"F"演化而来。画谱号要从第四线开始，用来表明第四线上为F音，依次排列。

画谱号的过程中，谱号的凹口对准的那一条线就是C1。

一般情况下，我们使用的第三线C谱号指的就是中音谱号，也就是中提琴演奏所使用的乐谱。我们所知道的次中音谱号是第四线C谱号，这一谱号在大提琴的乐谱中可经常见到。

2. 节奏与节拍

先说节奏。音乐的外部轮廓是由不同音高的音通过组合连接构成的，但只是一个轮廓并没有任何实际意义。节奏是音乐的动力，是音乐前进的主要推动力，给音乐以律动感，因此音的长短不同导致节奏也不同，体现出音乐性格的变化。

前八后十六的意思就是指，前面有一个八分音符，也就是1/2拍，后面是两个十六分音符，也就是1/4拍，总时值是一拍。前十六后八，即前面是两个16分音符（各1/4拍），后面是一个8分音符（1/2拍），总时值为一拍。切分，就是指中间音为两边音的U2时值。举一个例子就是，前分别为1/4拍、1/2拍、1/4拍，后分别为1/2拍、1拍、1/2拍。

附点，即前面的音占据总长的3/4，后面的音为总长的1/4，下例中前例为附点8分音符（3/4拍）加16分音符（1/4拍），后例为附点4分音符（一拍半）加8分音符（1/2拍）。后附点，与附点节奏正好相反，前音占总长的1/4，后音占总长的3/4。

节拍。拍号是表示音乐节拍和拍子单位的记号。拍子只需要在乐曲的首行或有改变节拍的必要时才标明，记在谱号之后。拍号的写法类似分号，使用的是上下两个数字，上方的数字代表每小节的拍子数，下面的数字代表单位内拍子的时值。每一个小节只包含一个强拍的叫单拍子。单拍子分为两拍子和二拍子两种。两拍子是每小节有2拍和2/2拍、2/4拍及2/8拍等。音乐的律动为强和弱，其表现为每小节的第一拍是强拍，后一拍则是弱拍。

复拍子由两个或两个以上相同的单拍子组成，每小节含两个或两个以上强拍，称复拍子。常用复拍子有4拍子、6拍子、9拍子、12拍子等。

由不同单拍子结合而成，每小节有两个或两个以上的强拍，称混合拍子。常用的混合拍子有5拍子、7拍子等。

3. 音程与和弦

（1）音程。音程是指两个音（也称双音）间的音高关系。旋律音程是两个音有先后顺序的发声。如果是同时发声就叫和声音程。和声音程的下方音叫根音，中上方的音叫冠音。唱谱时，是按照从左到右、从上到下的顺序唱，也就是先旋律音程再和声音程。

（2）和弦。和弦是由3个或3个以上的音组合构成的，涵盖了多种音程品质。

按照三度关系堆叠起来的和弦叫原位三和弦。这三个音的最下方是根音，也是和弦的基础音；在根音上方的第三度音，称其为三音；根音上方第五度音，称其为五音。因此，根音、三音和五音这种自下而上的排列就是原位三和弦，而且各音分别用1、3、5进行标记。

4. 装饰音、略写记号及其他记号

（1）装饰音。在发展音乐和感受音乐变化的过程中，为了塑造完美的音乐形象，除了旋律的主要音，还要学会运用一些小的记号和音符。这些记号和音符组成的装饰音并非可有可无，它们是音乐呈现上不可或缺的组成部分，在传统音乐中是这样的。在民间音乐的演奏中，装饰音也起着特殊作用。在现代音乐中，其也是进行个性创新和探索的重要手段之一。

（2）略写记号。要想记录较为复杂的记谱形式，需要采用某种特定的记号，这一记号就是省略记号。以下就是几种常用的省略记号。

①区间反复。一首乐曲中的某一部分的反复就是区间反复。区间一般是指一个段落或者几小节，标记时用区间反复记号。

②同音型反复记号。同音型反复记号指乐曲中某一音型重复，只需选用一组双斜线进行标记；当某音型的整个小节重复时，用单斜线加点标记；当某一音型重复且音型分为两小节时，即在两小节中间的小节线上做斜线加点标记。

③不同结尾的反复。不同结尾的反复，就是结尾反复时乐曲的段落不同，这时就有必要用记号进行标记，不同结尾的反复记号也可以称为跳跃反复或跳房子。

④段落反复（从头反复）。从头反复记号在从头反复乐曲的某一部分或段落时使用。这种记号的记法是在需要标记的地方划复纵线，并在复纵线前加两个小圆点。

⑤D.S.反复记号。D.S.反复记号主要在三段体乐曲中使用，为了记谱方便且不用把第三段重写一遍，这一情况可以用D.S.反复记号，也就是从记号开始反复的意思。反复的顺序是表演到第二段结束后，从标记点表演至"曲终"处，然后结束整段乐曲。

⑥D.C.反复记号。D.C.反复记号也主要用在三段体乐曲中，使用方式同D.S.反复记号相同。

⑦带结尾的D.S.反复记号。D.S.反复记号在三段体乐曲中使用时，还会出现一个类似段落的结尾部分，这个部分就是带结尾的D.S.反复记号。在两头结尾反复跳过的部分都有记号标识，用来提示不需要表演这一部分。

带结尾的D.S.反复记号的反复顺序是，第一段到第二段表演结束后，从表演处到记号，然后跳过第一与第二个记号的部分直接表演到结尾处。结尾一步都有结束的字样显示。

⑧移动八度记号。若要提高八度演奏在虚线范围内的音，要在五线谱的上方使用或者标记。若要降低八度演奏虚线内的音，就要使用或标记在五线谱上方。

⑨重复升降八度记号。重复升降八度记号就是在音符的上方标记数字"8"，用来表示要重复且上升八度演奏有该记号的音。

表示重复或降低八度，则需要在音符下方标记数字"8"。

二、高等师范院校音乐教育课程教材的创新发展

（一）音乐教材建设

1. 音乐教材的编写

（1）音乐教材的维度及层次分析。教材分析是依靠教育宗旨，从思想品德与文化内涵、知识与科学、认知与心理规律、工艺水平与编织技巧等四个方面出发，对教材的教学目标和方法、教学内容、练习和活动，以及教材的编写水平等进行的分析评价。

（2）音乐教材编写的指导思想。教材是教育活动的主要媒介，是教师和学

生进行教学活动的重要材料。教材的范围众多，其中包含了教师讲义、教科书、提纲和参考书等文字及视听材料。教材的使用在很大程度上影响甚至规定了一门课程的性质和作用，同时还影响了学生知识的习得和学习经验的积累。师生之间的对话也是通过教材展开的，一个作为话题，一个作为"引子"，也可以是一个案例，但都不是课程的全部。

教材的核心是教育价值观，它是一种特殊的文化，应当满足基本学习的需要。这一基本价值是在当代的教育和课程领域所要强调的，价值观是"以人为本"。所以音乐的教材结构要将之前的"教程式"教材转换为"学程式"教材。"教程式"音乐教材是根据教师教授的需求，突出音乐主题内容和逻辑结构，其目的是帮助教师完成教学任务。"学习计划"音乐教材旨在满足学生的学习需求，讲求音乐学科的逻辑结构与学习心理规律相结合，创造行之有效的音乐教学策略或方法，并开发各种音乐资源，提供丰富的学习机会，最终的目的是帮助学习者在教师的指导下获得丰富的音乐学习体验。

音乐教材的编写要坚持以"学习为本"的价值观，坚持体现"以学生发展为本"的理念；要体现音乐艺术学科教学的特点；要体现现代音乐课程的多元化、时代化和精品化。教科书能够引导学生认识人类已经存在的经验和知识，是帮助学生学习的辅助工具，对促进学生形成正确、健康的价值观和情感起着推动作用。教师在教学过程中，一定不要将音乐教材作为音乐知识的汇编来看待，在设计和编写教科书时要按照学校实际的教学情况和学生的认知发展规律进行。

音乐知识的陈述方式方面，要打破作者独白式讲述方式，朝着多维的对话语言表达靠近，引起学生学习音乐的兴趣，带动学生发展创造能力和思维能力。教材的编写要体现出教学过程中学生的主体作用，要有助于教师教学，引导学生进行合作和探究。

2. 音乐教材编写原则

在编写音乐教材时最重要的依据就是音乐课程的基本理念和目标。音乐课程内容的质量与音乐教材密切相关，二者缺一不可。音乐教材的编写原则主要是：以审美为核心，培养能力和兴趣，具备实践性和开放性。

3. 编写音乐教材的意义

教学内容是决定音乐教学的主要因素，也是教育的中心。音乐教科书的建设需要被视为一个战略性的系统工程。只有完成了这一项工程，才可能使音乐教学使命在人生最具关键性的阶段完成，才能由此奠定扎实的基本功，进一步推动音乐教育教学的发展。

初级阶段的音乐教材不同于往后阶段，具有较多灵活性，要求具有循序渐进性和相对系统性。确定初级阶段音乐教材内容纲领时，需要从最重要处进行安排和设计，这样的教材建设在真正实行中，必须以正确的指导为核心理念，先制定一个框架，随后填充质量高且全面的内容，之后再提出科学的、艺术的和操作性强的教学方法，以便师生自己取舍。音乐毕竟不是科学，也不等同于科学教育，所以要按照规定严谨、科学地使用是不太现实的。

音乐教学分为教和学两方面，要求教师和学生具备创造和再创造的能力，但归根结底，创造和再创造不是要求师生自己进行空想，那些基本的、必需的具体素材和设备是一定会提供的。教材一般分为教师手册和学生课本。教师手册是教师在备课和授课时使用的，不要求教师全部遵循手册里的内容，只是提供给教师更多的素材去思考和选择；学生课本就是发放给学生的具体课本。

乐曲，特别是歌曲，是音乐教材中的重要组成部分。音乐教学的内容不能全由乐曲为代表，而是需要其他方面的内容进行补充。音乐中的知识和技能也是音乐教学不可或缺的一部分，但不能成为全部或主要部分存在，只能通过真实的音乐实践获得真正的音乐体验，只有这样，才能真正地理解、学习和掌握音乐。为此，音乐教材必须提供充足的、高质量和大量的乐曲，方便学生在日常进行音乐实践，亲身体验音乐。

音乐教材的建设过程是非常重要和困难的，并且还不能保证最后能够成功。教师要想熟练掌握音乐教材，就需要自己反复钻研和使用，最后总结，这样才能获得良好的教育水平。不同的教师对同一首歌曲的掌握程度都是大不相同的。一位优秀的教师要同好的演员或杰出演奏家一样，拥有与自己配套的教材，为将来的教学实践取得好成效打下坚实的基础。

（二）音乐课程资源开发

1. 课程资源的概念

课程要素的来源称为课程资源，也是课程实施的各种条件。广义上的概念指的是利于实现课程目标的种种原因，不仅包括了直接因素，还有在实施课程时的人力、物力、时间、地点、环境和设备等必要条件。狭义上的概念一般是广义上包含的直接因素，涵盖了情感、态度、知识、经验和价值观等。

2. 学校音乐课程资源的开发与利用

（1）教师资源。音乐文化教育的良性循环有一个重要保证，那就是充分完善音乐师资队伍建设。必须有大量优秀的教师接受过专业系统的音乐文化教育，才能实现高质量可持续发展。各类师范大学是培养未来音乐教师的最佳场所，因此要加强音乐教育人才在文化教育上的培养，这也是促进音乐文化教育师资持续发展的有效方式。在音乐文化教育师资严重不足时，可以联系相关音乐学院、音乐资深人士或专家学者，开设培养音乐文化教育教师的培训班，促进高等师范院校的音乐文化教师队伍在培养高素质、创新型人才上，起到更大的推动作用。

加强教师队伍建设大概有以下几种方法：

第一，充分调动音乐教师的积极性，适当组织教师学习、培训。

第二，教师之间要经常交流，加强信息沟通。

第三，实施合作式教学，邀请有音乐才能的教师。

第四，培养音乐教师进行课程资源开发和运用。

第五，进行课外活动，为学生学习知识创造机会，积累经验。

第六，音乐教师要建立教学资源库，不断进行音乐课程的学习，为将来的音乐教学提供借鉴与选择的素材。

第七，贡献自己的教学经验和成果，对网络资源和网络技术充分利用，加强沟通。

（2）学生资源。音乐教学是以特定和具体的人为对象的，也就是音乐究竟由什么人来教，是现在还是将来会从事音乐教学的工作者还是业余的音乐爱好者，是青少年还是成年人，是有些音乐基础的人还是从未接触过音乐的人，等等。

教师要想让学生真正领悟和掌握音乐，就必须让学生成为学习的主体，这样才能做到因材施教。学校的音乐教育是将学生作为整体进行群体性教学，虽然在整体把控上很难按照学生特色逐一安排教学，但这也不代表教师不会重视学生独特个性的发展。所以，将全体学生作为学习主体是非常有必要的。

作为一名教师，最要学会的就是能有的放矢地安排学生的音乐教学，详细了解学生大致的家庭状况，学生本人的社会、历史和文化背景，了解详细后才能在实践中看到成效。

特定的时间和空间因素的影响在学生中间起着决定作用，于是在不同时空下，对于学生的发展有必要进行区别对待。比如，我国在改革开放后进行的音乐教学同几十年前做比较，是存在很大差别的。同样在几十年后的今天，也会发生很大的改变。这些改变都需要我们去重视和将它们进行区分。开发学生课程资源的具体方法有下面几点。

第一，鼓励学生发挥自己的音乐表演欲望，时刻保持对音乐学习的动力和热情。

第二，多组织跟音乐相关的活动，调动学生的积极性。

第三，支持学生合理利用网络资源，丰富学习生活，加强学生间的交流合作。

第四，教师要给予学生创作的空间，发挥其主观能动性，激发学生内在潜能。

（3）学生课外音乐活动的开展。开展课外音乐活动是一种普遍适用的教学方法，特点是活动形式多种多样，有明显的教学效果。除了全校的群众性课外音乐活动，还可以组建各式各样的有关音乐的社团和兴趣小组等。基本上有以下这些形式。

①乐队或乐团。形式包括民族乐队、吹奏乐队、锣鼓队、管弦乐队和电声乐队等。

②合唱团体。团体规模不限，包括童声合唱团和混声合唱团等。

③兴趣小组。包括重唱或重奏小组、独唱或独奏小组、音乐课本剧小组、歌曲表演小组、乐器制作小组和舞蹈活动小组等。

（4）学校宣传媒体的建立。对于音乐课程至关重要的就是广播站、计算机网站和电视台等这些学校的宣传媒体。这些宣传媒体一旦被充分利用，不仅能开阔学生看待音乐的视野，还能促进良好校园氛围的产生。同时，宣传媒体要有选择地进行音乐教育节目的播放，其中充分吸收和利用社会传播媒体的音乐资源是一条重要的途径，还可以通过传播和录制与音乐教育相关的内容，形成有效的传播效果。一般有两方面需要注意。

首先，音乐教师要和学校打好配合，举办音乐教育节目。可以设置一些学生感兴趣的环节，如"每天一曲""每周推荐好歌"等，也能让媒体发挥其价值。在实施过程中，教师可以选择有音乐特长的学生协助完成这项工作。在播放音乐的选择上，一定要选取寓意健康的、优美的音乐，具有艺术性、思想性，可被师生所接受，社会上那些纯娱乐化、商业化和不适合青少年的音乐要坚决抵制。

其次，学校大的教室、礼堂、多媒体教室或者室内体育馆等，同样也是一种音乐课程资源。教师可以充分利用这些资源设施，举办文艺汇演、歌咏比赛、音乐会或音乐讲座等活动。还可以邀请一批专业的音乐团队和音乐家在这里举行音乐会。

音乐教师应该成为这些活动的提出者和组织者，并有效地利用校园的规划、建筑、班级和绿化等方面，为学生营造好的音乐氛围。还可以通过学校内良好的音乐课程资源开展课外音乐活动，积极找领导沟通，申请相关方面的配合，将其当成自己的职责所在，在每年或每学期都拟定一些音乐活动计划。

（5）教学设施设备的配置。音乐设备的配置，包括对器材名称、所属归类、规格型号的配置，还规定了不同规模的学校的配置数量。学校应针对具体条件，按有关规定落实。学校应注意的问题有以下几点。

①为音乐课堂配置专门的设备。音乐课上使用的专业设备有钢琴、手风琴、架子鼓或管弦乐器等常见乐器，还要有多媒体、专门的音响器材等。因为除了我们常用的传统乐器和西洋乐器，音响器材也在音乐教学中必不可少，它能让乐器发挥更好的音乐效果，从而提高学生对音乐的兴趣。我们经常见到的音响器材有电视机、投影仪、VCD、立体声唱机和收录机等。条件较好的学校还可以添加无线麦克风，使学生学习更加便利。

②应专门有一间或多间音乐教室。音乐课教学优先考虑到的就是隔音问题，因为偶尔会用到乐器，所以一定要有一间专门的音乐教室，将声音与外界稍加隔离，避免对外界的教学课堂造成干扰。可以使用较好的隔音建筑材料，还可以在地面铺上地毯，方便开展各类教学活动。音乐教室还应该有更大的空间，方便学生摆放座位或开展各种音乐游戏活动，尤其是低年级，活动空间如果太小，施展不开，可能就会导致活动不能正常进行。在教室的布置上，还应合理地规划钢琴

或其他乐器、器材的摆放地点，在不影响教室美观的情况下展现出良好的效果。

③购买与音乐相关的书籍、杂志和音响资料。学校图书馆应定期为学生和教师购买并订阅一定数量的与音乐相关的书籍、杂志等，及时更新以便学生查阅和收集资料。音乐教研组还应帮助教师配备一些可以在备课、研究音乐时使用的书籍，在潜移默化中提高教师的音乐素养。

④有条件的学校可以组建乐队，如铜管、民族或管弦乐队等。学校建立乐队，不仅能丰富学生课余生活，还可以培养学生音乐方面的天赋。等到乐队达到了一定水平，还可以参加外界各种音乐比赛或演出，从而开阔学生的眼界，提高学生的心理素质。

（6）注重音乐鉴赏教材的审美功能。审美是音乐教育的核心，普通高等师范院校音乐公选课教材的选编应当着眼于提高师范学生的音乐审美能力，通过音乐感知、情感体验等一系列的心理活动，来培养学生的优良心理品质及心理能力。用优美动听的音乐作用于学生的听觉，使学生心灵得到陶冶，情感得到升华。那么音乐鉴赏教材的编写怎样才能体现高尚的审美观和艺术观，树立正确的人生观和价值观呢？本文认为应该从选择音乐作品着手。

音乐作品曲目的选择是教材编写的关键。培养师范学生情操，使其树立正确价值观和审美观最重要的一环，就是选择经典、优秀、积极向上的音乐作品。音乐的世界是巨大的，无数的音乐家在这几百年的时间中一一诞生，并创造出了数之不尽的作品。教材的内容是有限的，其能够选择的音乐作品和知识点，只不过是无边大海中的一朵小浪花，要想解决这一问题，就要把功夫用在教材的内容选择上，选择精而又精的音乐作品供学生学习，使学生在有效时间内学到有用的知识，获得巨大的知识财富。传统的音乐作品往往是音乐艺术中的精品，文化含量及艺术品位都较高，具有经典性及国际性，这类作品应在教材中占据较大的比例，经典性的音乐作品之所以受到人们的钟爱，是由于其作品有着鲜明的音乐个性和有魅力的旋律，音乐艺术中的精髓就是这些典范之作。经典的音乐作品传播地区非常广泛，加之年代久远，很有艺术价值。因此音乐作品的选择首先考虑这类的名家名作。

在选择传统的优秀作品的同时，还要注意多元文化和时代文化的渗透。

音乐是人类文化传承的重要载体，也是人类宝贵的文化遗产和智慧结晶。音乐是跨文化的艺术，也是时代的产物。毕竟我们身处现代化社会，现代社会发展的方向就是朝着多元化的方向发展。我们的音乐教育也要跟上时代的脚步。普通高等师范院校音乐鉴赏教材应该有选择性地编入一些世界民族音乐和现代音乐。世界民族音乐只是世界各国文化的一个缩影，打开一扇窗，让师范学生通过音乐看世界，使他们了解世界各民族丰富多彩的文化背景，了解不同民族的世界观和价值观，同样也是音乐审美的一个不同角度。这样也有助于学生开阔眼界、拓宽思维。现代音乐（包括流行音乐）是多元文化和现代化社会发展的必然产物。尤其是流行音乐，它的文化背景来源更贴近生活，曲调或歌词更符合现代青年人的口味。对学校音乐教育来讲它也具有一定的"文化反哺"功能。这种功能在一定程度上改变了传统的文化传播方式，即向古典的、严肃的音乐输送流行的、大众的文化信息，并对古典的、严肃的音乐传播和理解具有一定的促进作用。

（7）根据学校自身条件开发校本课程

①"校本"的含义。校本是以学校为根本和基础的。校本有三个特点，为了学校、在学校中、基于学校。为了学校主要是将重点放在解决学校面临的问题；在学校中是指学校本身发生的所有问题都要在学校解决，通过学校中的人来解决，碰到问题要经过校长和教师讨论之后才能做出决定，是一定要树立的观念。除去国家课程，自主开发的课程也要有一定的比例，这些课程就被称为校本课程。

地方的和学校的音乐教育应当结合当地的民族文化传统和人文地理，开发独具特色的音乐课程。在编写本地音乐教材或学校的补充教材时，要重视反映本民族真实生活的民族音乐或民歌等。辅助当地学生理解和学习相关音乐知识。

②校本课程的意义。我国学校的教育资源在很长一段时间里只有教材，这会加深他人的误解，误以为课程资源就是教材。但其实不然，真正的课程资源还应该包括与课程有关的活动和采风。所以，编写教材不是开发校本课程的唯一途径，学校真正该做到的就是充分利用和开发当地各式各样的资源，以活动形态特征为基础，为教师提供具有参考性的课程方案。如果不加以改进，校本课程最终可能真的成为跟国家课程一样的存在，不仅失去了其价值，还与为学生减轻负担的观念相违背。

我国在很长一段时间中，实施的高度统一的国家课程在培养统一的国民素质方面起了很大的作用。但社会是不断发展和进步的，所以这种单一的模式已经不被学校课程所满足。一方面是因为这种开发模式在单一国家课程中适应性很差，我国人口众多，加上各地的发展都很不平衡，单一的课程模式不再适应全国的学生。另一方面是因为单一的课程开发不能发挥地方、学校的特点，会形成大量的资源浪费。

③校本课程的管理。校本课程是由地方的教育部门和学校进行管理的，动员了学生家长和其他人员参与进来，而不是国家进行统一管理。在校本课程的管理上，学校要认真分析和鉴别自身的各类问题，立足学校的发展管理活动实际，既不能把学校当成一般政策和规则的"试验田"，也不应对其他学校的模式照搬照抄。管理应该深深植根在本校的土壤中，对发生的问题有自主决策能力。

④校本课程的内容与形式设置。打消知识和实践之间的对立和冲突就是校本课程建立的意义所在。让通识教育和本土教育相联系，帮助学生学习知识，并快速理解知识，感受其多样性和丰富性，培养他们的自主意识，能够对事物有独立的判断。因此校本课程在教学时，更应该注重的是学生学习的过程，帮

助学生认识本土环境和空间，并在周边社会学习自己没有的东西，认识、尊重和理解知识，不盲目从众，不产生偏见。

（三）音乐教材的改进措施

1. 加强音乐教材建设

高等院校中国传统音乐教材④建设的质量影响着未来培育人才的质量，上述分析过的内容有待引起教材建设和管理部门的注意，方便其在加强教材建设时采取并开展相应的措施。

2. 教材建设向创造型的情感教育转型

时代在不停地改变，面向世界的教育也在不断发生着更迭和变化。我国的基础音乐教育面临被世界的新理念和新思维不断打压的情况，这就需要从完全西化的旧模式向多元化的新模式转型；单一的技能教育要转变成互动式教学，更加注重学习的过程、情感态度和技能的综合，力求实现创造性教育的成功转型。教师有时将专业课当成了这门学科的基本功，太过注重艺匠化的教学体系，致使从历史沿革及书本上获取的知识太少，有的人更是无法将国际形势和学习歌曲的时代背景联系起来。因此，教师应在实现新教育的转变和改革过程中发现问题，倡导素质教育，成功实现转型。

高等教育在顺应时代的发展过程中，力求保证专业课知识的获取像基础课一样牢固，同时学生全面发展的能力也得到了重视，在情感认知和审美方面也实现了很大改变。在这之后的教材开始有规则地将学生朝着自己感兴趣的知识领域进行指引，不再进行知识堆积，并且发展了创造性思维，让学生积极地进行探索。通过学习者的渠道去思考，找寻问题的真实答案，提高了固定学习教学的高度，在创造性思维中不断发展自己。

想让学生从自己的内心深处真正热爱音乐，走进音乐，最好通过音乐心理学或音乐美学传播，还要改变教学的方法和内容，这样才能使学生充满热情和干劲儿地投入音乐的创作之中。同时，音乐的研究者也在努力顺应时代发展，发现和总结规律，不论是基础知识课程，还是延伸出的新的课堂体系，这些新转型都和学生的互动、课堂教学和教材这三者密切相关。研究者要是能将教材知识的固有模式和活跃性思维联系在一起，就更能推动中国传统音乐的发展了。

3. 教材编写吸收融合多元优秀文化

人类的相互联系意识在当今时代日渐增强，任何微不足道的小事都会慢慢向世界靠拢，并且在这种相互联系、相互融合的过程中，新的价值观逐渐显现出来。高等院校的音乐教育模式最早被人们所接受，是在我们学习了西方理论技巧后。例如，曲式学、和声学的教育模式已经被完全西化。西方的乐理成为技术理论课上的最基本准则，于是大多数人利用了前辈所留下的优秀知识，在西方乐理的基础知识、技能和方法下，结合外来发展趋势，逐步领略了西乐的价值观。但要注意的是，在学习西方音乐理论时，一定不要过于牺牲我们的民族音乐。

高等师范院校音乐应该打破之前照搬照抄西方教学模式的手段，要学会吸收民族音乐的特色，能够举一反三将吸取的好的经验进行完美展现，从而形成新的、适合我国的音乐教学体系和方式。在寻找中西音乐共同点的过程中，在高等院校的教学生涯为多元化的教学征得一席之地，留下深刻印象。高等师范院校的音乐教育是多元性和创新性的结合，中国音乐教育的特点也在人们心中有了几种划分：融合了先进的音乐理论和多方面的艺术表现手法；丰富了、发展了人类共同留下的音乐财富；避免了重复和机械的模仿。

前人留下的优秀文化一直延续至今天的音乐教育，但当前的教育改革却发生了偏向，就是思想上和技术上都已经渐渐西化，这就要求教师有一套只属于自己的教材和学科体系。但是，由于建设音乐教材的底子过于薄弱，想要改革音乐教育有些困难，不知如何下手，主要原因在于教师对相关学科的基础知识认知，都是从音乐的产生和发展过程了解并学习的。因此，更应该对具有真正规范性意义的学科教材进行出版，让中国的传统音乐教材自成一派。

中国传统音乐在学校的学科设置，最大的目标就是对中国的传统音乐进行传承和保护。虽然我国高等师范院校的学生学习程度不一样，传统音乐的区域性整合的使用频率也需要研究，但高等师范院校教师更应该保持多元化和实用性原则，立足发展实际，掌握不同高等师范院校音乐专业学生的水平和音乐传承发展的必要性，制定出一系列符合高等师范院校的教材。

第二节　音乐教学的创新发展

随着当前社会的快速发展以及高等师范院校教育理念的不断提升，音乐艺术教育受到了学生越来越多的重视，在素质教育当中音乐教育也是最为关键的组成部分，受到了教师的普遍重视。近些年，为了满足社会发展中对于人才的需求，高等师范院校对于音乐教学不断地进行创新发展，这也是高等师范院校素质教育不断深化的主要举措。

一、高等师范院校音乐教学的原则与组织工作

（一）高等师范院校音乐教学的原则

音乐教学原则，是教师从事音乐教学工作必须遵循的基本法则。它是历代音乐教育工作者在长期的音乐教学实践中所获得经验的科学总结，同时也是根据教学论的基本观点，结合音乐教学自身的客观规律以及学生音乐心理发展特征制定

出来的。

高等师范院校音乐教学的原则分为七个：因材施教原则、启发性原则、直观性原则、创造性原则、基础性原则、综合性原则、科学性原则。

1. 因材施教原则

因材施教是指教学活动中教师根据每个学生的认知水平、学习能力以及自身素质的不同选择适当的学习方法进行针对性教学。旨在发挥学生长处，弥补学生不足，激发学习兴趣，树立学习信心，促进学生全面发展。

我国普遍的教学模式是集体教育，集体教育有助于教师管理，让教师有计划有组织地进行教学，但集体教育的缺点是学生人数多，教师不能注意到每一位学生，而个别教育就是教师只专注于某一位学生，根据学生的变化及时调整教学目标和方法。因材施教原则的提出就很好地处理了集体教育与个别教育的问题，将统一要求与尊重学生差异相结合。

每个人由于环境、经历、生理状况等方面的不同，即使处于同样的年龄阶段，他们的兴趣爱好、能力基础、天赋秉性也各不相同，所以教师要根据每个人的不同特点，进行针对性的教学，适应每位学生的需要。但根据我国教育人口现状来看，学生人数多，班级多，如果严格贯彻因材施教的政策，具有一定的难度，因此，教师要在现实的基础上尽最大努力将这一原则付诸实践。以下是几种参考方法：按条件的不同，挖掘每个学生独特的音色；按问题的不同，采取更加灵活且具有针对性的教学方法；按程度的不同，甄选不同的教学教材；按内容的不同，激发学生不同的情感。

贯彻因材施教的教学原则，教师应遵守以下要求。

（1）掌握学生的特点和个性。观察和了解每个学生的基本情况是教师进行教学首先要做的工作，教师根据自己通过长时间形成的正确的声音观念、精准的听力和判断能力，对学生的声音进行鉴定，研究学生声音特点，分析他们唱歌时的优点与缺点，设计合适的教学方案，采用相应的教学方法和内容。

针对初学者，教师应要求他们在上课前准备充分，用极大的热情接受教师的点评和指导，这样的艺术创造是有效且富有激情的；针对基础条件差、问题多的学生，教师应由简到难、由浅到深、有计划地进行教学，逐步纠正错误。例如，可以先从形体方面入手，要求其头部、两肩、背部以及臀部均贴墙，使小腹自然内收上提，下肋及胸腔也自然提起，这样会有效地解决胸弯背驼的问题；针对有歌唱天赋和条件好的学生，教师应使他们将优点最大化地发挥出来。

（2）对学生进行准确的声部鉴定。在人声的有效音域里，一般存在着"声区"现象，声区不同，发声的感觉与共鸣效果也各不相同。一般声区是固定的，要想获得良好的声音效果，就必须对学生进行准确的声部鉴定，找到学生发声的准确区间，有针对性地进行教学和演唱。如果声音鉴定出现严重错误，使声音违反自然的发声规律，会破坏学生的发声器官，从而对其声音的发展造成不良的影响。

（3）教学对象的差异决定了声乐教学的重难点。因材施教就是要从实际出发，针对不同个体，有选择地采取教学方法和教学内容。

针对初学者来说，可以先从培养他们的学习态度和品质做起。良好的学习态度包括谦虚谨慎、刻苦耐劳，针对学习程度较深的人来说，他们已经具备了一定的演唱技巧和演唱能力，此时应着重提高他们的素质修养以及文化内涵，让他们学习各个历史时期的音乐背景和音乐风格，加深对音乐作品本身的理解和感受，将情感注入歌唱里面，赋予歌曲鲜活的生命力。

因材施教通俗一点说就是以人为本，在尊重个体差异性的前提下，既要达到学生发展的共同要求，也要解决个体存在的实际问题，具体问题具体分析，具体问题具体解决，使每个学生都能获得最佳的发展。

2. 启发性原则

启发就是开导指点或阐明事例，在音乐教学中，教师的启发作用是非常重要的。音乐教学中有许多概念和感觉是抽象的，仅仅靠教师的讲解不能使学生有更加深刻的了解，这时教师就要启发和开导学生，鼓励学生多动脑、多思考，调动学生的独立性和主动性，使其逐渐领会正确的音乐观念，找到真正的歌唱状态。音乐教学需要师生的默契配合，因此，师生之间的互动也必不可少。

关于如何进行启发教导，可以从概念上的比喻和生活实例入手。例如，把歌唱气息的状态比喻成"一串用线串起来的有一颗颗珠子的项链"，把歌唱时的呼吸比喻成"手风琴的风箱"，把歌唱时的呼吸状态形容成"打呵欠"时的感觉等。

教师对学生的耐心启发和谆谆教导也体现着教学中的启发性原则。比如有的学生可能基础条件差，接受能力不足，进步不明显，这时教师就要对其加以肯定和鼓励，不放过学生任何一个细小的进步，增强他们克服困难的自信心和决心，并善于找到他们身上的闪光点，利用优势弥补其短处。在教学过程中，尽量在课堂中营造一种轻松自由的氛围，让学生能够全身心地投入学习中，只有把学生的精神状态调整好，让他们以一种精神焕发的姿态接受训练和教育，才能将他们的潜力激发出来，完成歌唱技巧与艺术表现的要求。

在教学中，教师还可通过音乐作品本身的艺术感染力，诱发引导学生的情感，以情带声地克服声音训练中的难点。

教师在课堂中充分地运用启发诱导原则可以促进学生用脑思考，提高他们分析和解决问题的水平，让学生对唱歌保持一定的歌唱欲望，激发他们学习音乐的积极性。

3. 直观性原则

直观性原则是指在教学活动中让学生进行观察和感知，引导学生形成对所学事物和过程的清晰认知，丰富他们的感性知识，从而能够正确理解书本知识，发展认识能力。

　　学生在学习书本知识时，经常会由于书本与他们个人生活之间的距离而感到困惑。虽然书本知识是前人通过各种研究和实验证明的真理，但要想真正理解并掌握还是具有一定的难度。直观性原则恰恰拉近了理论与认识之间的距离，通过提供给学生具体的参考经验或实物接触，帮助他们理解原本生疏的理论知识。

　　（1）直观性原则的类型

　　①实物直观。实物直观的对象是实际的事物本身，通过直接感知的方式对事物进行认识和了解。实物直观有利有弊。它的优点是给人以真实感，能够快速地让学生认识和理解生疏的内容，激发学生的学习兴趣，调动学习积极性。它的缺点是很难透过现象看到本质，由于时间空间和感官特性的限制，难以理解一些本质性的东西。

　　②模像直观。模像直观的对象是事物的模拟性形象，如图片、表格、模型、音像等，通过直接感知的方式对事物进行认识和了解。模像直观可以弥补实物直观的不足，不仅可以消除或减弱实物的非本质因素对本质因素的掩藏作用，还可以突破时空限制，扩大感性材料的来源。如果将实物感官和模像感官进行有机结合，还可以消除模像与实物之间的差距，避免造成知识理解上的障碍。

　　③言语直观。言语直观的对象是形象化的语言，通过言语描述或阅读文字引起学生的感性认识，以此达到直观的效果。言语直观虽然能摆脱时空的限制，是最方便实际的，但必须保证言语内容恰当必要，否则会因学习者的想象差异而导致概念混淆，其完整性和稳定性较差。

　　（2）贯彻直观性教学原则的基本要求。在教学中贯彻直观性教学原则，对于教师有以下基本要求。

　　第一，直观手段的选用要符合教学目标和教学科目的特点。教学科目不同，教学内容不同，其教学的目标自然也不同，所以根据实际情况选择直观性教学的手段，用最优的选择达到最优的效果。

　　第二，直观教学要符合学生的认识水平和能力范畴。直观教学的产生是为了解决学生的认知与书本之间的差距，如果直观教学内容的本身就超出了学生的认识水平和能力范畴，那么无论采用哪种直观手段，教学的效果都是微乎其微的，因此要充分考虑学生的因素。

　　第三，直观是手段而不是目的。要明确教学的目的是让学生理解和掌握知识，而直观只是教学的辅助手段，如果教师通过语言讲解就能解决知识上的问题，使用直观教学就是画蛇添足，为了直观而直观，只会降低教学效率和效果。

　　第四，直观教学手段要与教师适当的讲解相配合。采用直观教学并不意味着直观教学可以代替教师讲解，相反更要与教师讲解相配合，通过讲解加深学生对直观教学的印象和理解，更好地掌握知识。

第五，在直观的基础上提高学生的认识。直观给予学生的是感性经验，而教学的根本任务在于让学生掌握理论知识，因此教师应当分清主次，引导学生思考现象和本质以及原因和结果等。

4．创造性原则

创造能力是21世纪国际竞争中非常重要的能力之一，培养创新能力也是当今高等师范院校教育的重点。创造性的教育，是教育本质所蕴含的内容，能够推进素质教育。音乐教育发达的国家都很重视对学生创造能力的培养。以下是音乐教学中关于创造性教育的几个关键问题。

第一，创造性教育应侧重培养学生创造性的音乐思维，而不仅仅是音乐作品的写作。启发学生集体的创造性思维，应贯穿教学过程的始终。

第二，创作活动在一些较发达国家的音乐教学中是经常被采用的。这些"创作"虽也有旋律、节奏、曲式等，但都是很原始、很简单的，是多数学生都能轻松做到的。

第三，创造性教育的内容之一是即兴演奏。而即兴演奏在欧美、日本是经常被采用的教学形式，目的是培养学生的音乐创造性。这些演奏是原始性的、元素性的，学生在演奏过程中不仅提高了音乐感受能力，还获得了音乐知识和技能，培养了创造性思维。

5．基础性原则

创造与基础密不可分。只有拥有丰富的基础知识，掌握必要的基础技能，才能创造出更具价值的东西。没有与旧知识脱节的新知识，新知识的建立不是孤立进行的，都是在旧知识的基础上发展创造的。因此，在实行创造性教育的同时仍应该继续加强对基础性知识和技能的巩固，甚至对基础知识的掌握要求会更高。

在进行音乐教育之前，首先要求学生打好音乐基础，即掌握乐理基础知识和音乐基本技能，其次再对学生的创造能力进行培养。

高等师范院校音乐教育的基础主要指的是乐理基础知识。对于初学者来说，简谱、节奏、节拍等知识都要有一定的了解，将简单性和基础性的知识掌握吸收才能进行更高阶段的学习与练习。

6．科学性原则

科学性原则主要体现在教学目标的设定上。教学目标是课堂教学的方向，它的设立是否科学会影响教学能否顺利地实施甚至教学任务能否完成。因此，要重视教学目标的设立。关于如何设立科学的音乐教学目标，有以下两点参考。

第一，因地制宜地设立教学目标，考虑好学校类型及班级实际情况。

第二，实事求是地设立教学目标，不要好高骛远，脱离实际。

在音乐教学中，有效地坚持科学性原则，可以使教学更具针对性和合理性，提高教师完成教学任务的效率，促进教学整体质量的提升。

（二）高等师范院校音乐教学的组织工作及需要注意的问题

1. 高等师范院校音乐教学组织工作

教学有法就是说教和学都是需要遵守一定原则的，教学是有方向和目标的，不能盲目前行或偏离目标。教无定法就是说教学方法并不是固定的，也没有好坏之分，只要是合理的，能达到教和学的目标都可以。贵在得法就是说针对不同的对象要采用不同的教育方法，要有一定的灵活性与创造性，达到最好效果的方法才是最好的方法，找到最好的方法才是得法。音乐教学也是如此，要把握好教学目标和教学方法，让音乐教学更加有效。高等师范院校音乐教学组织工作包括音乐课程的实施目标和音乐课程的实施。

音乐课程的实施目标应该做到课程目标的三维"整合"。三维目标分别是知识与技能目标、过程与方法目标、情感态度与价值观目标，其中最重要的是情感态度与价值观目标。其之所以重要是因为一个人如果具有积极乐观的态度和正确的价值观，内心就会产生巨大的精神能量。在音乐教学中，音乐教育是一种审美教学，其教育方式是以情感人，以美育人，凭借知识和技能是很难习得的，需要从情感方面入手，所以音乐课程教学目标里最重要的是丰富学生的情感体验，培养学生的审美情趣，促进学生个性的和谐发展，即情感态度和价值观目标。知识与技能目标和过程与方法目标则是偏向知识技能的习得，着重培养的是学习的能力，这在音乐教育中也是非常重要的存在。总体来说，三者的关系就是过程与方法、知识与技能是情感态度与价值观的基础，而情感态度与价值观是过程与方法，知识与技能是目的。

课程目标的三维"整合"就是将这三者进行有机的结合，使课程目标更具科学性和规范性，更能体现新课程理念。需要注意的是，三维目标并不是三个独立的教学目标而是一个目标的三个方面，课程目标的三维整合，也不是三维目标的平均分配，而是有重点地凸显三维目标中的某一部分内容，通过实现其他目标进而支撑主要目标的达成，既能突出重点又兼顾一般，在有机的结合中共同实现课程实施目标。

在课程实施方面，需要建立一个新的、适应课程发展的课程评估方式和标准。事实证明，一个完善的评价机制能够保证课程实施的顺利进行和有效开展，是保障课程实施的一项重要环节，可以改变以往不利于课程发展的现象。课程实施评价不仅包括课堂评价，还包括课程开设、课程活动组织以及活动内容等方面的反思，这些都是提高课程实施质量的重要保障。课程实施评价需要遵守两项原则，即导向性原则和过程性原则。导向性原则是指在进行音乐教育时要有一定的理想性和方向性，指导学生向正确的方向发展。培养学生对音乐学习的积极性和创造性，不以专业化作为衡量学生音乐素质的标准，注重培养学生全面的音乐素质。过程性原则是指在课程实施中要加大对学习过程的重视，这样有利于培养学生的自信心和学习兴趣,帮助学生养成良好的课堂常规和学习习惯。

2. 高等师范院校音乐教学组织工作需要注意的问题

(1)遵循高等教育课程的一般规律。高等师范院校音乐教学组织工作必须遵循高等教育和高等院校发展的类型、层次及形式定位的一般规律。在人才培养方向和规格上要目标明确,符合应用型人才的培养要求。

高等师范院校音乐教学组织工作必须遵循人才培养的无限性规律。人才培养具有无限性,这是因为人才的长成与发展具有阶段与长期、单向与全面、普遍与特殊的特点。高等师范院校音乐教学虽然侧重培养的是高等音乐人才,但不能只局限于这一点,音乐与其他学科也有着非常多的关联,不能割断培养,要尊重并且坚持人才的多元化、多样化。

高等师范院校音乐教学组织工作必须遵循音乐艺术美的规律。音乐艺术本身就是一项审美艺术,在音乐教学组织工作中,更要发挥音乐的优势,用音乐独特的艺术魅力调动学生学习的积极性与主动性,让学生以一种愉快的心情投入音乐艺术氛围中。

(2)加强对音乐文化知识的教育。音乐与文化之间的关系极为密切,要想提高音乐素质,加强对音乐文化知识的教育不可或缺。高等师范院校音乐教育不能只重视音乐技能的培养,还要强调与音乐相关的文化知识的重要性。教师在传授乐理知识的同时,可以拓展音乐作品的历史背景、作者的创作意图以及作品的特殊意义等方面的知识。学生在掌握音乐文化知识的同时也加深了对音乐作品的理解,从而更好地提高自己的音乐素质,激发学习热情。加强对音乐文化知识的教育既培养了学生的爱国情操,又全面提高了师范学生的人文素养,响应了我国建设现代化强国的号召,为我国培养和提供了更多的应用型人才。

二、高等师范院校音乐教学能力的培养

(一)从实践教学入手,丰富课堂教学形式

实践教学是指学生在教师的指导下,通过实际操作,获得知识和技能,提高综合素质的一系列的教学活动。高等师范院校音乐教学能力的培养可以从实践教学入手,丰富课堂教学形式,提高课堂教学水平。课堂教学形式有三种,分别是主题形式的课堂教学、小组形式的课堂教学、舞乐结合形式的课堂教学。

1. 主题形式的课堂教学

主题教学是指课堂中的教学内容围绕某一话题展开,学生对此话题进行深入的探讨和仔细的研究,主动参与课堂的教学活动。主题教学所探究的主题要在学生的理解水平范围内,最好与自身的生活经验相关。以主题教学为主线,进行音乐课堂教学实践,是提高学生音乐教学能力的一项重要措施。在开展课堂教学实

践活动时需要根据音乐专业的特点，合理选择教学主题，科学设计教学内容，组织多样的教学活动。下面以"越剧音乐"这个主题进行案例讲解。

主题为"越剧音乐"的实践活动教学。主题活动的目的是通过音乐教学弘扬地方民族戏曲，让学生在活动中感受到越剧这个传统艺术的独特魅力，培养学生的民族精神。活动内容是先选择一些优秀剧目，让学生进行鉴赏分析，然后组织小组进行创意改编。优秀剧目可以选择《梁山伯与祝英台》《西厢记》《红楼梦》等。教师先向同学们介绍选取越剧的故事梗概，让学生对故事的背景有一定的了解，再利用多媒体播放选曲片段，最后留出部分时间让学生们进行创意改编。在学生进行创意改编的过程中，教师可以提出一些可行化建议，比如将越剧演员的动作进行分解化处理，或者将一些戏曲动作与现代舞蹈相结合，再或者利用一些简单的道具给表演增加演出气氛。在小组内，选出负责人，进行分工安排，比如部分同学担任动作设计员，部分同学担任道具管理员，部分同学完成唱腔表演等。表演完成后，可以让学生自己选出最喜爱的节目，教师则在最后进行点评。

2．小组形式的课堂教学

小组形式的课堂教学是实践教学中采用最普遍的课堂形式，以小组为单位开展课堂教学实践活动，可以培养学生的合作意识、动脑意识以及责任意识，不仅可以将课堂真正还给学生，还能提高课堂效率，创设良好的学习氛围，在以往的实际课堂中，通常都是一个教师面对几十个学生，这些学生的水平、能力、知识接受程度等都各不相同，但是由于教师精力有限，只能选择将多数人的问题当成难点或重点问题进行讲解，对于少部分能力不足的学生，没有办法通过一对一的形式进行教学工作。除此之外，教师讲学生听的模式也有其不合理的地方，学生被动地输入知识的效率比那些自主学习吸取知识的学生的效率要低很多，实际上，这种教育模式已经无法适应学生的学习需要，小组形式的课堂学习恰好弥补了这些不足，体现了我国高等师范院校课程改革中以人为本的原则。

小组形式的课堂教学，将学生按照一定的要求进行分组，在一定程度上可以解决以往教学中水平参差不齐的情况，有利于教学效率的提高：每一个小组选出综合能力较强的人作为小组长，负责小组内部的管理工作，这样可以培养学生的责任感和使命感；根据教师下达的不同任务，小组内部可以进行分工合作，这样可以培养学生的合作交流能力和执行能力。

在小组形式的课堂教学中，提供了一定的竞争平台，小组与小组竞争，组内成员竞争，既培养了学生们的竞争意识，也培养了学生的团结意识，有效地提高了学生学习的积极主动性，并提高了整体的教学效率，让更多的学生参与到课堂教学中来。

3．舞乐结合形式的课堂教学

音乐与舞蹈都是关于美的艺术，二者是一对同宗同源的姐妹花，是人类生命力的表现形式，也是人类表达情感的重要载体。著名的奥尔夫教学法就是提倡在音乐教学中，首要任务是自然地表达思想和情绪，学生在学习中必须动脑、动手、动脚，全身心地感受和表现音乐。目前，舞蹈这种深受学生喜爱的艺术表现形式已经在音乐教学中得到了广泛的应用。用简单的舞蹈动作表现自己的情感，不仅是一种有效的情绪表现手段，也是培养艺术能力的有效形式。

舞蹈教学中，常常离不开音乐的点缀，同样，在音乐教学中，将舞乐结合也不失为一种好的教学手段。在课堂上，选择适当的音乐进行播放，让学生根据音乐的律动舞动起来，充分地调动了学生学习的积极性，同时要重视鼓励学生即兴表现，鼓励学生把自己的感受表达出来。在舞蹈与动作的训练中培养学生的身体协调性，在音乐和音响中培养学生对音乐的感受能力和鉴赏能力。

在教学过程中应该根据需要，可以采取即兴表演的方式，在欣赏音乐的同时加入适度的动作与技巧，随之舞动，让学生在即兴表演中感受节奏的魅力。在舞乐结合的课堂教学中还可以根据地域特点，加入具有地方特色的音乐素材，在舞蹈与动作的即兴表演过程中、在不知不觉中学习各种类型的音乐。音乐与舞蹈、音乐与动作的完美结合，可以使学生学习兴趣大大地提高。

（二）从创新评价方式入手，丰富课堂评价内容

经过实践证明，有两种评价很受大家的欢迎和认可，对教学能力的提高很有帮助。

1. 利用"班级博客"平台，充实课程评价内容

博客是一种具有简单便捷、传播迅速、传播范围广特点的，基于关注信息获取、分享及传播的社交网络平台。在21世纪初，博客在世界各国快速流行起来。博客操作简便，即使是没有任何编程能力的人也可以轻松地对个人微博进行升级和发布。博客不仅是一种社交工具，也是一种有效的认知学习工具，通过博客人们可以进行各种场景创建、情感互助、协作交流和评价反馈。

虽然博客的主要功能是社交平台，但它的诸多功能还决定着博客可以作为一种教学辅助工具，有了这个工具，教师可以在线与学生进行互动交流、评价反馈。

研究表明，恰当的评价在教学中往往会收到意想不到的效果。评价方式多种多样，例如，有课堂上针对学生具体表现，教师直接给予评论的口头评价；有通过书面形式对学生学习情况给予表扬的书面评价；在信息时代，还可以通过"班级博客"的形式，对学生的学习情况通过网络进行评价。其中，利用网络对学生进行评价的评价方式，在完善和充实课程评价体系建设中起到了积极的作用。

利用"班级博客"形式进行教学研究，是数字技术发展给教学研究带来的一项便利、有效和快捷的技术手段。它的应用使教学评价工作变得更简单、更有效，目前已经成为一种具有时代特征和行之有效的新型评价工具。教师在组织音乐课程教学时，要求以班为名义在网络上建立"班级博客"。在"班级博客"中，

学生可以小组或个人的名义，将对课程学习的认识和教师布置的作业发到博客上面。教师可以直接在网上对作业进行评价，学生也能看到相互之间的作业并进行互评。

通过这样的交作业方式，学生不仅感觉到新奇，还开始将此作为一种有趣的作业方式来对待。

教学中，师生可以直接对博客内容和交流形式进行分析。通过这种对话形式，不仅能让学生明白自己所做工作的意义，对他们后续的学习和实践也给予了很大的帮助。在"班级博客"中，首先学生能充分认识到"班级博客"中的电子档案袋对自身学习、成长的作用与价值；其次，学生能充分认识电子档案袋的类型，如过程型、展示型及作品型等；再次，学生能理解电子档案袋所具有的多样性的特点。通过学习，学生的思想认识有了进一步提升。许多学生以个人名义建立博客，对其专业学习进行一定的总结、归纳，增强了学生学习的自觉意识。建立"班级博客"的方式，虽然在表面上弱化了教师"教"的形象，但是实际却突出了学生"学"的身份。在这其中，学生更能强烈感觉到自己是学习的主人，学习主动性得到了大大的增强。

利用"班级博客"形式进行评价，需要任课教师以公平、公正和教书育人的态度进行。只有在确保评价公平与公正的基础上，着力体现评价的激励性功能，评价才可能获得学生的认可，起到评价的激励作用。这种来自学生内心的认可，才是评价激励功能的原动力。此外，教师全身心地投入和付出，教师以身作则的优秀品质，都能起到榜样和标杆的作用。学生从教师的身上体会到榜样作用，感受到榜样的力量。在榜样的引领下，认真领会教学理念，学习教学方法，形成教学风格，掌握教学评价方法，这是建立"班级博客"的意义和价值所在，也是以教师行为带动学生学习，进而提高课堂教学质量的有效方法。

2. 拓展"班级博客"评价内容，提升课程评价效益

在以往的音乐教学课程中，课堂随机性评价得到了广泛的应用。所谓随机性课堂教学评价，是指根据教学实际情况，对学生的表现给予及时、有效的评价的一种方式。课堂随机性评价具有快捷、有效等特点，它"不同于面对中小学生在课堂上经常使用的鼓励性评价方式"，而是一种针对相对成熟的高龄学生所采用的评价方式。大学课堂面对的是一群心智较为成熟、有一定的知识储备和理性思维能力的学生。他们知道自己想做什么、应该做什么，但是却不知道怎么做，对自己的表现把握不准，理解不透。因此容易在思想上、认识上频繁摇摆，进而影响学习的持续性和有效性。这时需要教师通过随机性评价的方式，给予及时的指导和鼓励，满足学生的学习欲求。然而随机性教学评价并不是一味地夸奖和鼓励，一般情况下，教师也需要对学生存在的问题一针见血地指出并提出改进意见。这种褒贬结合、能切中时弊的随机性评价，学生的认可度较高，他们在得到教师鼓励的同时，也都会虚心地接纳教师给出的建议并及时对存在的问题做出改正。

随机性教学评价，在激励功能方面有着独特的优势，在课堂教学中能够起到及时、有效的激励作用，对课堂教学的有效性具有积极作用，成为课堂教学中的常用激励方法，但是这种方法也存在一定的局限性。其局限性主要在于这种评价来得快去得也快，往往只能产生短时性的激励效果，无法使刺激性得到较长时间的延续，制约了评价作用的实效性。因此在采用这种评价方式的时候，需要将它与"班级博客"评价方式相结合，既发挥课堂随机性评价便利、快捷和见效快的特点，又发挥"班级博客"长效性的特征，在相互作用下，互为补充的有机结合中，最大限度地提高课程评价体系对课堂教学的激励功能，充分发挥评价措施在提高课堂教学能力中的重要作用。实践证明，课堂随机性评价与"班级博客"评价的结合，是一项可行、有效的评价方式。

其主要方法是，每一小组的教学设计案例都会放在博客中展示，并附有教师较详的评语，有利于学生之间进行互评和相互借鉴、学习并共享教学成果，并把对这些成果学习的心得，又放到"班级博客"中进行相互讨论，在讨论中形成共识，提高能力。

第三节 音乐教学评价的创新发展

教学评价在教学研究中起着不可或缺的作用，同时也是教学研究的一大重要课题。高等师范院校音乐教学评价是检验课程实施成功与否的可靠依据，是对于教师教学和学生学习效果的一个有力判断依据。

一、高等师范院校音乐教学评价的理念与特点

（一）音乐教学评价概述

"评价"一词来源于英文"evaluate"，这个词可以被理解成"引出和阐发价值"，换句话来说，它是用来对人或事物进行价值衡量的一种特有方法。从宏观的教育层面来看，音乐教学与课程是否能够顺利进行并取得良好成绩都与它密切相关。

音乐教学中的评价内容和指标都需要依据音乐课程标准来实施和评价，它的评价应侧重于全面性、基础性、学科性、科学性以及层次性等各个方面。也就是说，音乐教学评价应是比较全面的评价，它在注重人文素养、情感态度、价值观念评价的同时，还需注重对音乐知识、音乐技能、音乐基础理论与创作的评价。

以往传统单一的音乐教学评价形式和方法，在当今时代是不可行且不适宜的，当代需要的是多样性、实效性、可操作性以及促进性等多种元素结合的评价。因此，教师应注意将形成性评价（一般指在学习的中间时期进行评价，比如单元评价、学年的中间时期等）与终结性评价（一般指在教学结束后，对学生以及教师的授课效果进行评价）进行适宜的结合，将定性评价（一般是来自主观上的判断与分析，主要运用语言进行）与定量评价（一般运用数字语言进行判断与分析）进行灵活的结合，将自评与互评及他评等进行合理的结合。在原有评价内容、指标、形式与结构上，进行积极探索和研究，争取创造出新的评价内容、指标、形式与结构，并将评价的自主性、民主性、促进性与发展性充分体现出来，深入构建和探索评价的理论与体系，营造民主评价的氛围。总之，评价是为了促进每一个学生的发展。

（二）音乐教学评价的理念

教学评价是一种动态评价，它是基于一定目的，使用可行性科学方法和手段，并依据教学设计中所预定的教学目标，对教学和教学最终效果进行客观性衡量以及科学价值判断的整个过程，它广泛地存在于各种教育实践活动之中，是一项本着全面推进素质教育的思想原则而实施的具有意义和价值的活动。音乐教学评价的内容极其丰富，其主要包括音乐教学过程中的师生、教学内容、教学手段、教学方法、教学环境等诸多因素的全面性评价。

音乐教学评价在整个教学过程中起着关键性的作用，如果没有它的存在，就不能对课堂教学的改革起到监控和导向作用，也就意味着教师和学生不能够直观得知自己在教与学的过程中出现了哪些问题，从而致使学生的学习效果不够显著，教师的教学质量出现下滑。

因此，音乐教学评价需要遵循基本教育课程改革所提倡的革新理念——"立足过程，促进发展"，确立和完善一个较为健全且科学的评价体系。

1. 关注学生，为学生的终身发展奠定基础

音乐教学评价不仅是为了对学生所学的知识、技能掌握的情况进行检测，还要关注学生的整个学习过程、在这个过程中对学习方法的使用情况，以及在整个学习过程中学生对音乐学习的态度与价值观念的形成。音乐教学评价也应该立足于促进学生发展的需要而进行。

音乐教学评价存在的最终意义是为了帮助教师创造出适合学生学习的音乐教育方式及方法，并使教师更加关注于学生的成长和进步，尤其是随着社会经济的不断发展，网络信息时代的到来，学生在各方面的知识都得到迅速增长，对于仅以传授知识、技能训练为主要教学目标的音乐课程来说，已经面临被淘汰的命运，这就需要在音乐教育的过程中，注重培养学生良好的学习态度、创新表现意识、积极参与实践活动的能力以及乐观向上的健全心理等，为学生的终身发展奠

定坚实有力的基础。

下列内容是以学生为中心的心理学原理，合理使用这些原理有助于促进教师关注学生，并为学生的终身发展起到一定的辅助作用。

第一，任何教育评价的本质都是在于促进学生有意义的学习。

第二，教师应将学生需要掌握的知识、学习策略以及当前阶段应具备的能力放置到日常教学活动中去并加以训练。

第三，音乐教学评价的内容应该是清晰、准确、正确的，其评价的结果要使学生能够清楚地认识到自己在各种课程上的能力和成就所在。

第四，要遵循评价的持续性，在课上对学生进行连续评价，这是获取学生发展纵向资料的一种有效手段。

第五，音乐教学评价在一定程度上可以激发出学生的学习动机，使他们认清自己出现的问题，并认同此观点，促进其发挥出自己的真实水平。

第六，音乐教学评价应是公平、公正的化身。不管学生的性别、年龄、学习成绩的高低、家庭背景等是怎样的，都应对其一视同仁，平等对待，公平评价。

第七，音乐教学评价的内容是较为全面的，教师在关注学生认知能力、学习策略和知识的同时，还应关注学生的学习动机、态度和情感的发展。

第八，音乐教学评价需要在真实环境中进行，要求学生完成的是对他们有意义的任务，且这些任务应与课堂内容和教师所提供的指导保持一致。

第九，教师应注意评价后对学生成果的展示，只有这样才能将学生在某些功课上的真实水平进行直观表现，同时使学生真正意义上发现自己的问题与进步，这对学生来说具有鼓励意义，能促进学生的学习动机。

第十，针对音乐教育评价，应设置一个系统化的评价标准，在设置系统化评价标准的同时，还需邀请学生、家长、教师以及教育部门相关管理者一同参与，这样才能确保评价活动的参与者对评价的认同。

2. 关注个体差异，实现评价指标和内容的综合多元化

描述性评价从字面意思来讲，是教师用语言形式进行的一种具有描述性的评价，它包含了行为观察在内的多种手段。其搜集学生行为表现的资料，将学生的一系列行为表现与既定目标做比较，用较为准确形象的文字简要加以描述。这类评价工作量大，操作较难，更适合于对涉及单个对象、易于从总体上进行把握的工作进行述评。学校应在学生的整体评价中，改变以往固有且统一的标准化（按一定的标准）、量化（用数字来衡量）分数指标，取消单一的分数考评模式，积极开展以描述性为主的等级制评价方式（用A/B/C/D等字母评定来代替原有的准确数字的评定），用过程性评价来取代结果性评价，用发展的眼光看待、反映学生成长的过程和内容。

例如，教师在音乐教学过程中，对学生音乐感受力、演唱演奏能力、音乐创作能力等方面进行教学评价，可采取"优、良、中、及格"的形式，也可以采用

"A、B、C、D"的形式进行等级评价,评价是一把"双刃剑"。教学评价要在不伤害全体学生的前提下实施,这是一名优秀教师的责任。该教师课堂上即兴的引导性评价,体现了音乐课程学习的学科性,既启发学生表现和理解了节拍的规律,又引入了对休止符知识的学习。虽然这一评价是在表演活动中即兴插入的,但对学生课堂学习的促进和能力的发展都是非常有意义的。

世上没有完全相同的两片叶子,也没有完全相同的两个人,每个学生都是独一无二的,都具有不同的个性。音乐学习中的审美感知、审美理解和审美情感等培养,都是以个体内在特有个性的体验和感受开始并完成的。在欣赏音乐美和创作音乐美的过程中,每个人的感觉、情感、想象、理解等对心理能力都起到活跃与协调的作用。每个人在能力、智力、性格等方面都具有一定的差异性,这种情况是必然的。

所以需要音乐教师在对学生进行评价时,尊重每个学生特有的审美心理过程与规律,重视学生的个性发展,多鼓励学生参加各类音乐活动,并用自己特有的方式表达情感和知识层面,使音乐教学模式更加灵活、更加多元化,为学生的音乐学习提供良好空间。

评价内容指标应具备综合多元化准则。针对学生的个性发展、音乐基础、个体差异以及家庭影响等诸多因素进行客观评价(实事求是、公正的评价方式)、相对评价(以一个群体的平均水平作为参照物,再将成员进行逐一比对)、形成性评价(为及时发现教和学的问题所进行的评价),且在学生富有个性化的音乐实践中,采用全方位的评价,最终使学生形成具有特点的个性化审美情趣。

3. 强调音乐实践,培养学生的创造意识和能力

实践对于音乐来说是至关重要的,我们学习音乐为的就是将它进行实践。而音乐课堂的教学过程本身就是学生在教师的指导下参与和体验音乐学习的一个实践过程。

音乐课堂教学评价需要注意学生在进行情感体验的过程中有没有真正获得情趣、审美品位、价值观等;音乐教师所设计的审美实践活动有没有吸引学生的注意,且使其主动参与进来;学生在参与活动中有没有积极参与体验、探究、创造等,且将音乐知识和技能的学习作为整体性音乐实践活动的重要组成部分。

学生的创造意识与灵感是通过参加各类音乐实践活动获得的,因此可以理解为,培养学生的创造意识和能力,是音乐实践活动的根本目的。这类音乐实践活动应该是活泼的、生动的、充满自主气氛的音乐实践活动,只有这样的活动才能更好地激发学生的表现欲以及音乐创作中的灵感,有效的教学评价可以增强学生的创作意识,使其勇于展示自己的个性。教师也应多关注学生在创作过程中的独特性和多样性。

（三）音乐教学评价的特点

1. 重视教学过程取向评价和主体取向评价

（1）教学过程取向评价。教学过程取向评价更注重教育价值的结果，强调把教师与学生在课程开发、实践、教学运行过程中的全部情况都纳入评价范围，任何具有教育价值的结果，不论其是否符合预定目标都应受到评价的支持与肯定。它在支持量化评价的同时，还提倡质性评价，由于受到"实践理性"的影响，它强调学生与真实评价情境间的相互作用。

（2）主体取向评价。主体取向评价认为，评价的主体分别是教师和学生，评价是教师与学生共同构建意义的过程。这种评价与过程趋向性评价有所区别，其强调评价主体的自我反思以及自我评价的能力。

2. 重视评价主体的互动性

评价主体的互动性是音乐课堂教学的一个重要组成部分，其主要强调评价双方在评价过程中的双向选择、沟通和协商。这样有利于学生与教师之间的深入了解，有利于教与学在真正意义上互动起来，从而减少了学生与教师之间的隔阂，学生能够心平气和地接受教师给予的评价，并能积极配合教师加以改正，只有这样才能促进学生各方面的发展。

3. 重视评价指标的多元性

评价指标多元性指的是评价的方面、层次比较详细、全面。

在音乐教学过程中，评价指标多元性是面向未来、面向发展的一种评价方式，其所注重的是学生较之前的改变和发展，不对学生的过去和现在进行评价，教师可通过这样的评价方式帮助学生认识自我、完善自我。

在音乐教学过程中，评价指标多元性是侧重于对学生个性和创新能力的评价方式。就评价指标多元性从个性和创新层面来讲，主要包括对创新意识、创新能力、思维品质、观察力、想象力等的评价。这样有利于尊重学生在评价中的个性反映方式，激励学生的创新意识。

在音乐教学过程中，评价指标多元性的主体是学生，这就在一定程度上使学生由过去的被动应付变为主动参与，教师尊重学生，将学生作为主体，这在一定程度上增加了学生对教师评价的认同。

在音乐教学过程中，评价指标多元性更重视学生的质性评价，使整个评价更生动、活泼。

4. 重视评价功能的持续发展性

事物都是在不断发展的，这是一个毫无争议的事实。对于教育以及教学评价也应是持有这样的态度。原有的教育仅仅是重视学生所学到的知识，现如今的教育更加注重学生各方面的发展。因此，教学评价也在一定程度上发生了变化，由过去仅仅关注学生的知识，转变为更加关注学生掌握知识的方法和过程，注重学生在学习过程中的情感的变化以及价值观的形成。评价是为了给学生创造更适合的教育，而不是以选拔为根本目的。

5. 重视评价重心由"结果"转向"过程"

评价重心指的是在教学评价过程中的关注点。传统教学更关注学生的学业成绩，也就是关注评价结果，这是具有终结性色彩的评价，是针对过去的一种评价。当代音乐教学的评价则更关注学生的发展，是面向未来的，属于关注过程的形成性评价。

以上所说的形成性评价和总结性评价，是根据教学评价的时间以及作用的不同来划分类别的。形成性评价一般是指教师在学生学习中及时进行的一种评价，比如音乐教师今天的授课内容为音值组合法，因此，在临下课时给学生们出两道关于音值组合法的题，对学生进行了一次小测试。教师可通过学生提交的小试卷来发现一些实际存在或是即将出现的问题，在下节课时可以及时对学生进行指导。这种通过实际问题的结果来判断分析学生在学习音乐过程中遇到的问题，就是由结果转向过程的方式。

二、高等师范院校音乐教学评价的创新实施

（一）对学生的评价

所谓的学生评价，其主要目的是对学生的音乐学习进行评价，这个评价不仅仅是对学生音乐成绩的单方面评价，还包括对情感态度的变化、价值观的形成、知识掌握程度、与同学和教师间的协作能力、对音乐美的鉴赏能力以及审美理解的形成等全方面内容的评价

1. 获取评价信息的途径

凭空想象是无法进行评价的，要想对学生进行全方位的评价，首先需要了解各方面的情况，也就是说，要收集、调查或是获取学生各方面的信息，通过对这些信息、数据的分析比对，才能帮助学生更好地学习。获取信息的方式有多种，在教学过程中使用较多的是以下几种方式。

（1）问卷调查法。问卷调查法是一种较为直观、简洁且又能在短时间内收集大量信息的常用方式。这种方式有利于课堂随堂进行。所获得的信息数据方便整理比对，方式较为灵活。在课堂上进行的话，更便于回收。其主要适用于对学生的音乐尝试、基本乐理知识等进行了解和调查，但并不提倡频繁使用，因为音乐课程要以实际音响为主，只有将音响与这种笔试测验相结合才能最大限度将评价意义发挥出来。

问卷格式设置比较自由，版面样式比较多，一般情况下由说明、问答题目和结束语三部分组合而成。说明部分，顾名思义是向答卷人说明其所生成问卷的目

的意义；问答题目主要是表明问题的要求等；结束语部分主要是提出开放或封闭式的问题。问卷的内容不应涉及个人隐私，不应消极，要具有正能量，给予学生正确的引导。

（2）测验法。毋庸置疑，测验法是以测量、检验的方式、方法，对学生某些方面的相关数据进行分析，从而得出评价结果。其运用到音乐教育之中，主要是针对学生的音乐学习能力、音乐成绩、在音乐方面的潜质、学习态度等进行相关测验。以音乐教学中，教师对学生进行的演奏测验评定为例。

首先，教师对学生合奏能力进行测验评定。可将主观判定作为主要依据，但这并不意味着判定结果不合乎客观实际。所以在评定时要注意以下几个问题。

第一，评定标准的设置。合奏评定的一些相关事项以及内容的设置等，不应由一人决定，而要通过评定小组讨论之后进行。一般情况下会设为五项或是六项。

第二，分数或等级的设定。评定的结果可以采用分数制，如10分制等，也可以采用等级制，如优、良、中、差等评分制。音乐教师在通常情况下都会使用去掉一个最高分，再去掉一个最低分的方式进行最终结果的评定。

第三，评定小组构成的过程。一般而言，评定小组都是由教师组成的，其人数控制在4~6人，可统一类别对学生进行评定，也可以分工的形式对学生进行全面评定。

第四，组织测验。首先，此项应由评定小组来设定，要明确测验的各项内容。比如演奏者应选择怎样的曲目？是由教师指定，还是学生自由选择？其次，独奏的测验评定。独奏能使学生的实际水平更为清晰地展现出来。但由于整个班级或是整个年级的学生数量比较多，这种独奏的检测形式实施起来是比较困难的，因此可以在众多学生中，以抽签的方式来选择学生代表，数量一般会控制在全体学生的1/4左右，这样测验的结果是比较真实的，且影响也不会太大。独奏测验的相关内容同样由评定小组来进行制定。由于独奏测验学生的数量比较多，这就需要检测实施内容相关项的制定较为明确且统一，例如，选曲是规定的几首中的一首，还是可以自行选择曲目；独奏者所选曲目的难度系数应控制在哪个范围内；可以视奏还是仅以背谱的形式进行演奏等。最后，针对音乐创作能力的测验评定是必不可少的。因此，在进行音乐创作测验的过程中，教师应注意以下几项问题。

创作中的动作表演。评定小组可设置这样一项内容，当学生在听一首乐曲或是歌曲时，要按照相关音乐的故事情节、情绪变化，自由发挥设计节奏动作，进行相关即兴表演。通过这种测验可以锻炼学生的肢体协调能力以及学生对音乐节奏的敏捷度等。

创作的填充能力测验。这个测验主要是让学生对原有乐曲进行二度创作，一般教师会给学生一小段旋律，控制在8小节左右，在其后留出4~6小节让学生独自完成创作，最终构成一段较为完整的乐曲。

音乐是需要实践的，因此教师不能将测验与音乐的实践相互分离，学生不仅要做到使音响质量合格，还应做到在实际操作中各项能力合格。由此可以说，评价手段和方法的分项测评，必须是建立在以提高和评价学生的音乐感受力、理解力和创造力为前提的发展学生整体的音乐审美素质的基础之上的。

（3）自评与互评法

①自评法。自评主要是自己对自己进行的评价，这种评价可以是学生在进行课堂练习时，可以是单元课程完结后，也可以是在期中或期末前。

这种方式充分地体现了学生的自主、自控能力，为其在学习中树立了信心。学生可通过建立个人音乐档案的方式，记录并展示自己在音乐学习过程中遇到的问题以及处理问题的方法等。从教师层面来讲，能使教师更加深入且多维度地了解学生，并起到关注学生的效果；从学生方面来讲，他会为此而提高自己的自省能力，更容易接受自己的问题并进行解决。

②互评法。互评主要是同学与同学之间、同学与教师之间、小组集体间进行的相互评价，这种评价方式有助于促进学生与学生之间的友谊，或是增进彼此之间的了解。

比如，班级音乐会，每个学生或是简单的几个学生进行简单表演，其他学生进行相关评价，教师也可以参与其中，这样充分体现了评价的民主性，可以使整个班集体更加团结。班级音乐会的形式是比较丰富的，可以音乐会作品的形式进行，可以某一歌剧的选段进行，也可以音乐小品的形式出现，达到使学生相互交流和激励的最终目的。

2. 量化与定性分析评价信息

所谓的量化分析，简单讲是对数量的分析，对教学评价而言主要是对获取的评价信息进行数量上的一个分析。定性分析与量化分析有所区别，其主要是在获取评价信息的基础之上，运用整合的方式对评价进行一个描述或是解释说明等，在音乐教学评价中，需要将量化分析与定性分析进行结合，才能使评价效果更好。

（1）量化分析

①评价信息数据的前期整理。统计分类：将所获取的评价信息，按照特征进行分类，比如成绩分类、学校分类；将数值从小到大或是从大到小按照一定的顺序进行分类等。统计表和统计图：将所得到的评价信息数据转化成图表或是统计表的形式，这种方式较为直观和简洁，且可以用颜色、图形等方式进行类别的区分。

②描述统计。所谓的描述统计，其主要是根据图表或数字的显示，对数据信息进行的整合与分析，也可以理解为是对数据进行更深入的集中量和差异量的分析，并对这些数据信息加以计算。

集中量是用以描述某个团体中心位置的数据值,它能够直观反映大量数据所指向某一集中点的情况,其包括算术平均数、调和平均数、众数等;差异量用于描述某一组数据信息的分散趋势,其主要包括全距、方差等。

量化分析通常情况下主要是利用计算机和统计软件进行,如此一来,它的客观性就比较强,且效率高。统计分类可以说是量化分析过程的开始,之后分别对数据分布的形态以及具有的特征进行描述,最后进行相应评价结果的检验以及对于这些因素的分析。

(2)定性分析。定性分析实际上是分析方法的一种,它侧重对数据整体发展进行分析。这种分析方法,主要建立在描述性资料的基础之上,教师针对所收集到的学生的相关信息进行整合、归总。在音乐教学过程中,这种方法的使用相对来说是比较频繁的。因为定性分析能够将音乐学科的特点更为充分地体现出来,这样对于学生音乐能力的全面发展有较大帮助。例如,教师在平日对学生进行的"鼓励式评价"就是定性分析评价方式的体现,一般用来对学生的学习态度、参与度、兴趣、自信心等方面进行评价。

(二)对教师的评价

教师队伍整体素质的高低决定了国家、民族教育事业的发展状况。教师评价既是教师管理的主要手段,又是提高教师整体素质的有效途径。因此,教师评价是音乐课程中关注的关键问题之一。

在传统教育观念中的教师评价,通常情况是对教师工作业绩这一单一项所进行的评价,也就是说教师所教班级学生的成绩如何,教师的能力亦然如此。因此,对于高等师范院校音乐教学的创新评价,应从根本上打破片面评价的传统教育评价理念,应建立关注教师的教学、师德、专业、交流等方面的多维评价指标。

1. 课堂音乐教学评价

课堂音乐教学的评价是教师评价里最为重要的一项内容,它能在同一时间内评价到教师的多方面能力,比如教师的专业能力、应变能力、教学设计能力、教师职业道德等,这个环节是不可省略的,同时也是不容忽视的。以下几项内容可作为音乐教师在课堂上的评价内容以及评价标准。

(1)在教学目标方面。音乐教师在上课之前,应专注于教学大纲的要求,理解并致力于教学的教育性。深知教学是以学生为教育主体的动态活动,在此期间,教师应对学生的学习起到指导作用,制定且明确具体的教学目标,做到公平、公正关注每位学生;认清教育具有差异性这一事实,并使用因材施教的方法进行教学;积极去了解每个学生的特点和兴趣所在,将以上所说的内容放置到教学过程中去,使学生得到全面发展。

(2)在教学内容方面。音乐教师应具备基本的专业知识,能够将所讲的书本知识内容进行正确把控，保证不会出现科学性错误，这是音乐教师的基本能力体现。对于所参照的教材、工具等，应做到合理使用，不能盲目地、毫无理论依据地将其生搬硬套到课堂之中，要具备灵活的应急反应。当然，合理地使用教材以及教学工具并不意味着照本宣科，教师应在授课前做好备课工作，将教材与自己的教学方式进行一定的结合。

（3）在教学环节方面。教学环节的设计应是多元化的、灵活的，教师可在授课期间组织学生进行一些有利于开发学生各种能力的活动，并将所要教授的内容自如、恰到好处地融入活动之中，使学生能够轻松且愉快地将内容扎实掌握。

（4）在教学方法方面。在教学方法上，教师应遵循循序渐进的原则，需要较强的逻辑性，不断去创新，将授课内容和学法指导进行简化处理，使学生更容易接受、更好理解，争取创造出多种适合学生学习的教学方法。

这种教学方法对于学生而言应是具有一定引导作用的，且可以培养学生积极思考、主动学习的能力和习惯。在此过程中，要尊重学生的人格、个性的发展，不断开发学生各方面的潜能，允许学生有与教师不同的见解，允许学生偶尔犯错误，使学生能够在轻松、和谐的氛围中进行学习。

（5）在教学效果方面。在一个完整的音乐课程结束之后，通过师生的双边活动，最初的教学目标在学生身上有效实现。学生懂得应该如何学习，同时锻炼了学生的思维和创新能力，学生在学到新知识的同时，获得了良好的学习习惯。

2. 教师的自我评价

在高等师范院校音乐教学评价创新实施中，音乐教师的自我评价是必不可少的。教师的自我评价是教师评价的根本所在。它不同于以往客观的教师评价，这里所说的客观教师评价通常是指领导对教师的评价、教师与教师之间的评价、学生对教师的评价等。

教师的自我评价毫无疑问是教师对自己工作做出的评价，是发自内心的、自我反省式评价，在自我评价过程中，教师应采用口头或书面形式，从工作的各个方面评价自己的表现，明确自己的优缺点所在。这种方法不仅使教师能够更加深入地了解自己，不断从中获取教学经验，总结经验教训，还能逐渐形成教师专业自主发展的内在机制。以自评的方式鼓励教师多多参加评价过程，形成一个良性循环。

由此可见，教师的自我评价在一定程度上有利于提高教师评价结果的客观性、真实性、可行性以及有效性。

第八章 高等师范院校音乐课程教学提升与发展策略

第一节 音乐教师素质的提升

一、制约音乐教师专业素质提升和完善的因素

我国的音乐教育自改革开放起，在不断地进行建设与改革，逐步形成系统规范的制度与体系。但是，因为一些因素的影响与限制，我国的音乐教育还存在部分问题，这对于我国音乐教师专业素质的全面提高是一个阻碍。

（一）内部影响因素

1. 教师的学习意识比较淡薄

只有少部分音乐教师经过了系统的进修学习，一般的教师只是进行零散的补偿性学习。补偿性学习指的是，教师针对平时教学中遇到的具体情况，有针对性地补充已欠缺的知识和能力；提高性学习指的是，为适应教学的需要与要求，有针对性地提升自己的能力。

通过观察现在的音乐教师的专业知识结构及能力，会发现教师的学习意识比较淡薄，处于一种缺失的状态，具体表现为对补偿性学习与提高性学习没有积极性。我国高等师范院校音乐专业最主要的目标就是培养拥有合理的音乐知识结构，拥有创新能力的社会人才。基于此，社会对于教师队伍的要求就更高了，要求教师不仅要具有较高的师德修养，还要具有较强的专业素质。

另外，对于女性音乐教师而言，通常家庭才是她们的首要选择。因此，多数女性音乐教师选择在本地进修，只有少部分愿意去外省的院校进修。

2. 教师的科研意识与创新意识比较滞后

由于教师科研意识与创新意识的匮乏和缺失，音乐教育科研工作就没办法顺利进行，从而影响音乐教学、专业教学工作的完成。还有部分教师将科研看作是一种负担，对于科研工作没有自觉性。

教师的科研意识主要指教师对教育活动有一个清晰、完整的认识和有意识的追求与探索。部分音乐教师将提高音乐教学实践能力作为自己工作的重点，至于科研工作，只是作为一项考核任务去完成。那些能够自己主持课题、出版专著，

在核心期刊或其他高级别期刊上发表专业相关论文的音乐教师少之又少。

（二）外部影响因素

1. 音乐课程体系的构建不够完善，欠缺针对性

在我国的高等师范音乐教育中，课程体系问题是一个突出的问题，高等师范音乐教学的目标、内容、方法以及管理也都存在一定的问题。一直以来，高等师范院校音乐教育专业都是根据国家音乐学院的教学设计来设置课程体系的，对于音乐知识的专业化与体系化非常重视。并且，将音乐专业作为体系的中心来细化各门课程，各课程间的比例会不协调。因此，不解决高等师范院校音乐专业的课程体系问题，要开展真正的素质教育，培养高素质的音乐教师，培养符合现代音乐教育事业发展的音乐教师是不可能的。

现行的高等师范院校在设置课程体系时，没有从教师专业化的角度出发，来确定文化知识、学科知识、教育专业知识之间的关系。现行的高等师范音乐专业本科课程的设置，绝大部分为学科专业基础课与专业课，所占比例为70%以上；但是以教学知识、学科教育学知识、情境教学知识为主要内容的教育专业课程，在总的学时中只占10%左右，甚至有的只占5%。

2. 对人文素质教育重视程度不够

音乐专业是一门人文类学科，音乐教师的教学任务就是在音乐教学的过程中提升未来音乐教师的人文素养。在新的发展时期，高等师范院校音乐专业的教学要有新的发展，不仅要对中国古老的音乐文化给予尊重，还要将其他国家丰富多彩的音乐文化借鉴和吸收过来。此外，还需增强音乐专业人文内涵，使音乐教学更具有文化深度。

现在的高等师范音乐教育对于"人文精神"的内涵与作用的理解有很大的偏差，所以要通过关注人文精神来转变教育观念，引导教育改革的健康发展与深化。高等师范音乐教育改革要制定具体措施，以此扭转过于注重技能技巧与知识传授的局面。同时，必须强调要学会思考，在了解事实、掌握技法的基础上去追寻意义，形成积极的人生态度、正确的价值观念和强烈的社会责任感。

3. 忽视了对教学知识与教学能力的培养

在课堂教学中，教师安排学生进行的发声练习占据了大部分的时间，这种音乐教学模式承袭于音乐院校，将那些比音乐院校声乐表演专业学生嗓音条件差的师范生当作专业演员来培养，混淆了"歌唱演员"与"音乐教师"的区别，是不符合高等师范音乐教学规律与宗旨的。

我国的音乐院校培养的对象是今后要走上舞台的歌唱家、演唱家，而高等师范音乐教学是以培养教师为目标的，两者之间的本质是不同的。所以，高等师范音乐教师在教学的过程中要以师范性特征为基本，不仅要将音乐专业知识传授给学生，还要将音乐教学知识传授给学生，这是高等师范音乐教学中的一个重要思想。

二、高等师范院校对音乐教师素质的要求

（一）提高音乐教师素质的原因

所谓音乐素质教育，指的是以"素质"来培养"素质"，让学生成为符合社会主义音乐事业发展要求的建设者与接班人。高等音乐院校是塑造音乐人才的场所，高等师范音乐院校则是培养音乐人才的基地。

我国音乐教师教育的目的是培养出符合社会发展要求的音乐建设人才，为此国家也做出了一系列重大战略决策，如深化音乐教育改革、全面推行音乐素质教育等。

我国新时期的音乐教育，处在一个世界环境日新月异、科学技术飞速发展的时代，这就要求我们在研究如何培养和提高音乐教育质量的同时，要不断开阔自己的视野，在坚持音乐教学素质的社会主义方向、特点和内涵的同时，尤其注重研究高等师范音乐教师素质的时代性特点，注重方法论层次的创新和思维方式的创新。

在培养高素质的音乐专业人才方面，在提高创新音乐能力和音乐知识方面，在创新音乐成果以及增强各民族间音乐融合方面，音乐教育具有独特的重要意义。由此可以看出，音乐教育是提高音乐素养的关键所在，而要想提高音乐教育水平，则要提高音乐教师的素质，处在新发展时期的音乐教师，需要拥有良好音乐素质及涵养，这是社会发展对其提出的要求，也是教师这个职业的基本要求。

（二）新时期发展对音乐教师素质的新要求

新的社会发展对于音乐教育人才有新的需求。在高等师范音乐教育专业改革中，音乐素质教育的改革是一项重要的内容，且是一项需要切实抓好的工作。从高等师范音乐教育专业学生素质的现状来看，高等师范音乐教师素质的提升是势在必行的，教师素质一直以来都受到社会与国家的重点关注。当今社会，西方发达国家音乐教育的改革是做了多方面的探索和论证的，主要是推行音乐素质教育。所以，在国内外的音乐教育界中，音乐素质教育问题成了一个共同关心的问题。

1. 良好的师德与责任感

作为一名音乐教师，要想提高自己的人格魅力，就要始终如一地热爱自己的音乐教育事业，以充盈的爱心和高度的责任感投入自己的工作中，通过优秀的品德、良好的举止、渊博的音乐学识来教育、影响和带动学生，让他们去追求自己

的理想，完善自己的人格。

21世纪对音乐教师所需要具备的素质的要求之一是：永远对自己崇高的职业有一种责任感，其中包含了对社会的责任，对家庭的责任，对学生健康发展的责任。受到这种责任感的鞭策，教师才能忠诚于人民的教育事业，对身边的每一位学生都充满仁爱之情，对自己的教学工作兢兢业业，让自己成为学生行为、行动的楷模。

历代的教育家曾提出许多师德规范，如"为人师表""身正为范""学高为师""诲人不倦""循循善诱""躬行实践"等。音乐教师这个职业通过音乐行为来培育和完善学生的人格，以音乐内涵来塑造学生的灵魂，整个音乐教育过程都贯穿着人与人之间的相互作用和影响，这是一种人格魅力和力量。所以，学生会将教师作为自己人生的导师与榜样，唯有如此，学生才能学习到广博的音乐知识，形成良好的人格品质。

2. 扎实的专业技能与宽泛的音乐知识面

在当今社会，一些新的音乐教学理念要求学科综合和多元文化发展。想要成为一名优秀的高等师范音乐教师，除了需要具备扎实的专业音乐知识，还要具备"一专多能"的才能、渊博的音乐知识和崇高的精神境界，对音乐知识有深刻的理解，对行为道德有深刻的认知。

拥有扎实的专业技能是成为一名合格音乐教师的基础，也是教师灵活驾驭课堂、得心应手地进行教学必不可少的条件。要想成为一名合格的音乐教师，在专业音乐知识和音乐技能等方面都必须具有扎实的基本功，必须掌握演唱、演奏、伴奏、指挥、音乐理论及相关层面的知识。但是，部分音乐教师在上学期间对于自己喜欢的或是认为比较具有优势的学科投入的精力较多，忽略了对其他方面基本功的夯实。这就导致他们在进入工作岗位后，难以适应现有的一些音乐教学工作，就更不用说音乐教育的创新与提高了。

教师对音乐知识的传授要有一种"居高临下"之感，如此才会对学生产生巨大的吸引力和凝聚力。另外，教师要想胜任当今社会新理念下的音乐教学工作，没有宽泛的专业音乐知识面是做不到的，并且也满足不了学生学习的心理需求。因此，教师还要不断拓宽自己的专业音乐知识面，以适应当今时代的快速发展。

3. 不断学习与刻苦钻研的精神

现代社会对音乐教师的能力提出了新的要求，教师需要接受并改进新的音乐教学方法，学习国外先进的教学经验，总结自己在教学中的得失，探讨新的音乐教育理念，将教学中总结、积累的经验，从感性认识上升到理性认识，以便更好地教书育人。

音乐教师需要不断吸收新的音乐养料来补充自我，需要更新知识结构、补充学术养料、扩展教育视野，努力了解不同的学科领域，具备更高的人文素养内涵，如此才能站在更高的起点，永远立于不败之地。当今社会信息技术高度发展，各种学科之间不断地相互渗透，学生的知识面也在不断拓宽，边缘学科也越来越多，这对于音乐教师的要求就越来越高了。所以，抱着因循守旧的态度对学过的音乐知识不放，必然将落后于时代。音乐教师要能胜任新的理念支撑下的音乐课程，不断满足学生对音乐知识日益增长的需求。

21世纪音乐教育价值观发生了深刻的变化，因此对于高等师范音乐教师的研究型价值要充分挖掘并体现，每一个音乐教师都应朝着成为音乐教育家的方向努力，不要当一名无所作为的音乐教师。

当一名音乐教师拥有了丰硕的音乐教学和科研成果，他就由一名教书匠变成了音乐学者型教师，努力使自己成为一名音乐理论家与实践家。所以，新时期的音乐教师，不仅是传统意义上的照亮别人的烛火，还要让自己成为照亮自己的火炬，这才是音乐教师所要追求的最高境界，是一名成功的音乐教师所具有的风采。

然而，随着多元文化的不断发展和融合，新时期不仅要求高等师范音乐教师要具备责任心、音乐知识面及科研能力，还在此基础上对其他素质提出了更高的要求。

（三）对音乐教师更高的素质要求

1. 专业音乐知识、专业音乐技能和情感发展

专业音乐知识是指音色、力度、速度、节奏、音高、曲式、和声等，这些要素是由音乐学科内容的本质结构构成的，每一要素还有其各自的结构层次。

专业音乐技能是指音乐接受的能力（包括注意、反应、分辨等）、音乐操作的能力（包括演唱、演奏）、音乐思维的能力（包括比较、分析、概括、推理等层次）、音乐创造的能力（包括从音乐机械模仿到音乐自由模仿，从音乐自由创作到音乐命题创作的发展层次）、音乐审美的能力（包括偏爱—信奉—观念形成—性格结构等发展层次）。这些都是由能力发展的层次结构构成的。

音乐情感的发展是由音乐动机层次（包括有趣—乐趣—意趣的发展）、音乐动力层次（包括情绪—情感—情操发展）这两个层次构成的。这一层面的重要目标是彼此相互联系的。

音乐核心素质包括专业音乐知识、专业音乐技能、情感发展，这些都是高等师范音乐专业学生所要具备的最基本的素质。高等师范音乐教师也要在此基础上引导学生更好地掌握音乐知识。

2. 文化科学素质、思想道德素质、心理素质和身体素质

高等师范音乐专业学生的整体素质偏低，音乐教师应当在教学过程中起到领导的作用，努力提升学生的文化水平、心理素质和艺术修养，使学生得到全面发展并达到标准的师范学生水平。

文化科学素质、思想道德素质、心理素质和身体素质是音乐素质的基础，它是高等师范音乐专业最基本的素质要求，也是急需加强的内容。这个问题需要从根本着手，打下坚实基础，让学生达到当今音乐师范院校学生应有的水平。

3．音乐学习能力、实践能力与审美素质

具有"学会音乐学习"的"音乐再学习"能力对于音乐教育专业学生来说尤为重要，但是这常常是被高等师范音乐院校的师生所忽视的。音乐发展素质包括音乐学习能力、实践能力和审美素质三个方面。这是高层次音乐水平和音乐素质的体现，音乐教师也要从最基础的音乐水平和音乐素质抓起。

音乐学习能力贯穿了整个音乐教育的过程。现代音乐教育观和音乐学习观表明：一切音乐学习行为的归宿都是"学会音乐学习"的行为。例如，以死记硬背掌握知识的方式来进行音乐理论课程的学习，以机械音乐练习的方式来进行音乐技能课的学习，而不是"手脑并用"，掌握正确的并且适合自己的快速练习方法。所以，音乐教育专业的中心问题就是音乐教师如何教会学生去学习。

音乐实践能力是指音乐课堂教学能力之外的实践能力。高等师范音乐教师应当培养学生的实践能力，让学生更好地将其应用到以后的实际教学中。

音乐审美素质由正确的音乐审美准则、健康的音乐审美意识和良好的音乐审美情趣三方面构成。完善人格，提高文化修养和文明素养有助于音乐教育专业学生音乐审美素质的提高，同时也极大地促进了音乐教育专业学生音乐学习质量的提高。所以高等师范音乐教师应在此基础上培养学生的审美能力，提高学生的审美情趣。

4．不断进取的竞争意识

21世纪的高等师范院校音乐教师必须具备勇立潮头和敢于竞争的意识，具有适应竞争环境的良好心理素质和增强自己的抗挫折能力，这样才能取得事业的成功。

这个高速发展的时代，社会在不断地进步，知识也在不断地更新，每个人都要有一种时不我待的危机感。一是要具备在激烈的社会竞争中勇于获胜的决心和必胜的信心。二是必须具有在遭受挫折和困难时能够冷静思考对策，始终保持自信、乐观、坚强和耐心的生活态度。音乐教师只有具有这样的竞争意识，不断进取和敢于拼搏，具备在特定环境中的心理素质和心理承受能力，才可以在音乐教育洪流中泰然处之，勇往直前。

5．具有音乐创新观念和提高教学质量的意识

当今社会是一个知识经济逐渐突显的社会，音乐创新正在成为民族音乐进步的动力，音乐创新教育在经济和社会发展中的需求日益迫切。创新是培养人的创新精神和创新能力，发扬人的创造潜能，促进个性和谐发展的教育。音乐创新是通过对学生施以音乐教育和影响，充分发挥其主观能动性，使他们能够成为独立的个体，善于发现和认识有意义的音乐新知识、音乐新事物和音乐新方法，为成为创新型音乐人才打好基础。

音乐创新的源泉正是人类的创造性。音乐创新是发挥学生想象力和思维潜能的学习领域，是学生积累音乐创作经验和发扬创造音乐思维能力的过程和手段，对培养具有创新能力的音乐人才具有重要的意义。要培养学生具有音乐创新意识，逐步建立音乐创新能力，这就需要音乐教师在自己的教学中有创造性地设计音乐教学环节，创造性地采用新的音乐教学模式来培养学生的音乐创新精神和音乐创新意识。

教师创设的音乐课堂要有新意，要有个性化的显现，音乐课堂教学要体现全新的音乐理念，在音乐体验、感受、生活中逐步建立起学生的求新思维和创新意识。音乐课堂教学质量的好坏也是音乐教师的生命线。良好的教学质量能体现音乐教学的价值观，能建立起很好的教学信任度，从而获得良好的音乐教学效果。因此，音乐教师必须具备音乐课堂教学能力。音乐教师在课堂上是一个引领学生在知识的海洋中获得真知的人，必须不断完善自我、充实自我，能够在课堂中深入浅出地将音乐理论与音乐实践相结合，做到教学相长。

音乐教师应该给自己一个教的空间，也给学生一个学的空间，还要有一个彼此交流的空间。在音乐教师的引领下，学生徜徉于音乐文化的天空，走进音乐知识的殿堂。音乐教师还应该时刻关注自己的音乐教学效果，关注自己的音乐教学质量，这样才能提升自我形象，实现自我价值。

6. 合作的理念与角色转换意识

（1）与学生的合作。音乐教师在教学中既是引路人又是学生的朋友，应能够俯下身子与学生进行交流与沟通，并且能够用真心来与学生交流，用爱心来关爱学生，用责任来教育学生，为学生创设一个良好的音乐学习与交流的环境。所以，音乐课堂里应该多一些民主，多一些欢乐。学生与音乐教师在课堂里是学习的合作者，要在共同的音乐学习过程中一起得到提高。

这就涉及角色转换问题，音乐教师不再是高高在上的授业解惑者，而是合作者，是学习搭档。音乐教师可以从与学生的交流中了解学生，使学生获得学习音乐的快乐，同时教师也获得了学生的肯定和认可。

（2）同事、同行间的合作。一个人的观点和想法总是具有一定局限性，广泛听取别人的意见，才能使自己的视野越来越开阔。音乐教师是工作群体的一员，必须具备与同事共同探讨音乐和合作共事的能力，要愿意并且善于与同行进行切磋、商讨和共享音乐知识，这样才能使自己不断吸取别人的先进音乐经验和理念，改进自己的缺点与不足，拓宽自己的视野。

因为音乐教育不仅涉及学校，同时还涉及家庭及社会，所以音乐教师还应具备与家长、社区等有关人员沟通与合作的能力，从而形成全方位的音乐教育网络，全面和有效地进行音乐工作。

7. 现代教学手段的使用能力

现代化的音乐教学手段、音乐多媒体教学等将有助于加大音乐教学的容量，增强音乐的视觉效果，提高课堂师生之间互动的可行性，拓宽音乐教学事业。同时，教师借助网络信息环境及丰富多彩的图、文、音、像和精彩纷呈的交互式界面，使学生获得感受和进行实践，为学生终生享受音乐、创作音乐奠定坚实的基础。

随着当今社会科学技术的日新月异，信息技术和多媒体音乐教学等现代化教学手段在音乐教育过程中已经得到广泛应用，并极大地促进了音乐教师教育观念的转变和教学能力的提升。现代教学手段的使用在实行音乐教育改革的今天非常重要。所以，现代化音乐教学手段的应用和操作能力，是音乐教师必须具备的能力。只有这样，音乐教师才能更好地满足现代化的教学需求，提高学生学习音乐的兴趣、审美体验以及音乐操作能力。

综上所述，音乐教师要具有正确指导学生进入音乐信息高速公路去探索音乐信息、获取音乐知识和解决音乐问题的能力，并具有相应的熟练操作音乐的能力和使用先进音乐教学手段的应用教学能力。在社会的新发展中，一名不会使用现代音乐教学手段的音乐教师，很难成为一名称职的音乐教师。音乐教师的素质会直接影响音乐教育改革的情况，素质决定教学，只有提高了音乐教师的素质，才能更好地去完成音乐教学任务，培养出满足现代社会需求的音乐人才。

（四）提升音乐教师素质的措施

提升音乐教师的素质，加强音乐教师队伍建设，具有十分重要的战略意义。在我国，音乐教师素质的提升与队伍建设存在一些问题，针对这些问题，许多高等师范音乐院校提出了优化整体结构、优化成才环境、加强梯队建设、建立良好的运行机制、提高教师待遇等措施，努力建设高素质音乐教师队伍。

1. 大力优化成才环境

对待高等师范青年音乐教师要坚持精选、培养、重用和厚待的原则，在政治上、业务上和待遇上都给予全方位的优先政策。

为青年音乐教师提供各种机遇和条件，不断提高他们的业务素质。为优秀的青年音乐教师提供出国访问和进修的机会，让青年音乐教师在职攻读硕士或博士学位和短期脱产深造，让他们有机会参加国内外音乐学术和音乐教学研讨活动，以及通过给音乐学术带头人当助手等形式，全面提升青年音乐教师的业务水平。

以特殊的政策来对待青年音乐教师，提升他们积极钻研业务的能力，调动他们做好自己本职工作、不甘于落后的积极性和主动性。要大胆使用和积极扶持青年音乐教师，交给他们任务，促进青年音乐教师成长。

创造有利于广大青年音乐教师安心工作、迅速成长和施展才华的"硬件"和"软件"条件。"软件"方面主要是指为青年音乐教师创造理解、尊重、信任以及同事间团结协作的工作氛围，使青年音乐教师更能全身心地投入事业，勤奋敬业，在自己的岗位上做出成绩。事业有成是青年音乐教师追求的主要目标，因此要不断地营造和优化有利于音乐人才发展的成才环境。"硬件"方面主要是指为青年音乐教师成就事业提供良好的学习、工作环境和生活所必需的一些条件，这是留住人才的基本保证。

用事业吸引人、用政策激励人、用情感团结人，以稳定的事业和优越的条件吸引优秀青年音乐教师，增强高等师范院校音乐专业在争夺高层次优秀青年音乐人才上的实力。要关心青年音乐教师政治上的成长，可以通过业余党校或政治理论培训班等形式，让教师参与进来，加强教师对党的基本路线、方针政策和国情的学习。不断提升青年音乐教师的理论水平和政治思想素质，使其提高抵制错误思潮的能力。

2．不断优化整体结构

所谓优化结构，就是调整教职工的宏观比例和师生比例，使音乐教师数量更加合理，逐步提高音乐教师的工作效率，进而提高高等师范院校音乐专业的办学效益，拓宽专业面，减少专业数量，扩大学校的在校生规模，这是对高等师范院校音乐专业的调整。减少专任的音乐教师也是对高等师范院校音乐教师结构的调整。优化音乐教师的等级结构就是优化其结构，加大音乐硕士和音乐博士生的选留比例，减少音乐本科生留校任教的数量。

另外，尤其要注意优秀青年音乐学术带头人的选拔和培养，这些人是学校的中坚力量，对学校的发展有着不可估量的作用。还要考虑音乐教师成长的最佳年龄规律和合理群体结构。为了使调整和优化的目标与任务更加明确，学校必须使各音乐学科带头人和音乐教师整体队伍的数量、素质和结构等状况都趋于合理。

3．培养音乐青年学科带头人

在音乐学科梯队建设中，虽然选拔和培养优秀的音乐学科带头人是关键，但也不能忽视音乐学科梯队的整体素质和水平。加强高等师范院校音乐专业青年学科带头人的培养要充分发挥中青年音乐教师的骨干带头作用。梯队建设的核心是音乐学科带头人及其后备人选的挑选和培养，要加强音乐教师队伍建设的关键是要加强音乐教师梯队的建设。要重点培养音乐学科带头人的后备力量，注意培养政治思想觉悟高和素质好的、在工作岗位上教书育人做出成绩的、具备扎实的音乐专业基础知识的、思维和创新能力强的、教学态度严谨的、善于和同事团结协作的优秀青年音乐教师。

个人的作用与群体的力量是相互补充、相辅相成的。一名优秀的音乐学科带头人可以带活一个音乐学科，并且影响一个群体。好的音乐群体可以孕育更多优秀的、拔尖的音乐人才。因此，个人培养和群体的力量能够加强音乐学科的凝聚力，同时也是提高音乐学科整体素质和水平的两个重要因素。

4．加大教师培训力度

把以前依靠政府行为转变为现在的政府行为、学校行为和教师个人行为三者相结合，全面提高音乐教师素质，使音乐教师的职前培养工作和在职培训有机地结合起来，完善具有中国特色的高等师范院校音乐教师继续教育制度，实现音乐教师培训工作重点和运行机制的"两个转变"，要认真贯彻高等师范院校音乐教师培训工作规程，要从基础性音乐培训和学历补偿教育抓起，并且逐步转变为音乐知识的更新、音乐教学研究和音乐业务能力的提高。音乐教师在认真总结经验的基础上，努力探索、实践新的培训形式，如更新和拓展高等师范院校音乐教师知识结构的高级研讨班、国内访问学者和毕业研究生同等学力申请硕士学位教师进修班等，并且要加强、改进和完善高层次的培训。

5. 加强制度建设，优化资源配置

加强制度建设和优化资源配置，音乐教育的出路在于改革。只有建立一个良好的运行机制，不断深化校内管理体制改革，充分调动音乐教师的积极性和创造性，实现资源的合理利用，才能开发音乐教育资源的潜能，学校才能有希望。

（1）高等师范院校音乐教师制度建设。高等师范院校音乐教师职务聘任和考核制度、管理制度要完善，这样才有利于音乐人才的选拔。

高等师范院校音乐教师的资格制度需要以法来实施。要建立符合高等师范院校实际情况的高等师范院校音乐教师"准入"制度，结合高等师范院校音乐教师队伍建设的需要，全面提高高等师范院校音乐教师的素质。

高等师范院校音乐教师的任用制度，需逐步实行在社会上公开招聘，改变目前在较小范围内选留教师的做法，逐步实行公平公正的公开招聘，建立健全人员流动、人员调动和人员淘汰机制。

高等师范院校音乐教师编制管理制度，需要实行编制和工资总额动态包干的原则。高等师范院校音乐教师的分配制度，需要根据工作的复杂程度和贡献的大小，合理拉开分配差距，要切实贯彻按劳分配、多劳多得，优劳优酬的分配原则，鼓励和支持高等师范院校音乐教师在立足本职工作的情况下多作贡献。

（2）高等师范音乐教师资源配置优化。国家要加强对音乐人才流动的干预，促进高等师范院校音乐教师合理流动，通过国家政策来改变音乐人才流动的无序状况。对边远和落后地区高等师范院校的高层次音乐人才，应积极采取相应的保护措施，以确保全国高等师范院校音乐教师队伍的基本水平。加强学校与学校之间的合作，互聘、联聘高等师范院校音乐教师，共享高等师范院校音乐教师资源和教育资源，鼓励学校互相承认学历，学生互相选课。

高等师范院校音乐教师的师资管理，需要把"封闭式"管理转变为"开放式"的管理，单一的"机械化"管理转变为多样的"动态化"管理，"固化结构"管理转变为"流动化结构"管理。

调整高等师范院校音乐教师队伍的学历、职务和学科结构，要通过补充优秀音乐毕业研究生、吸引优秀留学回国人员、向社会公开招聘高水平高等师范院校

音乐教师，加强高层次音乐培训等措施，不断提高高等师范院校音乐教师队伍的整体水平。

调整和改革音乐教学科研组织形式，不断地积极探索和创新，并且加大各学科之间交叉使用的深度和广度，组建以音乐学科群为基础的高层次音乐人才协作组织。

（3）合理引进人才，提高教师质量。引进的人才要能够带来新的音乐信息和扩展音乐学科研究的空间，研究的音乐学科领域一定是学校自身的薄弱环节和自身研究还未能触及的音乐领域。

合理引进人才有利于填补音乐学科研究的盲点，发挥音乐学科的优势，对于优化高等师范院校音乐教师结构具有重要的意义。引进的人才在音乐学科建设和科研项目承担方面，拥有较高的综合素质，拥有担当排头兵和领路人的能力。引进音乐人才可以形成一种巨大的潜在的补充力量，有利于新旧高等师范院校音乐教师进行学术交流。

6. 提高高等师范院校音乐教师的待遇

高等师范院校音乐教师面对学校和家庭的双重压力，提高待遇成为必须要解决的事项。要实现我国高等师范院校音乐教师队伍建设的总体目标，就必须采取有力措施较大幅度地提高教师的工资待遇。

影响高等师范院校音乐教师队伍稳定和建设的最尖锐的实际问题是高等师范院校音乐教师待遇和住房问题。因此，国家要通过工资改革使高等师范院校音乐教师工资普遍得到提高；各地区、各部门也应制定相关政策来提高高等师范院校音乐教师的津贴；各高等师范院校要通过分配制度改革，利用各自的优势多渠道筹措资金，不断地改善和提高音乐教师的待遇。解决好音乐教师的住房问题，要采取国家增加教育基本建设经费和多渠道筹措资金的办法。在住房分配上，要给予广大中青年音乐教师特别是骨干教师和音乐学术带头人优先政策。

第二节 音乐教育综合能力培养

一、对综合能力培养的理解

（一）对综合能力的理解

1. 综合能力的概念

综合能力指通过思考把不同事物或事物的不同部分、特性、方面结合起来，进行统一思考、分析、判断并能及时根据处理某项工作任务的特殊环境、场景做出相应反应的能力。综合能力属于思考能力的范畴，一般情况下，一个人的综合能力指个人的知识储备水平、人文素养、与时俱进的思维能力，表现为人体身上的一种巨大的潜能。综合能力是可以通过培养和训练来挖掘的潜在能力，如决策能力、组织能力、应变能力和创新能力，以及一个人在学习、工作、社会生活中所展现的行事风格反映的社会价值取向。

  对于高等师范音乐教育专业的学生来说，提高综合能力比提高知识水平更为重要。提高综合能力实质上就是对人心理特征的强化，将个人处理某项工作时的应变和判断能力提高，是人的身心内外稳定特质的总称。综合能力对个人发展就业来说有着非常重要的现实价值，就好比在日益激烈的国际竞争中，综合国力所具有的重要意义一样。目前，我国正在加快建设社会主义创新型国家，这对师范学生提出了更高的要求，这是对他们综合能力的要求，即当下很多用人单位所提的"一专多能"的复合型人才要求。综合能力包括生存能力、适应能力、社会交往能力、创新能力、实践能力以及在文学艺术数理方面的特长，每一种潜在的能力背后又综合着相关联的各种心理特质，提升个人的综合能力有助于更加快速地获得和掌握知识技能，而知识技能的不断积累和实践会反过来促进综合能力的提升。

2. 音乐教育发展背景下学生综合能力的体现

  在音乐教育新的发展背景下，基础音乐教育改变了以往注重教学结果的教学方式，重点关注学生的音乐学习过程，并期望在这个过程中让学生感受到音乐的美、体验到音乐的快乐。在新的发展模式下，音乐教师要激发学生的探究和创新思维，鼓励学生关注与音乐相关的生活见闻和趣事，通过音乐的引导，促进学生的交流与合作。正因如此，高等师范院校音乐教育专业学生的综合能力需具备这些特点：基础厚、口径宽、素质高、个性强、有一定的创新精神。具体表现为有较强的音乐专业基础知识和技能，在音乐教育中擅长用音乐的形式来体现美感；掌握相关的自然科学文化知识，可以运用交叉学科知识来解决实际问题；独立思考，有较强的自学能力、丰富的想象力、创新能力、语言表达能力、组织管理能力和交流协调能力，能激发学生的求知欲。

  总之，在音乐教育新发展下，对音乐教育的课程性质、目标和理念进行解读可以发现，高等师范院校音乐教育专业的学生在思想品德、人文、科学等方面要有一定的知识积累，并且要具有健全的身体素质和心理素质。另外，在音乐学科教育方面，要有扎实的专业知识技能、教育教学理论素养以及实践能力。在音乐教育新发展下，音乐教师在学科专业方面应具备良好的演唱、演奏、自弹自唱、即兴伴奏、儿童歌曲创编、合唱指挥、舞蹈编排能力。在师范教学方面，要懂得组织课堂教学、管理课堂纪律，掌握电脑常用软件基本操作技巧，从而带领学生遨游在音乐的海洋里，让学生领略到音乐的美，鼓励学生在音乐的体验中探索新知识。简单来说，就是要求音乐教师在德、智、体、美、劳各方面形成经得起考验和检测的综合能力。

（二）培养高等师范音乐教育专业学生综合能力的目的

培养高等师范音乐教育专业学生综合能力，是为了加强高等师范音乐教育和基础教育之间的联系，让高等师范音乐教育专业的学生在激烈的就业竞争与严峻的就业形势下，为就业赢取更大的竞争力做好准备，以便在工作后能更好地适应基础音乐教育改革的发展。

要想让音乐教育体现出素质教育的精神，在基础教育中通过音乐来传递审美，就需要有一支经过专业学习的教师队伍，他们的专业知识和技能过硬、综合能力全面，并且愿意为音乐基础教育奉献自己的力量。

高等师范音乐教育是中小学音乐师资培养的"摇篮"，是为基础音乐教育输送专业师资的基地。当今的教育大力倡导素质教育，而在素质教育中音乐教育是不可缺少的重要组成部分，它受到了越来越多的关注和重视，中小学音乐教育也因此快速地发展和壮大起来，迎来了前所未有的繁荣局面。高素质音乐师资队伍建设是保证中小学音乐教育持续健康发展的前提，教师自身素质的高低决定着基础教育教学成果的质量。音乐新课标在基础音乐教育中的改革也促进了为基础音乐教育输送人才的高等师范音乐教育的发展，为基础音乐教育培养合格的优秀师资人才成为我国高等师范音乐教育专业的培养目标，但是高等师范音乐教育专业属于普通音乐教育与专业音乐教育相交融的范畴，它的教育要求高于普通音乐教育，并且也不同于专业音乐的教学目的。高等师范音乐教育培养的是从事基础教育的人才，培养的是把具有普遍适用性的音乐文化渗透到基础教育各个角落的人才，而专业音乐教育是为培养专业的音乐表演人才服务的。所以必须明确高等师范音乐教育在人才培养目标上与专业艺术院校之间的本质区别。专业艺术院校培养的是能"上舞台"的专业表演型艺术人才，而高等师范音乐教育专业培养的则是能"站讲台"的全面综合型的音乐教师人才，这就体现出高等师范音乐教育专业的本质特征是"师范性"。基础音乐教育质量的好坏直接受到高等师范音乐教育专业学生教学能力高低的影响，高等师范音乐教育专业学生有责任和义务完成新课标在基础教育中的要求。因此，高等师范音乐教育应当重视和加强对学生教学能力的培养，全面提高学生的综合能力。

二、培养高等师范音乐教育专业学生的综合能力

（一）培养学生综合能力的重要性

创新是一个民族发展壮大的不竭源泉和核心动力，各行各业都需要创新，

教育行业尤为如此。我国从提出科教兴国战略到实施人才强国战略以来，已经逐渐开启了把人才培养和建设的新思路贯彻到建设社会主义创新型国家的现代化建设之中，把自主创新能力和创新精神作为新时代中国未来前进的发展目标和方向。国家和社会的发展需要创新型人才，个人的成长发展也需要知识能力的创新。

一个"新"字体现出新课标的全新理念——"新"，即创新、革新、翻新。创新就意味着改变，改变陈旧的教学理念和现状，把传统教育中以教师为中心改变为从学生出发，以学生为中心，把教师作为主体的思想改变为强调学生为主体，教师只是引导，使传统应试教育教学方法和教学模式真正转变为素质教育，将素质教育的精神切实贯彻于基础教育之中。教育的目的是培养人才，而人才的完善则是在良好的教育模式中培养和发展起来的。教育需要改变陈旧的教学观念，培养顺应时代变化发展的创新型人才，科教兴国提倡素质教育，音乐教育作为素质教育中不可或缺的部分也发挥着日益突出的作用。

音乐新课程标准作为新课改中重要的组成部分，主要针对中小学音乐教师教学思路和方式提出了新的要求，这对于培养中小学音乐师资的高等师范音乐教育来说无疑也是一个思考和调整新观念的转型期。对于高等师范音乐教育专业的学生而言，在基础教育教学观念转变的新形势下，除了掌握基本的专业知识和技能以外，了解新课改的基本理念，转变旧思维，提高自身综合能力才能在就业和上岗后及时适应和胜任新的教育教学大环境。时代的发展推动高等音乐教育的改革，国家的兴旺促使经济基础之上的文化事业繁荣。在国际国内经济科技、信息迅速发展的大背景下，各行各业的改革浪潮此起彼伏，中国文化教育事业领域中的音乐教育在改革中成为佼佼者。

高等师范音乐教育要适应21世纪的人才需求，既要继承前人的成功经验，又要开拓新的教育改革下音乐教师的新出路。不可否认音乐学院的培养模式对高等师范音乐教育专业学生技能培训方面有一定的促进作用，但在新课标下的高等师范音乐教育专业的学生有更为独特的身份和使命，那就是综合能力全面发展的新型音乐教师，为整个素质教育的普及和深化担负着重要任务。新课标对基础音乐教育教师综合能力提出的全新的要求，促使高等师范音乐教育专业在课程设置上不得不围绕学生综合能力培养来进行改善和调整，使课程设置有利于促进学生对"能力观"的认识，意识到综合能力培养对自身发展的必要性和重要意义。因此，高等师范音乐教育的课程设置在基础音乐教育新课程、新理念的指导下做出新的调整，使高等师范音乐教育人才培养走向一个新的台阶。

（二）高等师范音乐教育专业学生的综合能力培养策略

1. 建立有效的培养机制

（1）深化教育改革，转变教育思想。高等师范音乐教育对学生综合能力的培养是素质教育的集中体现。

有意识的转变才有提高的可能。传统高等师范音乐教育专业培养的学生在提高人文素养方面的意识不强，致使学生人文底蕴和文化素养严重不足，音乐教育在专业方面仅限于音乐领域的知识和技能的传导，忽略了相关文化和姊妹艺术之间的有效联系，致使学生视野狭窄，创新能力无法被挖掘出来。因此，高等师范音乐教育在培养学生综合能力方面，应该转变这种重知识轻能力的意识，并在实践当中训练学生提高综合能力的意识。

因此，高等师范音乐教育要改变教育思想，转变按照传统教育闭门造车的教学方式和自我发展的办学思路，把高等师范乐教育理念与社会发展和基础音乐教育改革联系在一起，适应其变革需要，以带动高等师范音乐教育的调整和发展。在教学思维和教学模式上，要改变纯粹以音乐学科为中心的教育思想，应该树立学科之间相互渗透综合运用知识的教育理念，真真正正从培养学生的综合能力出发，通过有针对性的课程设置，确保音乐教育专业学生的综合能力不断得到加强和提高。

（2）开展广泛的社会实践活动。学校和社会应当为学生提供必要的实践活动场所，积极探索实践育人的长效机制，引导学生走出校门，走到基础音乐教育一线，使其所学专业与教学实践相结合、与择业就业相结合、与创新创业相结合、与工作环境管理机制相结合，从而增强实践活动对音乐教育专业学生综合能力培养的效果。师范学生社会实践活动是高等师范音乐教育专业的重要环节，这既是高等师范音乐教育专业学生在学习生涯中不可忽略的重要一课，又是学生综合能力培养的必要手段和要求。

（3）改善考核制度，完善评价机制。打破只以考试为中心的考核方式，将"知识与能力并重，理解与实践相结合"作为一项考核内容，主要考核学生理解、掌握和灵活运用所学知识的能力，以综合实践能力考核为基础，探索有效的考核制度，完善多元评价标准，强化评价的客观性和全面性，在评价中体现考核的目标是创新的指导思想，将知识学习与实践能力的考核相结合，让考核评价能起到促进音乐教育专业学生综合能力全面提高的作用。在新课标理念的指导下，高等师范音乐教育应该围绕音乐学习评价的方式方法开展，将形成性评价与终结性评价相结合、定性评述与定量测评相结合、自评互评与他评相结合，突出评价诊断、激励的功能。

2. 高等师范音乐教育专业学生综合能力培养的途径

（1）加强学生综合能力培养课程设置。在新课改背景下，要培养出与之相适应的基础教育音乐人才，在观念的转变和课程设置方面都应该有一套与新课标相接轨的培养理念和课程设置。课程设置要根据培养目标的定位来进行，增加选修课程的比例，在选修课程的设置上强调学科之间的相互渗透和交叉学科之间的关联，关注学生的个性和特长发展，在课程内容方面应该多与生活实践联系起来，要与新的教育理念和信息相结合。人才的培养在课程的精心设置下可达到预期的目标和结果。通过对新课标理念的解读，结合高等师范音乐教育现状以及音乐教育专业学生在基础教育教学实践中的分析，可以看出高等师范音乐专业教学应该与中小学培养要求相适应。

教师要引导学生将学过的知识和技能用于实践，鼓励和激发学生根据自己的兴趣和特长接受各种实践活动的历练和检验。因此，应开设增强学生教学能力、专业学科实用性较强的课程，让有效的课程设置为高等师范音乐教育专业学生综合能力的培养保驾护航，让学生的综合能力在今后从事的基础音乐教育工作中，无论是理论还是实践方面都真正派上用武之地。

（2）树立创新教育理念。高等师范音乐教育应该推进"教育+管理+服务"三维教育模式转变，突出学生的主体地位，增强教育者的服务意识，并建立完善的指导咨询服务体系。创新是时代的呼唤，是一个民族屹立不倒的象征。基础教育改革中的新课标在教育理念上也体现出创新的重要性。在高等师范音乐教育中同样如此，高等师范音乐教师应把每一个学生都看作是具有创造潜能的主体，要大胆强化和培养学生的好奇心与个人兴趣爱好，在课堂和课外培养学生质疑、探究、发现式思维模式。教师应当把培养学生的创新精神、提高学生的创新能力、塑造学生的创新人格作为工作重点。

与此同时，创新也对高等师范音乐教师提出了更高的要求：教师应强化自身的创新意识。只有这样，教师才能在教学过程中，在帮助学生深入透彻地把握理论实质的同时，引导学生进行创新性思考，培养出具有创新意识的人才。

（3）明确高等师范音乐教育培养目标。从新课标的解读可以看出，当下中小学音乐教育对教师的要求是全面综合能力的发展和提高。高等师范音乐教育的主要任务和目标是培养基础音乐教育人才，在新课标推广和实施下的基础音乐教育对任教的音乐教师提出了更为全面综合的要求，这直接影响着高等师范音乐教育培养目标与培养模式的调整。

当前，高等师范音乐教育培养目标失衡，培养模式陈旧，造成了一批高等师范音乐教育专业的学生不能胜任和适应新课标下的基础音乐教育工作，这不仅影响学生事业的发展，同时也折射出高等师范音乐教育人才教育的不达标，归结起来是高等师范音乐教育没有明确教育目标的定位。

然而，高等师范音乐教育专业由于受到专业音乐院校教学方式的影响，教学目标向培养新课标下的中小学音乐教师看齐，是高等师范音乐教育专业摆脱音乐院校教育模式的唯一出路，是树立高等师范音乐教育特有的师范教育功能的有效途径。高等师范音乐教育培养新课标下的优秀音乐教育人才的落脚点正是基础音乐教育，高等师范音乐教育应明确教学目标，真正为培养21世纪的基础音乐教育工作者做出有力的贡献。

3．高等师范音乐教育专业学生综合能力培养的措施

（1）调整理论课程的设置，加大综合能力培养力度。高等师范音乐教育专业开设的理论课程主要为公共必修课、专业必修课、限定选修课、自由选修课。中小学音乐教师不仅要能唱能跳、能弹能演，关键还要能讲会教。在高等师范音乐教育的学习过程中，加强相关教育理论、相关学科理论和专业理论的培养显得尤为重要。例如，应开设"音乐教育学""音乐美学""学校艺术教育史""戏剧艺术""音乐欣赏教学"等相关理论课。

长期以来，高等师范音乐教育专业的教学都存在重技能、轻理论的现象，理论修养正好是高等师范音乐教育专业最薄弱之处，因此加强理论学习是高等师范音乐教育专业在课程设置上应调整的一个重要环节。在专业课设置方面，应开设视唱练耳、和声理论等专业课程，以及即兴伴奏和自弹自唱等实用性较强的课程，还应开设"合唱指挥教学法""小型乐队的编配与训练""声乐教学法""中小学音乐教材分析课""新课标下基础音乐教育教学法"等课程，让有效的课程开设为学生的专业知识的应用提供一个实践的机会，课程的考核和评价方式在无形中形成一种压力，促使学生不断地进行自我修正和自我完善。

另外，让高等师范音乐教育专业始终将音乐和教育紧密联系在一起，学科专业课程和教育教学实践课程在总的课程中应该占同样比重。在理论课中增设大学语文课程，这对将来从事教育工作的音乐教师在文字处理、语言表达能力方面有积极的影响。开设论文撰写指导课程，培养学生科研思维能力和文字表达能力，也是新课改下加大教师科研创新型能力的要求。对理论课程调整和整合的目的在于使学生能够开阔视野、活跃思维、挖掘潜在的多元智力能力，为学生综合能力的培养保驾护航。

（2）增加教学"实践"机会，有效促进综合能力培养。音乐教育是一项实践性很强的活动，这里的实践指的是不仅需要教师将学生的专业技能放在实践中进行提高，更需要教师将音乐理论知识和技能相融合放在教学活动中加以检验。课程设置要为"多能"复合型人才的培养开辟一种崭新的教育模式，就必须打破原有的重单项技术发展、轻综合能力培养的观念。

（3）应加大教学实践课程的设置。例如，多开设到中小学去见习、实习的课程，学生每次见习和实习结束提交一篇实践体验报告，作为阶段性的考核成绩，纳入综合成绩考核中；每个学生在报告中都要及时总结出自身的优点和不足，拟定一份个人学习规划，让自身的综合能力在实践后的反思中得以提升。

高等师范音乐教育专业培养出来的学生应是一专多能型，即集说、写、弹、唱、演于一体的专业综合教学能力。因此，高等师范音乐教育在教学活动中应开展即兴伴奏、合唱、合奏、重唱、重奏、弹唱示范、音乐创作、乐队组织等方面

的训练,并且加大考核实施力度,将这些训练课程中考核的成绩纳入个人的综合成绩评比当中,从制度上扭转学生只重视高等师范音乐教育专业技能学习而不重视理论和实践的局面。

原有的高等师范音乐教育模式总是向专业类艺术院校看齐,从专业角度讲不如专业音乐院校的学生,从教学能力方面讲又不具备讲课技能,其培养出来的学生就业时总会面临尴尬。没有实践经验,学生学习和掌握的音乐技能就难以得到发挥;没有教学实践,音乐教育专业的学生就无法检验自身是否具有音乐教师所应具备的能力。在当下基础音乐新课标背景下,要求学校具有一专多能的综合能力较强的音乐师资,如果高等师范音乐教育专业学生不进行实践,如何做到对音乐师资力量培养的查漏补缺?如何才能使培养出的音乐教师能快速地适应中小学音乐教学?由此,高等师范音乐教育专业应把课堂知识延伸到课外,大胆让学生走出校门,用课外的体验促进课堂教学,使课堂教学和课外实践有机地组成一个完整的教学体系。

学院或者学生会要多组织一些专业类的比赛活动,把课堂学到的东西放在实践中去检验,如举办课堂教学比赛、教案设计大赛、专业技能比赛、才艺展示大赛、多媒体课件大赛、自创作品表演等,在实践中提高学生自身的弹、唱、跳、说、教、创的综合能力。

此外,高等师范音乐教育专业应加强音乐新课标理念的贯彻和实施,开设"音乐教学法"这门提高教学能力的专业课程,引进国外基础教育中先进的教学理念和方法,让学生提前进入新课改教育理念下所需的音乐教师角色,在综合音乐基本知识和基本技能方面,使学生具有牢固的理论基础,扎实的专业教学技能和先进的教学理念,使高等师范音乐教育专业的学生成为新课标理念下音乐教师真正的生力军,让高等师范音乐教育专业的学生在今后的音乐教学工作中为中国的音乐基础教育打下坚实的基础。

第三节　音乐教育的实习

近年来,在教师专业化的视野下,高等师范音乐教育全程教育实习模式得到了推广和应用。经过多年的发展,高等师范音乐教育全程实习模式已经逐步为广大的教育工作者所接受。教育实习模式,就是指在一定教育理论的指导下设计的程式化的教育实习方式。教育实习模式是将教育实习计划付诸实践的过程,它是实现教育实习目标的基本途径。如何通过教育实习模式的改革与创新,找到提高教育实习质量的突破口,是一个值得思考和探索的问题。

一、音乐教育实习模式的理论背景

（一）教育改革是动力源泉

教育改革是对落后的教育状况或教育思想乃至教育理论进行有计划、有目的的变革，使其获得预期的进步与发展的过程。教育改革的目标是中华民族的伟大复兴，是促进每个学生全面地发展。高等师范院校肩负着为国家繁荣昌盛培养更多高素质的教师的重任，所以要促进每位师范生的全面发展。

随着社会的不断变革，教育改革成为一个永恒的主题。近年来，高等师范院校的教学改革已经取得了重要进展，但其与中小学的交流和沟通尚未深入进行。高等师范院校的音乐人才培养应根据中小学教学改革的发展做出相应的变化，以满足中小学不断变化的师资需求。现代教育实习模式脱胎于传统教育实习模式，通过不断改进传统教育实习模式的不足，构建出一套新的实习模式。这一模式具有开放性特点，改革进程中各个环节的重心有所不同，在初期阶段，比较注重改革传统教育实习模式的弊端，而形成时期则更注重教育实践的步骤及过程的协调有序。

教育改革的实践亟须教育改革理论的指导，一个国家的教育改革，有三个方面的资源：一是本土的文化传统；二是国外的教育文化；三是本国的教育实践与实验。其中本土文化传统及本国教育实践与实验，是一个国家教育改革的内在因素，而国外的教育文化是教育改革的外在因素，教育改革的内在因素是主要的，是改革成败的关键因素。

（二）教师专业化发展是标准

长期以来，教师的职前培养与职后培训缺乏过渡性和连续性，形成相对独立的体系，不利于教师培训质量的提高。教师作为一种终身化、连续化的职业，单靠职前一次终结性的师范教育是不够的，职前与职后一体化的培养模式成为教师专业发展的必然趋势。

在终身教育思想的指导下，教师教育由一次性、终结性的培训变为连续性、终身性的教育，教师培养由"训练模式"变为"发展模式"，职前教育只是教师培养的起点和基础，而不是教师专业发展的全部，教师专业化是师资培养改革的核心问题，也是当前世界师范教育发展的共同趋势。为促进教师培养质量的提高，高等师范音乐院校的教学改革发展呈现出师范教育课程的通识化趋势以及学术性、师范性整合的趋势。

教师专业化的发展要求高等师范音乐教育改革应立足于对音乐教育专业的学生进行整体的、综合的教育。教师的知识结构的优化是促进教师专业化发展的基础性工作和专业成熟的重要标志。教师的实践性知识被视为教师知识结构的重要组成部分，也是衡量教师专业水平高低的重要依据。实践性知识是教师把教育理论知识运用于教育教学实践，借助批判、反思等方式，对实践经验进行升华而获得的。

教育实习模式正是基于教师专业化的要求，通过不断地开展实践活动，为社会培养优秀教师。这种实践安排使师范生提前体验了当教师的滋味，能够尽早地站在教师的角度，来了解和认识学生的心理特征及思想状况，了解学校教育教学的方法和基本规律，从而不断地促进自身专业化发展。

（三）系统论为基础理论

相对于人类社会这一系统，教育系统只是其中的一个子系统，随着教育活动的开展，一系列相关步骤逐步形成一个整体系统。教育系统具有连续性、有序性、整体性、最优化等特点。教育系统论的观点使其成为教育实习模式形成的理论基础，并为教育实习模式的形成提供了方法论指导。

所谓系统，就是由若干相互联系、相互作用的要素构成的、具有特定功能的有机整体，在系统中，各要素相互联系，每个要素在系统中都具有独特的作用；各要素的地位不尽相同，有的要素处于核心地位，有的处于次要位置，这种地位随着外部条件的改变而变化。系统论的任务不只是认识系统的特点和规律，反映系统的层次、结构、演化，更主要的是调整系统结构，协调各要素关系，使系统达到优化的目的。系统论反映了现代科学发展认知的变化，给人类认识客观世界的思维模式带来了突破性的转变。

教育实习模式是在教育系统论的指导下开展的一项整体的、综合的改革，其帮助教师分步骤、分阶段地完成教育实习活动，每个阶段设定了相应的目标，各阶段的目标是最终目标的分解，其符合能力发展的规律。由于客观条件的限制，音乐教育专业的学生在学校期间不可能完全具备专业化教师所需的知识、技能和情感。因此，该模式注重教师培养的一体化，体现了音乐教育专业学生终身学习的整合思想。

教育实习模式的实施过程注重连续性和有序性，在教育实践过程中，从整体目标和思路的提出、各阶段各分步的目标制定、内容选择、行为实践、反馈修正到管理及评价等诸多环节构成了一个庞大而有序的系统结构。

教育实习模式的设计从各个阶段的局部工作着手，实现整体的最优化。在教育学中，采用系统化方法具有重大的意义，在提出一定时期的特别任务的同时，以系统化方法完善教育过程的各个环节，并考虑该校该班的现有条件，选出完成这些任务的最优化方案。教育实习模式明确规定每个阶段的目标、内容、实施方法等，并在实践过程中持续地调整与改进，使各个阶段处于协调配合的最优状态。

二、音乐教育实习模式的特点

音乐教育实习模式是一种全程教育实习模式，是在传统教育实习土壤中孕育而成的，并经过长期试验与探索逐渐完善，其特色反映了传统教育实习模式亟须改革的现状。

（一）教师培养理念的变化

受传统教育实习模式的影响，高等师范音乐师资的培养更重视音乐理论和专业技能的学习，教育实习的作用被忽视，大部分音乐师范生缺乏实际教学技能。当他们走上工作岗位后，教学适应期往往相对较长。高等师范音乐教育全程教育实习模式从学生进校开始就非常重视培养其教学技能，且高校与用人单位建立了良好的互动关系，能根据用人需求的变化推进教育实习目标的转变。

此模式在强化音乐师范生教学服务意识的同时，还关注其专业素养的提高。它的实施充分体现了"全程"二字的特点，在此模式下，高等师范音乐教育专业学生能够充分利用课堂、课后、假期时间，深入教学一线进行"实弹演习"，从而在潜移默化中进入教师角色，充分认识师范技能的实质。

在此模式的影响下，音乐教育实习不仅加快了实习生将所学的知识向从教能力转变的进程，还使学生关注自身的专业化发展，促进自身教育素养、教学技能的提升。

（二）教育实习主体三方互动

长期以来，传统教育实习模式的特点是教育实习的主体单一化，高等师范院校成为教育实习的唯一主体。实习过程中角色定位的呆板与僵化，不利于师范生积极性的提高，教育实习主体间的互动受到了直接的限制。在整个实习过程中，教育实习的三方都应充分发挥教育主体的作用。高等师范院校是教育实习的组织者、实施者和管理者，除制定教育实习计划、开展教育实习工作、指导师范生的实习活动外，还要负责加强与中小学的合作，建立稳定的实习基地，积极探索适合本校各专业发展的教育实习方式。中小学是教育实习的接受者、指导者和推动者，随着教育改革的推进和教育水平的提高，中小学教育实习由过去的被动转变为主动。实习生在教育实习过程中以主体的身份积极投入实践，是教育实习的实践者与反思者，其在实习活动中不断进行反思，而不是被动地接受指导或管理。

教育实习主体间的互动在高等师范音乐教育全程教育实习模式的实施过程中得到了强化。高等师范院校在探索适合本校的教育实习方式的过程中，其主体性作用得到充分的发挥；随着与高等师范院校的沟通合作，中小学逐渐担负起了在教育实习中应有的作用，中小学在为实习生提供实习场所的同时，还为其配备了优秀的指导教师，通过对实习生的指导，将中小学对师资培养的要求反馈至高等师范院校，从而对高等师范院校的人才培养产生积极的影响；通过学校对其教学基本技能训练的加强，以及开展教育调查、教育见习等活动，增进对中小学音乐教育现状的了解，实习生的积极性得到了充分的调动。在实习过程中，实习生具备了独立思考的能力，不是全盘接受或绝对服从指导教师的意见，而是与指导教师形成良好的互动，有针对性地解决问题，提升在实践中生成理论的能力。由此可见，高等师范音乐教育全程教育实习模式能够有效地促进教育实习主体之间良好互动的形成。

（三）教育实习方式的综合化

高等师范音乐教育全程教育实习模式是一个融入了多种实习模式的综合化的实习方式，或者说高等师范音乐教育全程教育实习模式在所有的教育实习模式中极具开放性，这为它的不断完善注入了活力。

自改革开放以来，传统教育实习模式的不合理之处受到了质疑，随着高等师范院校教育实习改革的推进，一些新的教育实习模式开始出现。但是，每一种教育实习模式都有其优缺点，有些学校试图用单一的教育实习方式去改变传统教育实习模式的弊端，但往往试行一段时间之后就发现效果并不理想。其失败除客观原因之外，主要还是与教育实习方式的单一化有关。

高等师范音乐教育全程教育实习模式的综合性则克服了单一化的缺陷，它在多年的探索过程中，积极融入了"混合编队实习""模拟实习""分散实习""顶岗实习"等多种实习方式。因此，从横向来看，高等师范音乐教育全程教育实习模式通过对其他模式的借鉴与比较，能够吸收其他教育实习模式的优点；从纵向来看，对贯穿实习全程的理念分阶段实施，能够准确把握音乐教育实习改革的方向。

三、高等师范音乐全程教育实习模式的实施

（一）以教师专业化终身教育思想为指导

随着师资建设的稳步推进，高等师范音乐教育对师资的要求已不仅仅是满足数量上的需要，而是需要高素质的、全面发展的、具有良好实践能力的专业化教师。传统音乐教师培育体系受到专业音乐院校的影响，片面地强调教师个人专业水平的提高，忽视了对教师职业技能的培养，在这种体系下培养的教师，缺乏发展的后劲。教师的专业化发展是一个持续过程，需要具备终身学习意识和敏锐的反思能力。

音乐教育专业的教师要实现专业化，需要从两方面着手：一是具备良好的音乐理论修养和较高的音乐专业技能；二是掌握教育教学的基本方法和音乐专业课程的教学技能。只有在此基础上，教师的专业化发展才有了前提和保障。这两方面能力的培养都是职前教育阶段必须完成的，良好的职前教育是教师专业化进程的开始。

教育事业的发展是人才培养的需求，而教师教育的发展又是教育事业的根本。教师专业化是教师教育发展的推动力，也是教师教育改革的重点内容。教师教育是一个持续的、可发展的、整体性的过程，包括学历培训、岗前培训和在职培训等环节，体现了教师专业发展的进程。随着科学技术的发展和竞争的日益激烈，社会发展对人才的需求越来越高。

在这个阶段，学生不仅要通过课堂教学和个人的专业训练达到这个目标，更重要的是要通过教育教学实践，将理论知识运用于实际的教学工作。专业理论知识只有通过实践的检验和升华才能发挥最大的作用，在价值上得到最大限度的体现。因此，教育实习是职前教育培训不可逾越的重要环节，是一名学生成长为一名教师的关键步骤，其作用是显而易见的。

社会的发展对教育的要求也不是一成不变的。墨守成规，仅仅满足于将自己从教师那里得到的知识教给自己的学生，就会失去继续学习的动力。只有适应时代的发展，站在社会需求和学生的角度调整自己的教学，不断地反思教育教学工作中的不足，自我完善，才能实现专业和教学的持续发展。

在教育实习过程中，既要注重学生的音乐专业理论和个人专业技能的进一步提高，更要注重学生在教育教学实践过程中自我反思能力的发展，促进音乐理论与教学实践的结合，实现专业发展由量变向质变的飞跃，使学生能对自己的教育教学能力做出正确的评价，理性地看待自身知识结构的缺陷和能力的不足，并通过不断的学习促进专业水平的提高。因此，作为职前教育阶段至关重要的一个环节，教育实习的目标制定应以教师专业化的教育思想为指导，这是培养出优秀教师的关键。

（二）形成完整的全程教育实习课程体系

为了学生个体实践能力的提高，除了公共文化课程和音乐理论课程，在其他性质课程的教学上，应使教学形式多样化、教学规模小型化、教学内容综合化。

为使教育方法、音乐专业理论和教育实践更好地融合，全程教育实习模式将贯穿全学程的课程教育见习作为突破口，将教育教学实践与课程体系有机地结合，使学生掌握的理论知识能在第一时间得到应用、检验与升华，从而使理论与实践相结合，促进其向教师专业化的方向发展。

在课程体系的构建形态上，与高等师范音乐教育全程教育实习模式相匹配的课程类型分四个层级，具有多元化的特点，课程结构以模块化作为明显的特征，其课程形式和教学形式也具有模块化的特点。

课程设置的类型按知识的逻辑性呈现出四个层级：第一级为专业核心课程，由音乐理论、声乐、器乐、舞蹈等音乐教育的专业技能课程组成；第二级为教育技能课程，其内部又分成三个模块，首先是由具有教育共性的教育类理论课程组成的基础模块，其次是由教育改革前沿动态、中小学音乐教学改革等课程组成的拓展模块，最后是由学生和班级管理、大队工作、学生心理健康等课程组成的教育技能模块；第三级为教学基本技能课程，由普通话、书法、教师教态、板书设计、多媒体课件制作等教师必备的职业技能类课程组成；第四级为综合素质训练和音乐特长训练课程，每级课程在类型上具有相应的区分度，构成一个培养学生实践能力的课程体系。

全程教育实习对各个类别课程的教学形式做了有针对性的安排：专业核心课程和音乐特长训练课程采用小组课或个别课的形式；教育技能课程以大班授课为主，并结合活动课；教学基本技能课程以集体教学为主，结合竞赛与展览等活动的开展；综合素质训练课程以专题讲座为主，打破了年级和班级的限制，学生可以自主地选择参加。此外，还要充分利用学校的计算机房、微格教室等设施，提高学生的专业实践技能。

（三）由应用科学模式向反思模式的转变

在日常的教学实践中，教师应该要求学生养成定期书写反思日记的习惯，就实习期间进行的每一次观摩、上的每一堂课、完成的每一个阶段的工作及时进行反思，总结优点，发现不足，提出改进的方法，并定期组织交流。通过这些措施可以有力地促进学生反思能力的提高，为入职后专业化进程的持续发展打好基础。

除了终身教育思想，教师专业化理论的另一个核心思想就是"反思型教师"理论。没有学习的思考是空想，没有思考的学习寸步难行。教师的专业化发展，要求教师树立终身学习思想，但学生在走出校门后就没有教师提醒自己该学什么，该怎么学。那么终身学习的动力在哪里呢？反思能给出答案。即便是再优秀的教师，面对不同的教学对象，在教育教学的过程中也会遇到各种问题，而随着学科知识的不断更新，新的问题也会不断出现。通过反思，教师能对自己的工作进行中肯的评价，客观地分析自己的不足，通过自我完善找到解决问题的方法。可见，反思能力在教师的专业化进程中起着重要的作用。反思能力的培养不是一朝一夕能够完成的，在职前教育阶段就要重视培养学生的反思能力，而教育实习是达成这一目标最好的手段。

（四）建立双向校本师生培训模式

所谓"双向校本师生培训"，其重要特征体现在相辅相成、互为依赖的三个方面：以学校长远发展为本，以师生专业发展为本，指导在校教师与学生在全程教育实习活动中互动，实现双向的共同提升。其是指高等师范院校根据办学定位和专业发展的规划，在对学校师资与生源的现状、潜力进行系统评估的基础上，充分利用校内外各种优势资源，依托学校软硬件条件开展，旨在满足学校发展需要和师生专业发展需要。

师生双向专业发展有两个层面的具体表现：一是培训的双向性，教师和学生同时作为培训对象；二是专业化发展的双向性，教师与学生的专业发展互为前提，相辅相成，是真正意义上的"教学相长"。在这种模式下，从学生入校开始，就将其专业技能与教学基本功的训练相结合，明确其专业发展方向，使其树立以教师作为终生职业的理想。指导教师的全程指导和参与学习的过程，也提升了自身的教书育人能力。教师与学生共同商讨教学中存在的问题，加强了师生联系，有利于师生关系的改善。同时，教师在指导学生的过程中，也能不断提高自己的专业素养，促使师生专业化的共同发展。

（五）调整实习时间安排

理论联系实际是一个循序渐进的过程，在教育实习时间的调整上，要合理、科学地实施当前普遍采用的应用科学模式，不利于理论与实际合理地结合，学生缺少反思再学习的环节，导致理论很难在实践中升华，在实践中得到的理论也没有机会得到充分的整理。

要实现理论与实际的紧密结合，仅仅依靠时间上的延长是不够的，必须要将实习的时间分散，使学生在每个阶段学习的理论知识都能够及时地验证和应用，从而形成循序渐进、螺旋上升的过程。应用科学模式的弊端，就是将理论学习与实践割裂，无法将理论与实际紧密地联系起来，使学生的学习缺少一个反思再学习的环节。只有将实习时间分散与延长，才能在教育实习的过程中给师范生提供一个反思的空间和平台。

反思是一个对已经发生的活动或事件进行认真回顾和深入思考的过程，是一个站在理论高度重新认识自己的过程，是一个用社会的行为准则与自己的行为做比较的过程，是一个站在他人的角度对自己进行认识和评价的过程，是一个在现有认知结构的基础上进行重构的过程，是一个在重构的基础上进行更高水平认知的过程。

结合课程设置，高等师范音乐教育全程教育实习模式在师范生进入校门的起始阶段就带领他们深入实习基地参观见习，使其对中小学音乐教育的方式进行深入了解，对音乐教育和音乐活动开展的重要性有直观的认识，因此他们也会更加积极地投入学习中。在实践的安排上，全程实习模式要求学生在大一的时候就开始进行教学基本技能训练和教育见习，在大二的时候进行模拟教学和教育试实习，在大三时进行规范教学训练和教育调查，大四的时候再继续进行教育实习和顶岗实习。这种实习模式的时间长而分散，将理论的学习和教育实践不断地穿插，学生可以根据实践中存在的问题调整自己的学习，并在调整之后再进行实践，为顺利地走上工作岗位、成为一名专业技能熟练而又具有反思创造能力的专业化的教师做好准备。

（六）强化一般教学技能的训练

一般教学技能，是指教育工作者必须具备的基本技能。主要包括教师口语、"三笔字"和现代教育技术等。语言的学习，最重要的是学习者要处于良好的语言环境与语言氛围中。学校应提倡在校期间不使用方言，并建立一定的监督机制。而在口语课的教学上，以教学实践小组为单位进行强化训练是比较可行的。首先，初学普通话最关键的问题是声调的把握，口语教师应整理声调的基本要领，利用课余的时间播放音频和视频材料，使学生在反复练习中正确地发声。在训练时挑选基础较好的学生担任各实践小组的助教，提高学习的效率，缩短达标时间。通过口语的学习，结合演讲课和竞赛活动，还可以提高学生的心理素质，使其坦然地面对登上讲台的压力。经常开展口语交流活动，还可以提高学生的情绪控制能力，使学生的教态变得自然、大方。在书法训练方面，除开设"三笔字"相关课程外，还可以定期举办书法作品展览和"三笔字"书法比赛，以此提高学生的学习积极性。随着教育设施的逐步完善和现代教育技术的发展，多媒体设备已进入绝大部分的高等师范院校课堂，因此相关课程的开设在高等师范院校很有必要，以便学生熟练地掌握多媒体课件制作等现代教育技术。

（七）建立稳定的教育实习基地

高等师范院校应在地方教育部门的支持下建立一批稳固的教育实习基地。教育实习基地的建设在高等师范教育改革与发展的过程中扮演着重要的角色，既为高等师范院校的教育改革提供了信息来源和实验场所，也为高等师范院校的学生提供了实践场所，成为优秀实习生的就业渠道。高质量的教育实习基地是高等师范音乐教育实习质量的物质保障。通过对国内外教育改革成功经验的吸收，高等师范院校应该与实习基地共同努力，培养师范生的创新精神和创造性开展工作的能力，使其实践能力得到大幅提高，为教师专业化发展打下基础；促进学生专业素质提高，使其具备良好的教师职业道德，激发其为教育事业发展做出贡献的热情，逐步缩小其与一名合格的中小学音乐教师的差距；促进学生将专业理论知识、专业技能、教学基本技能与教学实际相结合，最大限度地提高学生的综合素养；使学生在实践的过程中培养创新能力与独当一面的能力；使学生通过实践了解中小学音乐教育的现状和教学改革的进程；培养师范生运用理论指导实践，在实践中得到理论升华的能力，实现高等师范音乐教育专业的培养目标。

在实习基地的建设上，高等师范院校要加强与实习基地的沟通，本着平等互利的原则，共同促进教育实习工作的有序开展。此外，还要推进实习管理制度的建设，建立健全教育实习领导机制，加强对实习生的管理，选拔优秀的教师带队并指导工作，建立完善的奖惩机制，调动指导教师和实习生的积极性。此外，还要积极争取教育行政部门在政策和条件保障上的支持，推进优秀实习基地的建设和挂牌工作，为实习基地的教育改革提供支持，调动实习基地相关人员的积极性，建立长期稳定的合作关系，及时调整人才培养方案，顺应实习基地对优秀人才的需求，推进教学成果的转化和利用，共同推进教育事业的发展。

四、高等师范音乐教育实习的功能及意义

（一）高等师范音乐教育实习的功能

1. 提升音乐教育专业学生的综合能力

以教育实习过程中对能力与知识的需求为线索，学生很容易将这些储备起来的知识与技能调动起来，进行有机的组合，使现有的知识得到融合与强化。

要想培养音乐教育专业学生的综合能力，实践是最佳途径，也是点睛之笔。高等师范音乐教育的课程设置门类繁多，通常很少有贯穿全程的课程。学生在学习过程中通常是学一门丢一门，最后只剩下分数而已。学生学习不同的课程，所掌握的知识与技能处于块状分割的状态，还不能形成一个有机的整体，这些零散的知识随着时间的推移很容易被遗忘，而要将这些知识和能力组合起来，就需要经历教育实习这个重要的环节。

同时，学生也可以通过实践来发现自己所学的不足，并积极予以完善和提升。随着这一过程的持续，在实习的过程中，学生的综合素质会得到全面提升，其学习知识、运用知识的模式也会逐渐形成，使自己在不断完善的过程中实现专业化发展。

2. 检验教师教学质量与学生学习成果

在实习的过程中，学生的表现就是其接受培养期间学习成果的最佳体现，这也是对高等师范院校教学质量的检验。教育实习的顺利完成需要学生具备一定的音乐理论基础、专业技能与专业教学技能。另外，课堂的教学还需要学生具备相应的组织能力和管理能力。高等师范音乐教育专业的学生在实习中的表现也从侧面反映出高等师范院校音乐教学的相关情况

制订的人才培养方案科学与否，课程的设置合理与否，教学大纲的编写恰当与否，教学计划的实施到位与否等，都可以通过学生在实习期间的表现直接体现出来。音乐教育实习除了可以检验教师的教学质量和学生的学习成果，还是检验高等师范院校音乐教育专业的办学定位、师资水平、学生管理水平、教学管理水平等的一条途径。音乐教育正是在这种不断检验、反馈、调整与完善的过程中达到培养人才的目的

3. 巩固音乐教育专业学生的职业思想

学生在实习中受到教师的指导与影响，职业素养得到提升，职业意识得到强化，专业思想得到巩固，对教师职业从排斥到接受再到热爱。

并非所有音乐专业的考生在填报志愿时都将师范专业作为首选目标，他们要么选择音乐学院，要么选择师范院校。几乎每个音乐专业的考生都怀揣着进入音乐学院的梦想，但能够如愿以偿的学生毕竟是少数。特别是出于对今后就业的考虑，许多家长会要求自己的孩子填报师范院校，以谋求一份相对稳定的教师职业，所以，有很大比例的高等师范音乐教育专业的学生并非自愿从事音乐教育工作。还有一部分学生由于自身畏惧上讲台面对满屋子的学生，而不愿意从事音乐教育工作。

不管是上面提到的哪一种情况，要想解决这些问题，音乐教育实习都是最佳的途径。音乐教育实习为学习专业知识多年的学生提供了一个展现自己的平台，让学生在实习的过程中，感受学以致用的舒畅，体会站上讲台的自豪，初尝为人师表的快乐，实现自我价值。

（二）高等师范音乐教育实习的意义

1. 实现从学生到教师的角色转化

做一个好学生与成为一名好教师之间是存在较大差别的，教育水平的提高和从学生到教师身份的转变还需要教育实习这个重要的环节。音乐教师的培养有其特殊性，大部分的学生很小就开始学习音乐技能，再通过大学阶段系统的学习，基本具备了较好的文化修养、较高的音乐专业技能，而且学习了教育学、心理学、教学法等教师必修的教育类课程，在教师口语、计算机使用、教案和板书的设计、多媒体课件的制作等方面也具备了良好的基础。

学生在教育实习过程中的身份具有双重性，首先他是一名学生，但当他站上讲台面对学生时，他就是一位教师。通过观摩实习基地指导教师的音乐课，实习生可以熟悉音乐教材，了解音乐课的组织方法，熟悉实习班级的学生。通过指导教师的帮助，学生可以学习备课的技巧，有针对性地制定教学计划。通过教学实践，学生可以感受到以教师的身份面向学生时的心理状态。通过课后的反思，学生可以总结在课堂教学、学生组织和自身知识储备等方面的不足。通过指导教师课后的点评，学生可以在最短的时间内提高自己的教学能力。

此外，教育实习还能培养学生的独立性，摆脱对指导教师的依赖，独立地完成授课。因为其身份的双重性，在实习期间学生除了要符合师范学生的行为规范，还要以教师的标准来要求自己，这有利于实现学生的自我管理和约束，提高自律能力。学生还能通过教育实习展现自己的个性，凸显自己的教学才华，逐步形成教学的个性。由此可见，音乐教育实习可以全面提升高等师范音乐教育专业学生的综合能力，是学生实现角色转换必不可少的环节。

2. 实现音乐教育专业的培养目标

在我国现阶段，高等师范音乐教育专业的目标是培养具有较高的综合素质、具备专业的教学技能与较高的实践能力、具有创新精神和创新能力的专业化的音乐师资。教育实习就是实现人才培养目标所必须经历的环节。

教育实习能培养高等师范音乐教育专业学生的创新精神和创造性开展工作的能力，大大提高他们的实践能力，为其专业化发展打下基础；能使学生在实践的过程中培养创新能力；能使学生通过实践了解音乐教育的现状和教学改革的进程；可以培养学生运用理论指导实践、在实践中得到理论升华的能力，实现高等师范音乐教育专业的培养目标。

3. 改变了高等师范音乐教育信息的反馈方式

除了音乐技术的信息反馈，管理与教学的信息反馈也是如此，传统反馈方式与现代反馈方式相比，前者速度慢、效果差，后者则改变了这一缺陷，通过现代计算机、广播等技术手段，提高了教育系统的运转效率，提升了信息反馈的效果。

与其他学科的教学相同，高等师范音乐教师的教与学生的学是信息反馈的过程。就像前面说的，教师通过乐器对学生弹奏的一个音进行信息反馈，在教师与学生之间形成的只是模糊的语言交流与抽象的感觉交流。如果采用现代信息反馈方式，如声谱显示设备，教师与学生都能明确所反馈的信息，它们是直观的、定量的，师生可以依此来调整自己。

4. 改变了高等师范音乐教师的信息处理方式

在高等师范音乐教育中，信息处理贯穿教育的每个环节，而采用不同的信息处理方式会影响到各环节完成的效率及效果。

高等师范音乐教育的信息变换有四种：第一种是知识信息到教育信息；第二种是教育信息到教学信号；第三种是教育信号到接收信息；第四种是接收信息到应用信息。这些转变都需要通过技术处理。通过现代信息处理方式处理后，第一种信息变换得到的结果是现代化的信息源。第二种信息变换则是改变了信息传输途径。第三种信息变换，除了改变上文所述的信息反馈方式，还改变了人机对话这种方式。第四种信息变换则是通过现代技术处理改变了音乐教育实践手段，如乐器练习房、录音棚、教育实习场所等。

参 考 文 献

[1] 尧倩亦. 音乐教育现状分析与创新发展研究 [M]. 长春：吉林出版集团股份有限公司，2023.

[2] 郝思震，黄新羽. 音乐教育与教学研究 [M]. 北京：现代出版社，2023.

[3] 张春风. 当代音乐教育发展新论 [M]. 长春：吉林出版集团股份有限公司，2023.

[4] 黄梅. 音乐教育思想研究与实践柯达伊音乐教育思想和奥尔夫音乐教育思想 [M]. 合肥：安徽文艺出版社，2023.

[5] 刘丹阳，肖强. 声乐教学与音乐教育研究 [M]. 北京：中国华侨出版社，2023.

[6] 王丽新，钟恩富. 现代音乐教育与音乐艺术研究 [M]. 北京：北京工业大学出版社，2023.

[7] 杜亚典. 音乐教育教学与教师职业素质研究 [M]. 北京：北京燕山出版社，2023.

[8] 李梦婷. 美育中的音乐教育与审美研究 [M]. 长春：吉林出版集团股份有限公司，2023.

[9] 刘莉莉. 音乐教育基本理论与艺术欣赏发展研究 [M]. 北京：北京工业大学出版社，2023.

[10] 孟鑫. 新时代中国学校音乐教育研究 [M]. 长春：吉林出版集团股份有限公司，2023.

[11] 王志国. 中国音乐教育的多维视角探析 [M]. 长春：吉林大学出版社，2023.

[12] 赵婷，李媛媛. 音乐教育理论与音乐教育心理学研究 [M]. 长春：吉林大学出版社，2023.

[13] 吴迪主. 奥尔夫音乐教育理论与实践 [M]. 北京：电子工业出版社，2023.

[14] 董晓明. 师范教育中西方音乐史20讲 [M]. 合肥：安徽文艺出版社，2022.

[15] 刘凤. 声乐教学与音乐教育研究 [M]. 长春：吉林出版集团股份有限公司，2022.

[16] 孔腾腾. 心理学视域下的音乐教育理论与实践研究 [M]. 汕头：汕头大学出版社，2022.

[17] 武晓亮. 当代音乐教育的审美思考与实践探索 [M]. 北京：北京工业大学出版社，2022.

[18] 谭晓. 高等音乐教育与人才培养模式探究 [M]. 长春：吉林人民出版社，2022.

[19] 王心. 高校音乐艺术教育实践探究 [M]. 长春：吉林人民出版社，2022.

[20] 雅茹. 音乐教育的多维视角 [M]. 哈尔滨：北方文艺出版社，2022.

[21] 刘丽. 多元文化视角下高校音乐教育理论与发展研究 [M]. 长春：吉林出版集团股份有限公司，2022.

[22] 李思洁. 音乐教育理论与音乐教育教学实践研究 [M]. 北京：中国农业出版社，2022.

[23] 王旭，张瑞. 新视野中的音乐教育理论与实践研究 [M]. 北京：中国书籍出版社，2022.

[24] 张哲琦. 音乐教育的实践与理论研究 [M]. 长春：吉林出版集团股份有限公司，2021.

[25] 韩晓晨. 高校音乐教育与教学创新 [M]. 长春：吉林人民出版社，2021.

[26] 陈圆，杨凡. 音乐教育与教学实践模式研究 [M]. 北京：北京工业大学出版社，2021.

[27] 孙丹青. 音乐教育新探 [M]. 上海：上海社会科学院出版社，2021.

[28] 吴琳，马成. 高校音乐教育与实践研究 [M]. 长春：吉林人民出版社，2021.

[29] 赵晓明. 音乐教育概论 [M]. 北京：中国商业出版社，2021.

[30] 宋伟，张一帆，郭宝杰. 当代音乐教育的理论与实践研究 [M]. 北京：北京工业大学出版社，2021.

[31] 韩林彤. 身体哲学视阈下音乐教育价值观变革研究 [M]. 北京：新华出版社，2021.

[32] 陆晓燕. 高校音乐教育多元化体系的建构研究 [M]. 长春：吉林大学出版社，2021.

[33] 潘佩佩. 音乐艺术与大学生音乐教育研究 [M]. 长春：吉林人民出版社，2021.

[34] 岳月，任陆. 素质教育背景下的音乐美育研究 [M]. 北京：新华出版社，2021.

[35] 周泱. 基于音乐心理层面的音乐教育理论研究 [M]. 长春：吉林大学出版社，2021.